KB265170

은혜가 이긴다

은혜가 이긴다

지은이 | 이재훈
초판 발행 | 2017. 12. 11
2쇄 발행 | 2018. 1. 8
등록번호 | 제1988-000080호
등록된 곳 | 서울특별시 용산구 서빙고로 65길 38
발행처 | 사단법인 두란노서원
영업부 | 2078-3352   FAX | 080-749-3705
출판부 | 2078-3331

책값은 뒤표지에 있습니다.
ISBN 978-89-531-2968-9 03230

독자의 의견을 기다립니다.
tpress@duranno.com   www.duranno.com

* 이 책에 사용된 성경은 우리말성경에서 인용하였습니다.

두란노서원은 바울 사도가 3차 전도여행 때 에베소에서 성령 받은 제자들을 따로 세워 하나님의 말씀으로 양육하던 장소입니다. 사도행전 19장 8-20절의 정신에 따라 첫째 목회자를 돕는 사역과 평신도를 훈련시키는 사역, 둘째 세계선교(TIM)와 문서선교 (단행본·잡지) 사역, 셋째 예수문화 및 경배와 찬양 사역, 그리고 가정·상담 사역 등을 감당하고 있습니다. 1980년 12월 22일에 창립된 두란노서원은 주님 오실 때까지 이 사역들을 계속할 것입니다.

한국 교회를 향한
예언자들의 간절한 외침

은혜가 이긴다

이재훈 지음

두란노

차례

어느 성도라도 예언서를 기분 좋게 읽을 수 있는 사람은 없을 것입니다. 하나님께서 예언자들을 통해 들려주시는 죄에 대한 통렬한 지적과 참혹한 심판에 대한 예언들을 들을 때 양심이 깨어나 우리의 영혼은 회개의 자리로 나아가게 마련이기 때문입니다. 도리어 그런 마음의 찔림과 회개가 충분히 예상되기에 사탄에게 속아 넘어가는 우리 마음의 교활함은 가급적 예언서를 읽지 않고 피하도록 유도합니다. 만일 예언서에 나타난 경고와 심판을 달게 받을 각오를 하고 읽고 듣는 성도는 회개를 통해 애통하는 자의 복을 누리게 되고 결국 거룩한 삶으로 회복하게 됩니다.

예언서의 첫 번째 내용은 하나님의 분노입니다. 그 분노는 우리가 종종 경험하는 걷잡을 수 없이 화가 나서 자제력을 잃은 채 나오는 감정의 분출이 아닙니다. 하나님의 분노는 거룩하지 않은 것들에 대한 일관성 있는 배척입니다. 인간의 분노는 미움이 섞인 분노입니다. 분노와 미움이 서로 섞이게 되면 스스로는 정당한 분노라고 생각할지라도 또 다른 불의일 뿐입니다.

하나님의 분노는 미움이 없는 분노입니다. 도리어 그 분노는 지극한 관심과 사랑에서 나온 분노입니다. 부모가 자녀를 지극히 사랑하기에 때로 분노하는 것과 같은 원리입니다. 하나님의 분노의 반대는 하나님의 사랑이 아닙니다. 사랑과 분노는 동전의 양면과 같은 것이기 때문입니다. 미움에서 나오는 분노가 있듯이 사랑에서 나오는 분노도 있기 때문입니다. 데이빗 씨맨즈 목사는 "분노의 반대말은 무관심이다. 그것은 곧

선과 악 사이의 싸움의 결과에 대해서 완전히 무관심하
며 도덕적으로 중립 상태에 있는 무관심한 하나님을 뜻
한다"《치유하시는 은혜》, 두란노 역간)라고 했습니다. 하나님
의 분노는 사랑의 깊은 관심에서 나오는 결과입니다.

그래서 예언서의 두 번째 내용은 하나님의 분노 이면
에 있는 하나님의 지극하시고 무한하신 은혜입니다. 깊
은 밤에야 반짝이는 별을 볼 수 있듯이 하나님의 분노
하심 가운데 그분의 은혜는 더욱 반짝이며 나타납니다.
심판 속에서도 돌이키는 자들에게 구원을 베푸시며, 피
할 길을 알려 주시며 다시 살아나는 방법을 상세히 알
려 주시는 은혜가 나타납니다.

예언서의 결론은 하나님의 분노는 하나님의 은혜를
이기지 못한다는 것입니다. 이 세상이 타락하여 하나님

의 분노에 의해 심판으로 끝나더라도 새 하늘과 새 땅을 예비하신 하나님의 은혜가 이깁니다. 모든 사람이 하나님의 징벌로 죽음으로 끝나더라도 그리스도 안에서 영원한 생명을 주시는 하나님의 은혜가 이깁니다. 복음의 복된 소식은 생명이 죽음을 이기고, 사랑이 분노를 이기고, 은혜가 심판을 이긴다는 것입니다.

은혜가 이깁니다. 이 복된 소식을 예언서의 말씀을 통해 깊이 체험할 수 있기를 기도합니다.

종교개혁 500주년을 보내며

2017년 12월

이재훈

이 사 야

"제가 여기 있습니다. 저를 보내 주십시오!"

아모스, 호세아, 미가와 동시대에 활동한 선지자이다. 이사야라는 이름의 뜻은 '여호와의 구원'이다. 그는 아모스(선지자 아모스와는 다른 인물)의 아들이었고, 웃시야, 요담, 아하스, 히스기야 왕 등 4대에 걸쳐 약 50년(B.C. 739-681년)간 예루살렘에서 사역했다.

이사야는 하나님의 말씀을 증거할 때 두려움 없이 선포한 담대한 사람이었으며, 뛰어난 문학적 표현으로 성경을 기록했던 천재 시인이기도 했다. 그는 박식한 지식과 능력이 있었으며 메시아에 관한 예언을 많이 하여 '예언자의 왕'이라고도 불렸다.

그에게는 한 명의 아내(사 8:3)와 두 아들이 있었는데, 스알야숩(사 7:3, '남은 자가 돌아올 것이다'라는 뜻)과 마헬살랄하스바스(사 8:3, '전리품으로 번영한다'라는 뜻)는 이사야의 예언을 반영한 이름이었다.

유대인의 전승(미쉬나)에 의하면 이사야는 므낫세가 통치할 때 톱으로 몸이 잘려서 순교했다고 한다(히 11:37).

관련 성경 구절 사 1-12장, 40-66장; 마 12:17; 눅 24:44; 롬 9:27, 10:16, 15:12; 벧전 1:10-11

들으라
귀 기울이라

사 1:10-18

변화의 시작은 하나님의 백성의 회개로부터

우리 삶에는 많은 일정과 모임들이 있습니다. 그중 우리 영혼에 무엇보다 중요한 일은 하나님 앞에 모여 다 함께 기도하는 것입니다. 특히 나라와 민족의 위기 앞에서 하나님의 사람들이 한자리에 모여 기도하는 것은 하나님이 가장 바라시는 일입니다.

역대하 6장에서 솔로몬이 하나님 앞에 성전을 봉헌한 후 "이 백성이 만일 범죄해 이 땅에서 쫓겨나고 하나님의 심판을 받을 때 하나님의 전에 와서 기도하고 회개하면 돌이켜 주옵소서"라고 간절히 기도했을 때, 하나님은 그의 기도를 들으시고 아름다운 회복의 약속을 주셨습니다.

내 이름으로 불리는 내 백성들이 악한 길에서 돌이켜 스스로 낮아져 기도하고 내 얼굴을 구하면 내가 하늘에서 듣고 그들의 죄를 용서하며 그 땅을 고칠 것이다(대하 7:14).

하나님은 우리의 낮아짐과 회개와 기도를 통해 이 땅을 고쳐 주실 것입니다. 하나님의 변화는 어떤 법이나 제도를 바꾸는 것 그 이상일 것입니다. 그러나 근본적인 변화는 하나님의 백성의 회개로부터 시작된다는 사실을 반드시 기억해야 합니다.

느헤미야 시대에 성벽을 재건한 이후 하나님의 백성에게 나타난 뚜렷한 특징은 그들이 흩어지지 않고 함께 모여서 회개했다는 것입니다. 초막절 행사가 끝났음에도 그들은 집으로 돌아가지 않고 함께 모여서 학사 에스라가 전해 주는 율법 책에 기록된 말씀을 들으며 마음을 찢으면서 기도했습니다. 하나님은 성벽 재건보다 공동체의 회개를 더 중요하게 보셨습니다. 이 일로 이스라엘은 회복되었고, 또 다른 역사를 향한 새로운 길을 열었습니다.

독일은 통일을 통해 큰 변화를 맞았습니다. 독일 통일의 역사에서 가장 중요한 기폭제는 광장에 쏟아져 나온 사람들 이전에 작은 교회인 성 니콜라이 교회에서 있었던 기도회라고 말합니다. 그 기도회는 통일을 위한 기도회가 아닌 회개와 평화를 위한 기도 모임이었으며, 놀랍게도 그 기도회의 주역은 청소년들과 청년들이었습니다. 다음 세대가 모여서 독일의 회복을 위해 회개하며 기도하자 하나님이 독일 통일의 역사를 일으켜 주신 것입니다. 하나님 앞에 나라와 민족을 위해서 집중적으로 간절히 부르짖고 기도할 때 하나님이 하나님의 의와 사랑과 긍휼과 공의가 임하는 나라가 되도록 변화시켜 주실 것입니다.

회개, 십자가를 향해 아래로, 더 아래로

1517년, 마틴 루터는 비텐베르크 성당 문에 95개조 반박문을 내걸었습니다. "우리의 주님이시며 만유의 주인이신 예수 그리스도가 '회개하라'(마 4:17)고 선포하셨는데, 이 표현은 신자의 삶 전체가 회개하는 삶이어야 한다는 것을 뜻한다"라는 내용으로 시작되는 95개조 반박문은 대부분 교황청에서 발부하는 면죄부가 잘못되었다는 것을 지적하는 내용이었습니다. 면죄부가 아닌 진정한 회개가 하나님의 사죄의 은총을 받는 근거라는 사실을 95개조로 나누어 설명한 것입니다. 위의 제1항은 신자의 삶 전체가 진정으로 깊이 회개하는 삶이어야 한다고 말합니다. 회개란 한 번 인정하고 지나가는 통과 의식이 아니라는 뜻입니다.

마틴 루터는 '종교개혁'이라는 말을 사용한 적이 없었습니다. 단지 회개를 강조했을 뿐입니다. 우리가 진정으로 회개하면 하나님의 사죄의 은총이 주어지며, 돌이키는 자에게는 하나님이 살아날 길을 주신다는 사실을 강조한 것이 종교개혁이라는 사회 변화를 일으켰던 것입니다.

2017년은 종교개혁 500주년을 맞이하는 해입니다. 500년이 지난 지금 이 시대는 또 다른 종교개혁이 필요하다고 주장합니다. 중세 교회의 면죄부와 똑같지는 않지만 스스로 만들어 놓은 또 다른 면죄부 같은 제도와 문화, 관습을 의존해 진정한 회개와 하나님의 사죄의 은총을 잃어버린 채 살아가고 있기 때문입니다.

우리는 '영적 성장'을 말할 때 영어로 'up'이라는 단어를 사용합니다. 사람들은 이 단어를 굉장히 좋아합니다. '업그레이드'(upgrade)나 '스타트 업'(start-up, 신생 창업 기업) 등이 그 예입니다. 그런데 영적 성장이라는 표현의 원어를 보면 위를 향한다는 의미가 전혀 들어 있지 않습니다. 영어 표현들에 'up'이 붙으면서 왜곡된 것입니다.

영적으로 성장한다는 것은 사실 위로 올라가는 것이 아닙니다. 예수님이 하신 말씀을 살펴보면 전부 아래로 내려가라는 의미를 담고 있습니다. 진정한 영적 성장은 뿌리가 땅 아래로 깊이 내려가듯이 아래로, 아래로 내려가는 것입니다. 여기서 아래로 내려간다는 것은 회개한다는 것을 뜻합니다. 스스로 깨닫고 사회법으로 지적받는 빙산의 일각에 불과한 죄뿐 아니라 마음 깊은 곳에 있는 죄를 직시하고 날마다 회개를 통해 깊이 아래로 내려가는 것입니다. 자신의 삶 전체가 죄악 가운데 있음을 깨닫고 고백함으로 하나님 앞에 내려놓는 것입니다. 음악이 '사랑의 음식'이라면 회개는 '겸손의 음식'입니다. 우리는 회개를 통해 계속 겸손의 자리로 깊이 내려가야 합니다.

수영할 때 물속 깊이 내려가기 위해서는 숨을 내뱉어 허파의 바람을 다 빼내야만 합니다. 체조나 스트레칭을 할 때도 마찬가지입니다. 숨을 내뱉어 바람이 다 빠져야 몸이 조금이라도 더 휘어질 수 있습니다. 우리의 영적인 헛바람을 빼내는 것이 바로 회개입니다. 계속해서 헛바람을 빼다 보면 주님이 내려가신 자리까지 내려갈 수 있습니다.

회개란 죄를 토해 내는 것입니다. 불순하거나 썩은 음식을 먹으면 몸이 자연적으로 반응해서 토해 내는 것처럼, 우리 영혼도 불순물이 들어오면 회개를 통해 토해 내야만 정결함을 유지할 수 있습니다. 토해 내지 않으면 불순물과 똑같아질 뿐입니다.

주님은 하늘 영광을 버리고 십자가까지 낮아지셨습니다. 십자가까지 낮아지는 것이 우리의 살길이요, 부활의 생명을 경험하는 것이며, 이 나라와 민족이 다시 회복되는 길입니다. 우리는 깊은 곳, 더 깊은 곳으로 내려가서 주님을 만나야 합니다.

심판 + 회복의 메시지

예언서에는 죄에 대한 지적과 더불어 회개의 요청이 기록되어 있습니다. 성경에서 예언서가 차지하는 분량이 방대한 만큼 회개에의 부르심 역시 강한 것입니다. 우리는 예언서에 기록된 하나님의 말씀을 듣고, 읽고, 묵상하고, 기도하면서 선지자들의 외침을 영혼 깊이 받아들이고, 회개를 통해 아래로 내려가야 합니다.

그중에서도 이사야 1장은 우리 영혼의 상태를 가장 잘 보여 주는 말씀입니다. 다윗 왕국이 몰락해 가는 시점에 하나님은 이사야 선지자를 통해서 이스라엘의 죄를 지적하시고, 회개를 요청하셨습니다. 이사야서에는 '인간의 죄'와 '하나님의 마음'이 가장 잘 종합해서 나타나 있습니다. 하나님은 죄를 지적하고 심판하기를 즐겨하시는 분이 아닙니다. 하나님이 우리에게 회개를 요청하시는 이유는 그것만이 우리의 살길이기 때문입니다. 벌하려고 지적하시는 것이 아니라 살리시려는 것입니다.

가끔 세상을 보면 개혁을 부르짖는 사람들의 목소리에 증오와 미움이 가득 차 있고, 회복이 아니라 단지 죽이는 것 자체를 즐기는 듯한 섬뜩함이 느껴집니다. 다시 일으키는 것이 아니라 무너뜨리는 것을 목적으로 하는 것은 결코 하나님의 길이 아닙니다. 하나님의 길은 언제나 변화이고, 새로운 살길이며, 회복입니다. 그래서 예언서에는 놀랍게도 가장 통렬한 지적 및 심판의 예언과 동시에 매우 아름다운 회복의 약속들, 곧 심판의 한복판에 이스라엘을 향한 메시아의 예언에 관한 말씀들이 집중적으로 등장합니다.

하나님은 당신의 백성을 심판하시는 가운데 가장 아름다우신 그리스도 예수 안에서의 회복을 약속하셨습니다. 우리가 죄악 가운데 때로 하나님의 심판에 처할지라도 하나님은 재앙을 계획하시는 분이 아니라 회복시키시는 분이심을 믿고 돌이키면 그분은 우리를 받아주시고 사랑해 주실 것입니다. 이 사실을 믿고 기도할 때 나라와 민족이, 개인과 가정이 그리고 우리의 자녀가 살아날 것입니다.

죄는 거역이요, 반역이다

그렇다면 죄란 무엇입니까? 죄의 성질이 어떠하기에 우리는 계속해서 회개하고 또 회개해야 하는 것일까요? 모든 것은 부르심을 받은 하나님의 백성의 회개로부터 시작됩니다. 우리가 죄의 성질을 바로 깨달아 영적으로 하나님 앞에 내려갈 때, 깊이 내려가고 또 내려가서 십자가까지 내려갈 때, 비로소 하나님이 회복을 허락해 주실 것입니다.

이사야 1장은 이스라엘 백성의 죄가 얼마나 무서운지를 설명합니다. 그런데 이는 이사야 시대의 사람들뿐 아니라 우리 모두의 죄, 즉 인간의 DNA에 숨어 있는 죄의 무서운 모습을 정확하게 지적합니다. 하나님은 이사야 1장을 시작하면서 하늘과 땅을 부르셨습니다.

하늘아, 들으라! 땅아, 귀 기울이라! 여호와께서 말씀하셨다. "내가 자식들이라고 기르고 키웠으나 그들이 나를 거역했구나. 황소도 자기 주인을 알고 나귀도 자기 주인의 구유를 아는데 이스라엘은 알지 못하고 내 백성은 깨닫지 못하는구나"(사 1:2-3).

하늘과 땅은 하나님이 창조하신 대로 움직입니다. 비록 하나님의 심판으로 인해 때로 인간이 살기에 어려운 환경도 있었지만 하나님은 노아와 맺으신 언약으로 인해 여전히 하늘과 땅을 보존하고 계십니다. 그런데 인간만은 하나님이 창조하신 목적대로 움직이지 않습니다. 마치 사랑으로 키운 자식이 부모를 거역하듯, 황소와 나귀도 먹이를 주는 주인을 알아보는데 인간만은 하나님을 주인으로 인정하지 않는다고 통탄하시며 하늘과 땅을 증인 삼아 한번 들어 보라고 말씀하신 것입니다.

이처럼 죄의 첫 번째 모습은 거역이요, 반역입니다. 인생의 주인 되신 하나님을 인정하지 않는 것입니다. '내 인생의 주인은 나'라는 생각이 얼마나 무서운지 모릅니다. 한 유명 대학의 철학과 교수가 젊은이들을 모아 놓고 열변을 토하며 강의하는 장면을 본 적이 있습니다. 각 방송국에서는 그 강연을 우수 강연으로 뽑았습니다. 그런데 내용을 가만히 들어 보니 섬뜩했습니다. "여러분, 절대로 외부에서 주어지는 객관적인 기준이라는 것을 받아들이지 마십시오. 스스로 기준을 만드십시오."

얼마나 멋있어 보입니까? 그러나 이 말은 죄악을 충동질하는 언어이자 매우 무서운 표현입니다. 어려서부터 부모님이 가르쳐 주신 사회적 통념, 인생을 살아가는 기준 등은 때로 진리일 수도, 관습일 수도 있습니다. 그런데 그 자체를 거부하라는 것입니다. 그렇게 되면 학교에서 가르쳐 주는 윤리도 받아들일 필요가 없어지는 것입니다. 그런 사상을 들은 어린 자녀들은 곧 '내 인생의 기준은 내가 만드는 것이다. 내가 만든 것이 진리다'라고 생각하게 됩니다.

많은 사람이 신앙생활을 하면 생각하는 것을 멈춘다고 여기는데 결코 그렇지 않습니다. 신앙을 아편이요, 마취제와 같다고 말하는 것은 완전히 거짓말입니다. 하나님을 떠난 사람들이야말로 생각하기를 멈추는 것입니다. 죄인은 생각을 멈춥니다. 죄가 바로 마취제요, 생각을 마비시키는 아편인 것입니다.

죄는 '인간이란 누구인가?', '나는 누구인가?', '인생은 어디에서 와서 어디로 가는가?' 등 정말 중요한 문제에 대해 무지하게 만듭니다. 그저 먹고사는 것, 자신을 둘러싼 환경, 자기 느낌만을 중요시할 뿐입니다. 이사야 1장에 기록된 당시 이스라엘 백성뿐 아니라 이 시대를 살아가는 우리도 마찬가지입니다.

죄는 발바닥부터 머리까지 우리를 덮고 있다

두 번째로 죄는 우리 삶의 전 영역에 뿌리 깊게 감염되어 있습니다. 왜 계속해서 회개하며 기도 가운데 내려가야 합니까? 자신의 밑바닥을 보아야 하기 때문입니다. 우리는 자신을 아는 것 같으나 결코 알지 못하고, 알 수도 없습니다. 그래서 다른 사람이 자신의 단점을 지적하면 화를 내며 싸웁니다. 다른 사람의 눈에는 보이는 것이 내게는 보이지 않는 것입니다.

우리는 회개를 통해 내려가야 합니다. 자기 내면의 문제를 직시하면 다른 사람의 문제에 대해서 쉽게 비판하지 못합니다. 누군가를 비판하는 내용을 자세히 들여다보면 자신의 문제일 때가 많습니다. 자녀들 야단칠 때를 생각해 보십시오. 한참 야단치다 보면 결국 그들의 모습이 내 모습이요, 그들의 죄가 내 안에 있는 죄와 똑같지 않습니까? 이처럼 아래로 깊이 내려가면 내려갈수록 세상을 보는 시각이 넓어지고, 하나님의 긍휼이 얼마나 절실한지를 뿌리 깊이 깨닫게 됩니다.

발바닥부터 머리까지 성한 곳이 없구나. 상한 곳과 멍든 곳과 새로 맞은 상처뿐, 짜내고 싸매고 기름으로 상처를 가라앉히지도 못했구나 (사 1:6).

성한 곳이 없는 우리는 날마다 거울을 보면서 하나님의 긍휼을 구해야 합니다. 거울을 보며 자기도취에 빠져서 '나 좀 봐. 이렇게 멋있을 수가!', '나 좀 봐. 새벽기도회에 나갈 정도로 정말 위대해!'라고 생각해서는 안 됩니다. 우리는 오늘도 성한 곳이 하나 없기에 하나님 앞에 나아가야 합니다. 수술이 필요합니다. 죄는 교양 없이 살아가는 사람에게만 해당되는 단어가 아닙니다. 죄는 머리끝부터 발끝까지 우리를 덮고 있습니다.

성 어거스틴의 《참회록》(*The Confessions*)이 위대한 이유는 성자로 추앙받는 그가 영아 때부터 기억나는 모든 죄를 고백했기 때문입니다. 그러면서 그는 기억이라는 능력을 주신 하나님의 은혜에 감탄했습니다. 만약 기억의 능력이 없었다면 죄를 회개할 수 없었을 것이기 때문입니다. 특히 이 책에는 성 어거스틴이 16세 때 과일인 배를 도둑질한 일에 대해 회개한 내용이 기록되어 있습니다. 도둑질을 회개하면서 그는 이렇게 고백했습니다. "하나님, 제가 도둑질을 한 것은 배가 고파서가 아니요, 궁핍해서도 아닙니다. 저는 그저 도둑질 자체를 즐겼습니다. 하지 말라는 일을 하고 싶었을 뿐입니다." 이것이 바로 우리의 죄의 모습입니다. 물론 생계 때문에 배가 고파서 짓는 죄도 있을 수 있습니다. 하지만 수많은 죄는 죄 자체가 즐거워서 짓는 것임을 기억해야 합니다.

방탕한 인생을 살았던 성 어거스틴은 젊었을 때 "하나님, 저를 육체적으로 순결하게 해 주옵소서"라고 기도했습니다. 그리고 여기에 다음과 같은 기도를 덧붙였습니다. "하지만 지금은 아닙니다." 이것이 그의 죄악 된 모습이었습니다.

C. S. 루이스의 《천국과 지옥의 이혼》(*The Great Divorce*, 홍성사 역간)이라는 책을 보면 어깨에 도마뱀을 걸치고 있는 한 남자가 등장합니다. 도마뱀은 법을 지키지 않는 욕망을 상징합니다. 도마뱀이 남자의 귀에 대고 말했습니다. "내가 너를 행복하게 해 줄게. 얼마나 필요하냐?" 그때 천사가 나타났습니다. 남자에게 무서운 도마뱀이 붙어 있는 모습을 본 천사는 "이 도마뱀을 죽일까요?"라고 말했습니다. 그러자 남자는 "아, 그럴 필요 없습니다"라고 답했습니다. 이것이 바로 죄와 더불어 살아가는 우리의 모습입니다.

사람들은 죄는 시간이 흐르면 해결된다고 생각합니다. 그런데 나이가 들어가면서 죄가 해결됩니까? 결코 그렇지 않습니다. 어릴 적 죄가 있고, 노년 시절의 죄가 있는 법입니다. 죄는 천국 문에 이를 때까지 우리를 따라다닙니다. 우리는 머리끝부터 발끝까지 다 죄에 물들어 있습니다. 따라서 회개가 우리 일상에 삶의 방식이 되어야만 합니다.

죄는 위장의 대가다

세 번째로 죄는 가장 무서운 모습, 즉 선한 모습으로 자신을 위장하며 감춥니다. 이는 가장 심각하고 교묘한 형태입니다. 스스로는 하나님의 법을 다 따르는 것처럼 포장하나 마음과 삶은 전혀 다른 위선의 형태인 것입니다.

이스라엘 백성은 하나님의 율법에 근거해 많은 제물을 정기적으로 가져와서 제사를 드렸습니다. 하지만 하나님의 반응은 어떻습니까? 이 장의 본문인 이사야 1장 11-14절은 이렇게 말합니다. "그 많은 너희 제물을 무엇 하려고 내게로 가져오느냐?", "나는 숫양의 번제와 살진 짐승의 기름도 지겹다. 나는 황소와 어린 양과 염소의 피도 기쁘지 않다", "누가 너희에게 이것을 달라고 요구하더냐?", "더 이상 헛된 제물을 가져오지 말라", "역겹다", "견딜 수 없다", "참을 수 없다", "나는 그것들이 싫다. 그것들이 내게는 짐만 될 뿐이다", "내가 지쳐 버렸다."

하나님이 주신 율법을 따라 열심히 제사를 드렸는데 하나님은 "싫다", "지겹다", "역겹다"라고 말씀하십니다. 이스라엘 백성이 악을 행하면서 자신을 종교적 행사로 포장했기 때문입니다. 모세의 율법이라는 규정을 열심히 지킴으로 자신과 자신의 죄를 포장하는 것은 우상 숭배와 다름없습니다. 하나님을 섬기는 것이 아니라 미신을 숭배하는 것에 지나지 않는 것입니다.

우리는 그저 돈 많이 벌어서 열심히 헌금하면 하나님이 만족하시리라 생각합니다. 그러면서 하나님은 자신이 어떤 삶을 사는지에 대해서는 관심이 없는 분이시라고 여깁니다. 이것이 바로 하나님을 우상으로 만드는 행위입니다. 이에 대해 하나님은 "역겹다"라고 말씀하십니다. 하나님은 우리가 하나님을 위해서 행하는 일이 아니라, 우리의 삶에 관심을 기울이시는 분입니다. 하나님에게는 우리의 마음이 더 중요합니다.

죄는 하나님이 우리에게 진정으로 요구하시는 것을 피해 대체 수단으로서 예배, 봉사, 심지어 헌신까지도 포장하게 만듭니다. 하나님 앞에서 진실하고, 정직하고, 공의로운 삶을 살지 않으면 하나님이 우리더러 지겹다, 역겹다고 말씀하실 수도 있습니다. 15절에는 더 무서운 말씀이 나옵니다. 죄는 기도조차도 헛되게 만들어 버린다는 말씀입니다.

너희가 아무리 손을 펼쳐 기도해도 나는 눈을 가리고 너희들을 보지 않을 것이다. 너희가 아무리 기도를 많이 드려도 나는 듣지 않을 것이다. 너희 손에는 피가 가득하구나(사 1:15).

하나님이 듣지 않으시고 보지 않으시는 기도가 있습니다. 우리의 기도가 헛된 기도가 되는 이유는 우리의 손에 피가 가득하기 때문입니다.

귀 기울여 들으라

하나님은 우리에게 회개를 요청하십니다. "들으라. 귀를 기울이라. 하나님의 진정한 마음에 귀를 기울이라. 너희들이 나를 위해 무엇인가를 하려고 하기 전에 내가 너희에게 원하는 것을 진정 들으라"라고 말씀하십니다.

손을 씻고 스스로 깨끗하게 하라. 내 눈앞에서 너희의 악한 행실을 버리
라. 악한 일을 그만두고 좋은 일하기를 배우라! 정의를 추구하고 압제하
는 사람들을 바른 길로 인도하라. 고아를 위해 변호하고 과부를 위해 싸
워 주라(사 1:16-17).

손을 씻고 깨끗하게 하는 삶, 즉 회개란 단지 죄를 발견하고, 슬퍼
하고, 고백하는 것에 그치지 않습니다. 회개는 하나님에게로 돌아가
는 것이요, 하나님이 원하시는 일을 행하는 것입니다. 이전의 죄 된
삶에서 완전히 돌아서서 하나님의 방법으로 하나님이 기뻐하시는
일을 행하며 사는 것입니다.

하나님은 "자! 와서 우리 함께 판가름해 보자"(사 1:18)라고 말씀하
십니다. 개역개정 성경에는 "오라 우리가 서로 변론하자"라고 표현
되어 있습니다. 만물을 창조하신 하나님이 우리를 초청하신 것입니
다. 와서 한번 판가름 내 보자고 말씀하시는 것입니다.

혹자는 이 말씀을 문자 그대로 받아들여서 "그래요, 하나님! 한번
붙어 봅시다" 할지도 모르겠습니다. 그러나 이 말씀은 할 말 있으면
다 해 보라는 뜻이 아니라 변명하지 말라는 것입니다. 위선을 내려놓
으라는 것입니다. 죄악 된 포장을 벗고, 잘못을 인정하고, 내려놓고,
엎드리면 너희의 죄가 주홍빛 같을지라도 흰 눈같이 되게 해 주겠다
는 것입니다.

우리는 바리새인처럼 "나 좀 봐. 꽤 괜찮은 사람이지?" 하며 자신
을 포장하지 말고, 세리처럼 "저는 주님 앞에 나아가지 않으면 안 되

는 사람입니다. 머리끝부터 발끝까지 성한 곳이 하나도 없습니다. 주
님, 저를 살려 주옵소서” 하며 나아가야 합니다. 그때 하나님이 우리
를 흰 눈처럼 변화시켜 주실 것입니다.

하나님은 우리의 마음 자세를 중요하게 여기십니다. 이것이 바로
이사야 1장이 우리에게 지적해 주는 말씀입니다. 이전의 삶이 어떠
했든지 회개함으로 나아가십시오. 그러면 하나님이 우리의 회개를
받아 주시고, 우리 개인의 영혼을 다시 살게 하시며, 이 나라와 민족
을 다시 살리실 것입니다.

—— 02 ——

새로운 힘을
얻을 것이다

사 40:25-31

우리를 향한 하나님의 뜻은 사랑

구약의 선지자들은 죄에 빠진 사람들에 대한 하나님의 심판을 예언함과 동시에 그 죄를 넘어서는 하나님의 사랑과 구원을 예언했습니다. 역사의 가장 깊은 절망 속에서 하나님의 희망의 약속들은 별처럼 빛납니다. 메시아의 예언도 마찬가지입니다. 이스라엘의 멸망 전후에 집중해서 기록되어 있습니다. 그리고 심판의 한복판에 있을 때 장차 오실 메시아에 대한 예언이 주어졌습니다.

우리는 힘이 다 빠졌을 때 하나님의 힘을 의지합니다. 우리의 계획이 다 실패했을 때 하나님의 계획을 바라봅니다. 힘과 능력이 있을 때 하나님을 의지하면 얼마나 좋겠습니까? 이것이 바로 우리의 문제요, 우리의 본성에 살아 있는 죄입니다.

마지막 때 하나님은 이 세상을 심판하실 것입니다. 그러나 하나님은 심판으로 끝내지 않으시고 세상을 구원하고 새롭게 하시는 분입니다. 요한계시록을 보면 심판이 끝이 아니라 새 하늘과 새 땅이 있다는 사실을 기억해야 합니다. 요한계시록 마지막 절인 22장 21절은 이렇게 말합니다.

주 예수의 은혜가 모든 사람들과 함께 있기를 빕니다. 아멘.

이것이 하나님의 마음입니다. 마니교 등 이원론적 세계관에 빠져 있는 사람들은 "선과 악은 대등한 힘으로 서로 공존한다. 힘이 균형을 이루고 있다"라고 주장합니다. 하지만 세상은 선과 악이 대등한 힘으로 대결하는 곳이 아닙니다. 악은 선을 반역하고 나온 것으로서, 선에서 비롯한 것입니다. 결국 선은 이기게 되어 있습니다. 하나님의 은혜가 심판을 이기는 것입니다.

우리가 아무리 절망 가운데 있을지라도 절망으로 끝나지 않기를 원하시는 것이 하나님 아버지의 마음입니다. 우리의 형편이 어떠하든지 우리를 향한 하나님의 뜻은 재앙이 아니라 축복이요, 사랑이요, 희망이라는 사실을 믿고 나아갈 때 우리에게 새로운 미래가 열릴 것입니다.

우리도 소극적 무신론자가 될 수 있다

하나님을 믿지 않는 무신론에는 두 가지 종류가 있습니다. 첫째는 '하나님이 존재하지 않으니 내 마음대로 살아도 아무 문제없다'는 생각입니다. 자기 삶에 관여할 존재가 없으니 아무 걱정 없이 살고 싶은 대로 살면 된다는 것입니다. 이것을 '적극적 무신론'으로 이름 붙일 수 있겠습니다.

그러나 과연 그들의 주장대로 아무것도 믿지 않고 살아가는 것이 가능한가의 문제가 제기될 수 있습니다. 인간은 하나님을 믿지 않을 때 다른 무언가를 반드시 믿게 되어 있습니다. 그것이 우상이든 우상화 된 자기 자신이든, 아니면 물질이든, 그 무엇이든 반드시 믿고 살아갈 수밖에 없는 존재입니다. 모든 것을 다 불신한다고 생각해 보십시오. 다른 사람도, 국가나 법도 믿지 않으면서 어떻게 삶을 살아갈 수 있습니까? 아무것도 믿지 않고 살아가는 삶이란 결코 존재할 수 없습니다. 그러므로 인간은 믿음으로 살아가고 있다고 말할 수 있습니다.

두 번째 무신론은 하나님이 존재하신다고 믿지만 실제 삶 속에서는 하나님이 계시지 않은 듯 살아가는 것입니다. 이것을 '소극적 무신론'이라 할 수 있겠습니다. 이와 관련된 종교개혁자 마틴 루터의 인상적인 에피소드가 하나 있습니다. 그가 로마 교황청과 싸우는 긴 여정 중 지치고 힘들어 절망 속에 있을 때 어느 날 그의 아내 케이티가 상복을 입고 나타났습니다. 깜짝 놀란 루터가 "누가 죽었습니까?" 하고 묻자 아내는 "네, 죽었습니다"라고 답했습니다. "누가 죽었단 말이오?"라는 그의 질문에 아내는 "당신의 하나님이 돌아가셨습니다"

라고 말했습니다. 그는 당황해서 "아니, 무슨 말을 그렇게 한단 말이오?"라고 대꾸하자 아내가 이렇게 말했다고 합니다. "하나님이 돌아가시지 않았다면, 하나님이 살아 계신다면 당신이 이렇게 절망 속에 포기하며 좌절하고 있을 리가 없지 않습니까?" 그 말에 마틴 루터는 다시 깨어나 종교개혁에 박차를 가할 수 있었다고 합니다. 하나님이 계시다고 믿지만 삶 속에서는 계시지 않는 듯 살아가는 우리 또한 한 사람의 무신론자가 될 수 있습니다.

한 시편 기자는 절망 속에 있을 때 사람들로부터 "네 하나님이 어디 있느냐?"(시 42:3)라는 조롱의 말을 들었습니다. 그는 예배 인도자였습니다. 많은 사람을 하나님의 임재 앞으로 인도하던 그에게서 하나님의 임재가 보이지 않았던 것입니다. 다시 말해 무신론자처럼 보였던 것입니다. 아마도 하나님의 사람이 받을 수 있는 최고의 치욕은 "당신을 보니 하나님이 없는 것 같습니다"라는 말일 것입니다. 그래서 시편 기자는 마지막 절에서 하나님에게 다음과 같이 기도했습니다.

그분은 내 얼굴을 도와주시는 분이며 내 하나님이십니다(시 42:11).

자신의 얼굴을 더 멋있게 해 달라는 기도가 아니라 자신의 얼굴에 하나님의 임재가 나타나게 해 달라는 기도입니다. 우리는 거울을 보면서 "주여, 제 얼굴을 도와주옵소서. 제 얼굴에 하나님의 임재가 나타나게 해 주옵소서!"라고 기도해야 합니다. 사람들로부터 "당신을 보니 하나님이 살아 계신 것 같습니다"라는 평가를 받게 해 달라고 간구해야 합니다.

이스라엘 백성은 나라가 망하고 포로로 잡혀갔을 때 소극적 무신론에 빠지고 말았습니다. 물론 그들은 "하나님은 계시지 않습니다"라고 말할 수 없었을 것입니다. 구약의 역사와 그들의 전통과 율법에는 '엘로힘', '여호와' 등 수많은 하나님에 대한 호칭이 스며들어 있었기에 그들이 하나님의 존재를 부인하기란 불가능했을 것입니다. 그러나 이스라엘 백성은 포로로 잡혀가고 역사의 멸망에 처했을 때 다음과 같은 의심을 할 수밖에 없었습니다.

'하나님은 과연 살아 계신가?', '하나님이 과연 선하시다면 이런 일을 허용하실 수 있는가?', '하나님이 능력 있는 분이시라면 왜 우리에게 고난을 허락하시는가?', '하나님은 왜 전능한 능력을 사용하시지 않는가? 만일 하나님이 계신다고 해도 선하신 분이 아니거나 전능하신 분이 아닐 것이다.'

창조 이후 주관하시는 하나님

본문 27절에는 하나님을 의심하며 무신론자처럼 살아가는 사람들의 질문이 기록되어 있습니다.

> 야곱아, 네가 왜 이렇게 말하느냐? 이스라엘아, 네가 왜 이렇게 이야기하느냐? 왜 "내 길은 여호와께 숨겨져 있고 내 공의는 하나님이 무시하신다" 하느냐?(사 40:27)

그들은 눈앞에서 벌어지는 사건들을 보면서 하나님이 자신의 사정과 형편을 모르신다며 불신하고 의심하는 질문을 던졌습니다. 그러나 선하신 하나님은 전능하신 능력으로 만물을 창조하셨을 뿐만 아니라 섭리하시고, 통치하시고, 주관하십니다. 그분은 우리의 삶을 친히 돌보십니다.

하나님은 우리를 창조하신 후에 그저 손 놓고 계시는 분이 아닙니다. 자연법칙이나 인간의 손에 역사를 맡겨 두시지 않습니다. 하나님은 지금도 만물과 생명에 생기와 호흡을 넣어 주십니다. 하나님이 우리 삶의 호흡을 거두시면 우리의 생명은 끝나는 것입니다. 하나님은 특별히 우리의 코에 호흡을 넣어 주셨습니다. 생각해 보면 잠자는 시간은 하나님에게 가장 큰 영광을 돌리는 순간이 될 수 있습니다. 잠자는 시간만큼은 우리의 호흡을 하나님이 주관하고 계신다고 증거하는 것이 되기 때문입니다.

중세 사람들은 자연신론에 빠져 있었습니다. 하나님이 만물을 창조하신 후 자연법칙에 따라 세상이 움직이도록 만들어 놓으시고는 손을 떼고 계신다고 여겼습니다. 하나님의 창조는 믿지만 하나님의 섭리와 주관은 믿지 않는 것입니다. 그런데 이러한 생각이 오늘날 하나님을 믿는다는 사람들 속에도 숨어들어 있습니다. 이를 가리켜 '이신론'이라 하는데, 이는 과학이나 자연법칙을 하나님보다 더 위에 올려놓을 수 있기에 매우 무서운 생각입니다.

지구가 자전하고 해가 온 세상을 비추도록 창조되었기 때문에 아침이면 해가 동쪽에서 뜨는 것입니까, 아니면 하나님이 아침마다 해를 동쪽에서 떠올리게 하시는 것입니까? 이 둘은 전혀 다른 관점입니다. 그러나 하나님이 창조하신 대로 우주 만물이 움직인다는 고백보다 매일매일 해가 떠오르는 모든 우주 만물의 움직임 속에 하나님의 주관과 통치가 있다는 것이 진정한 믿음입니다.

구약성경 기자들은 자연을 바라보면서 하나님의 통치와 주권 및 능력을 묵상하도록 유도했습니다. 다윗은 "내가 산을 향해 눈을 든다. 내 도움이 어디서 오겠는가? 내 도움은 하늘과 땅을 만드신 여호와께로부터 온다"(시 121:1-2)라고 고백했습니다. 그는 하나님의 도우심을 묵상하면서 산을 보았습니다. 우리도 산을 바라보면서 하나님의 통치와 도우심을 느낄 수 있는 영적인 눈을 허락해 주시기를 구해야 합니다.

또한 이사야 선지자는 눈을 높이 들어 위를 쳐다보라고 말했습니다.

"너희는 나를 누구와 견주겠느냐? 누가 나와 같겠느냐?" 거룩하신 분이 말씀하신다. 눈을 높이 들어 위를 쳐다보라. 누가 이 모든 것을 창조했느냐? 그분은 별자리들을 하나하나 불러내어 그것들을 각각 이름대로 부르신다. 그분의 능력은 크시고 힘은 강하시니 하나도 빠지지 않고 부르신다(사 40:25-26).

이론 물리학자 리 스몰린은 자신의 책에서 별들이 존재할 수 있는 것은 그 자연 속에 서로 다른 힘들이 균형을 이루기 때문이라며 정밀한 균형이 존재한다고 말했습니다. 그런데 정밀한 균형이 존재하기 위해서는 이 힘들이 얼마만큼 어떻게 작용할지를 제어하는 변수들이 정교하게 조율되어 있어야만 합니다. 그렇지 않으면 공존이 불가능하기 때문입니다. 그는 다이얼이 조금이라도 다른 방향으로 움직이면 별들이 존재하지 않는 세상이 되어 버릴 것이라고 주장합니다. 우리는 단지 별들이 떠 있다고 생각하지만 떠 있는 별들, 존재하는 별들 사이에는 엄청난 힘의 균형이 이루어져 정교하게 튜닝되어 있다는 것입니다. 세상이 정교하게 조율되어 있다는 것입니다.

우주에는 원자핵들이 서로 단단하게 결합되어 있는데 그 힘이 0.007이라고 합니다. 이 별들이 모든 원소들을 바꾸는 것을 섬세하게 통제하는데, 만일 숫자가 0.006이나 0.008이 되면 우주는 존재할 수 없게 된다고 합니다. 우주에 있는 물질의 양을 나타내는 수치로 '오메가'를 사용하는데 만일 이 비율이 어떤 임계치보다 훨씬 높거나 낮다면 우주는 붕괴해 버리고 우리는 존재할 수 없게 된다는 것입니다.

하늘과 땅을 만드신 하나님, 우주의 별들을 주관하시는 하나님이 계시지 않다면 우주는 이처럼 정교하게 조율될 수 없습니다. 그런데 하나님은 셀 수도 없는 수많은 별을 하나하나 부르시되, 그 이름을 부르십니다. 우리는 그저 "저 별은 나의 별, 저 별은 너의 별" 하고 노래할 뿐이지만, 하나님은 그 별들을 다 아시며 통치하고 계십니다. 하물며 우리 개개인의 사정을 하나님이 모르실 리 있겠습니까?

우리가 소유해야 할 '독수리 신앙'

우리가 처한 상황이 너무 난감해서 엎질러진 물처럼 다시 담을 수 없는 듯 보여도 하나님은 다시 담으실 수 있습니다. 하나님은 새로운 길을 여실 수 있습니다. 그래서 이사야 선지자는 계속해서 호소하며 말합니다.

너희가 알지 못하느냐? 너희가 듣지 못했느냐? 여호와는 영원한 하나님이시고 땅끝을 창조한 분이시다. 그분은 지치거나 피곤해하지 않으시고 그분의 통찰력은 아무도 탐구할 수 없다(사 40:28).

앞 장에서 하나님은 "지쳤다", "역겹다", "견딜 수 없다"라고 말씀하셨는데, 사실 그 말씀은 그저 표현일 뿐 영원하시고 만물을 창조하신 하나님은 전혀 지치거나 피곤해하지 않으십니다.

그분은 지친 사람들에게 힘을 주시고 약한 사람들에게 힘을 북돋워 주신다. 젊은이라도 지쳐 피곤하고 장정이라도 걸려 비틀거리겠지만 여호와를 바라는 사람들은 새로운 힘을 얻을 것이다. 독수리가 날개를 치면서 솟구치듯 올라갈 것이고 아무리 달려도 지치지 않고 아무리 걸어도 피곤하지 않을 것이다(사 40:29-31).

여기서 '젊은이', '장정'이란 연령상 젊은 사람이 아니라 자신의 힘과 능력을 의지하는 사람으로서, 그 힘은 반드시 꺾이기 마련이고,

그 능력은 비틀거리게 되어 있습니다. 그러나 하나님을 바라는 사람들은 새 힘을 얻을 것입니다.

이사야 선지자는 하나님을 바라는 사람들이 새 힘을 얻는 모습을 독수리에 비유했습니다. 독수리가 날개를 치면서 솟구치듯 올라갈 것이라고 했습니다. 독수리가 새 힘을 얻어 비상하는 때는 폭풍이 다가올 때, 시련이 찾아올 때라고 합니다. 다른 새들은 폭풍을 피해 둥지에 숨은 채 나오지 않지만 독수리만은 '폭풍이여, 오라!' 하며 폭풍을 환영하는 듯합니다. 폭풍의 거센 바람을 타고 더 높이 올라 바람 한 점 없는 창공으로 올라가는 것입니다.

이러한 이유로 미국과 독일 국장에 독수리가 그려져 있습니다. 독일은 신성 로마 제국 시대부터 독수리 문장을 사용했는데, 역사를 거슬러 올라가 보면 결국 하나님의 말씀에서 비롯한 것임을 알 수 있습니다. 그들은 이사야 40장 31절 말씀에 근거해 위기와 태풍을 오히려 이용해 더 높이 비상하는 나라가 되기를 소망했던 것입니다. 우리나라도 위기 속에서 독수리처럼 높이 올라가는 민족이 되어야 합니다. 독수리처럼 폭풍을 타고 더 비상하는 나라가 되어야 합니다.

독수리는 닭이나 비둘기와 달리 크기가 거대한 동물입니다. 독수리를 아주 성가시게 하는 새가 있는데, 바로 까마귀입니다. 독수리가 날아가면 까마귀가 그 위에 무임승차해 쪼아 대곤 하는데, 독수리는 한번 돌아보기도 힘들 정도로 크고 무게가 있다 보니 맞붙어 싸울 수도 없습니다. 그런 독수리가 까마귀를 떼어 내는 방법이 있는데 바로 하늘 높이 비상하는 것입니다. 더 이상 붙어 있지 못할 정도까지 높이 올라가면 까마귀는 포기하고 떨어져 나갑니다.

《이솝우화》(*Aesop's Fables*)에도 독수리와 까마귀에 대한 이야기가 나옵니다. 독수리가 하늘을 날다가 양 한 마리를 발견했습니다. 쏜살같이 내려가 속도와 힘으로 양을 탁 낚아채서 올라갔습니다. 그 광경을 뒤에서 지켜보던 새가 있었는데, 바로 까마귀였습니다. 까마귀 역시 독수리처럼 쏜살같이 내려와서 양을 탁 가로챘습니다. 그런데 그만 발톱이 양털에 걸리고 말았습니다. 까마귀는 양 뒤에 붙어서 퍼드덕퍼드덕 날갯짓을 하다가 그만 양을 치는 목동에게 붙잡혔습니다. 목동이 까마귀를 붙잡아 갔더니 사람들이 웬 까마귀냐고 물었습니다. 그러자 목동이 독수리 흉내를 내는 까마귀라고 말했습니다. 까마귀는 자기가 독수리인 줄 착각하고 흉내 내다가 붙잡힌 것입니다.

독수리 같이 날아오르는 새로운 힘은 흉내 낸다고 주어지지 않습니다. 이는 하나님을 바랄 때 주어집니다. 우리 신앙의 목표는 독수리 신앙이 되는 것입니다. 출애굽기 19장에서 하나님은 이스라엘 백성을 출애굽시키실 때 "독수리 날개에 얹어 나르듯 내가 너희를 내게로 데려온 것을 보았다"(출 19:4)라고 말씀하셨습니다. 하나님이 독수리 같은 분이시기에 우리도 독수리 같은 신앙을 소유해야 합니다.

독수리 신앙이란 고난과 위기가 다가오고 폭풍이 불 때 무거운 날갯짓을 하면서 하늘 높이 비상하는 신앙을 말합니다. 혹 고난 속에 있습니까? "고난이여, 오라!" 하고 외치십시오. 질병 가운데 있습니까? "질병이여, 오라! 나는 너를 타고 하늘 높이 비상할 것이다. 너는 나를 무너뜨리는 것이 아니라 더 날아오르게 하는 힘이다"라고 말하십시오. 독수리 신앙은 곧 여호와를 바라는 신앙입니다.

미국의 자마(JAMA, Jesus Awakening Movement for America)라는 선교 단체에서 사역하시는 김춘근 장로님은 미국 내에서 한인 2세들을 깨우고 영적 운동을 일으키는 귀한 분이십니다. 그런데 척추 골수까지 파고드는 독한 암에 걸리셨고, 의사들은 모두 일어나지 못할 것이라고 했습니다. 하지만 장로님은 말씀을 붙잡았습니다. 그분은 해변을 걸으면서 "암세포야, 오라! 내가 너를 예수님의 이름으로 죽인다"라고 계속해서 말씀하셨다고 합니다. 결국 지금은 아주 건강해지셔서 사역을 더 잘 감당하고 계십니다.

독수리 신앙을 소유하기 위해서는 조건이 있습니다. 그것은 바로 하나님을 바라는 것입니다. '우리 민족이 이렇게 될 수 있느냐?', '하나님이 어디 있느냐?', '하나님이 선하시냐?', '하나님이 능력이 있으시냐?' 하며 하나님을 비꼬듯, 하나님의 능력을 의심하듯, 하나님이 계시지 않은 듯 여기는 무신론자처럼 되어서는 안 됩니다. 별들을 창조하시고 정교하게 운행하시며 통치하시는 하나님이 내 삶과 이 나라와 민족을 알고 계시기에 그분을 바랄 때 우리의 삶과 이 민족이 독수리가 날개 치며 올라감같이 새 힘을 얻게 될 것입니다.

예 레 미 야

"저는 어린아이라 말할 줄 모릅니다."

'눈물의 선지자'로 더 잘 알려진 예레미야는 요시야 왕 13년부터 시드기야 왕 11년까지 40여 년간 하나님의 말씀을 예언했다. 그는 태어나기 전부터 하나님에게 소명을 받았으며(렘 1:5), 하나님의 심판과 회복에 대한 약속을 전했다(렘 1:10). 우상 숭배에 빠진 유다를 구하려던 요시야 왕과 친밀한 관계를 유지했으며 여호야김 왕의 죄에 대해서는 담대하게 꾸짖었다(렘 22:18-19). 시드기야 왕 때에는 바벨론에 항복해야 한다고 선포해서 반역죄로 몰려 고난을 받기도 했다(렘 38:1-6). B.C. 586년에 예루살렘이 함락되자 강제로 애굽에 끌려가 그곳에서 예언했다(렘 41:1-44:30).

동시대 활동한 선지자로는 하박국, 스바냐(남 유다), 에스겔, 다니엘(바벨론), 나훔(니느웨)이 있으며, 예레미야서와 예레미야애가를 기록했다(렘 1:1).

관련 성경 구절 렘 1-45장; 마 16:13-16, 2:17, 27:9; 히 8:8-12

—— 03 ——

두 가지 악

렘 2:13, 17:1-11

자신에게 절망할 때 죄로부터 자유로워진다

진정한 영적 생활에 지름길은 없습니다. 반드시 거쳐야 하는 단계이자 절대적인 법칙이 존재하는데, 그것은 자신의 죄를 철저히 깨닫는 것입니다. 이 시대에 사라져 가는 것들 중에 가장 중요한 것은 바로 죄를 깨닫는 것입니다. 모든 사람이 지나칠 정도로 자기만족에 빠져 있습니다. 베스트셀러나 사회의 지배적인 가르침들은 대부분 자기에 대한 확신을 확고히 심어 주는 내용들로 가득합니다. 자기 자신에 대한 외면 혹은 자기 실체를 직시하지 못하도록 방해하는 가르침들은 결국 사람들로 하여금 죄를 깨닫는 데서 멀어지게 만듭니다.

예수님은 산상수훈에서 팔복에 대해 말씀하셨습니다. 그중에서 첫 번째 말씀은 "복되도다! 마음이 가난한 사람들이여, 하늘나라가 그들의 것이다"(마 5:3)입니다. 예수님은 하나님 나라에 들어가는 첫 번째 단계가 마음이 가난한 사람이 되는 것이라고 말씀하셨습니다. 여기서 '마음의 가난'은 자기 자신에 대해 파산하는 것을 의미합니다. 스스로가 얼마나 죄인인지를 깊이 깨달아 절망하는 것입니다. 예수님은 마음의 가난함을 경험하지 못하면 하나님 나라를 체험할 수 없다고 말씀하신 것입니다.

때로 우리는 '내가 이런 사람밖에 되지 않는가?' 하며 자신에 대해 실망합니다. 이때 세상의 모든 가르침은 '너 자신에 대해 실망하지 말고 용기를 가져라'라고 말합니다. 그러나 우리는 실망하지 않아서는 안 됩니다. 오히려 절망해야 합니다. 우리는 우리 안에 있는 죄로 인해 절망할 수밖에 없는 존재이기 때문입니다.

사이비 종교와 진정한 기독교의 차이가 바로 여기 있습니다. 사이비 종교도 구제와 봉사와 같은 선을 많이 행하기에 이런 것들로는 진정한 기독교와 사이비 종교를 구별할 수 없습니다. 그런데 사이비 종교는 죄를 깨닫게 하지 않습니다. 사회가 문제이고, 모두 다른 사람의 잘못이며, 환경을 탓합니다. 심지어는 가정이 문제의 근원이므로 가정을 버리고 나오라고까지 말합니다. "당신은 그렇게 문제가 심각한 사람이 아닙니다. 도움이 조금 필요할 뿐이니 우리가 도와주겠습니다"라고 말하며 사람들을 유인합니다. 이처럼 많은 사람이, 소위 지식인이라는 사람들조차 사이비 종교에 빠져드는 이유는 죄를 깨닫게 하는 불편함이 없기 때문입니다. 그러나 진정한 신앙, 진정한 기독교는 우리의 마음을 불편하게 합니다. 죄를 깨닫게 하시는 성령님의 역사가 있기 때문에 자신에 대해 깊이 절망합니다.

어떤 철학자들은 기독교가 죄와 구원이라는 이데올로기의 틀로 사람들을 가두어서 조종한다고 말합니다. 그런데 죄가 과연 이데올로기입니까? 이데올로기란 어떤 생각의 틀에 가두어서 사람들을 끌고 가는 사상이나 의식의 체계를 말합니다. 물론 이데올로기라고 해서 다 틀린 것은 아닙니다. 어떤 이데올로기든 일부는 일리가 있습니다. 그러나 이데올로기의 모든 것이 진리는 아닙니다. 이것이 이데올로기와 진리의 차이입니다. 기독교는 모든 것이 진리입니다.

죄와 구원은 이데올로기가 아니라 진리입니다. 우리는 철저한 죄인이며 구원이 필요한 존재입니다. 그리고 하나님이 우리를 구원하십니다. 예수님이 공생애를 시작하시면서 제일 먼저 하신 말씀은 "회개하라. 하늘나라가 가까이 왔다"(마 4:17)였습니다. 왜 당시 유대 지도자들은 예수님을 싫어하고 십자가에 못 박기까지 했습니까? 예수님의 메시지가 그들의 마음을 불편하게 했기 때문입니다. 죄를 깨닫게 했기 때문입니다.

특별히 바리새인들은 자신들이 회개할 필요가 없는 존재라고 굳게 믿으며 살았습니다. 그들은 당시, 세상에는 두 부류의 사람이 존재하는데, 한 부류는 바리새인이고 또 다른 한 부류는 죄인이라고 구별하기까지 했습니다. 자신들을 제외한 모든 사람을 죄인으로 간주했던 것입니다. 그래서 그들은 기도할 때마다 자신들이 죄인과 같지 아니함을 감사했습니다. 자신들을 하나님의 선택 받은 자들로 여기고 감사하며 교만에 빠졌습니다. 예수님이 그런 그들의 죄를 지적하시자 그들은 분노했던 것입니다.

혹시 기도할 때 '회개가 필요한 사람은 내 앞뒤좌우에 있는 사람이야'라고 생각하지는 않습니까? 주위 사람들이 울부짖으며 회개하는 모습을 보면서 '제대로 좀 살지. 저렇게 회개할 거리가 많나?' 하는 시각으로 바라보는 것은 바로 바리새인들의 입장입니다. 우리 죄의 본성에는 자기를 의롭다 하고 다른 사람을 업신여기는 바리새인적인 기질이 들어 있습니다. 정작 회개해야 할 사람은 바로 나 자신입니다.

진정한 영적 생활을 하는 사람은 행복해지기 위해서가 아니라 거룩해지기 위해서 회개합니다. 단지 행복해지기 위해서 행복을 추구하는 사람은 절대로 행복을 얻지 못합니다. 그러나 거룩을 추구하면 행복은 뒤따라오게 되어 있습니다. 우리 삶의 목표는 행복이 아니라 거룩이어야 합니다. 그러면 자신도 모르게 더 행복해져 있는 스스로를 발견하게 될 것입니다.

우리의 모든 기도 제목을 내려놓으십시오. 죄를 더욱 깨닫고, 죄로부터 자유로워지고, 더 깊이 회개하는 사람이 되게 해 달라는 한 가지 기도 제목만 붙드십시오. 이 나라와 민족의 죄, 지도자들의 죄, 조상들의 죄 그리고 이 민족을 덮고 있는 모든 죄를 마치 나의 죄인 것처럼 여겨 회개할 때 놀랍게도 죄로부터 자유로워지고 그동안 알지 못했던 깊은 행복을 경험하게 될 것입니다.

하나님의 백성이 저지른 두 가지 악

선지자들의 공통적인 사역은 죄를 깨닫게 하는 것이요, 회개를 통해 거룩을 경험하게 하는 것입니다. 그리고 그 결과 하나님이 주시는 복을 누리게 하는 것이 선지자들의 일관된 사역 패턴입니다. 예레미야 2장 13절은 우리가 왜 회개해야 하는지를 아주 정확하게 알려 주고 있습니다. 단 한 절이지만 선지서 전체를 대표해 죄의 실상을 가장 탁월하게 설명하고 있습니다.

> 내 백성이 두 가지 악을 저질렀다. 생명수의 원천인 나를 버리고 스스로 물 저장소를 파서 만들었다. 그러나 그것은 물을 담지 못하는 깨진 물 저장소였다(렘 2:13).

하나님은 예레미야 선지자를 통해 하나님의 백성이 두 가지 악을 저질렀다고 말씀하셨습니다. 첫 번째 악은 생명수의 원천이신 하나님을 버린 것이고, 두 번째 악은 스스로 물 저장소를 파서 만든 것입니다. 그러나 그것은 물을 저축하지 못하는 깨진 저장소였습니다. 여기서 '생명수의 원천'은 지하에서 콸콸 솟아나는 샘물을 뜻하고, '물 저장소'는 물통을 의미합니다.

당시 이스라엘에는 비가 적게 왔기 때문에 1년에 두 차례 내리는 이른 비와 늦은 비, 즉 우기 때 빗물을 저장하는 저장소가 집집마다 있었습니다. 대개는 바위를 파서 그 안에 회칠을 하고 방수 처리를 한 뒤 빗물을 받아 놓고 사용했습니다. 물 저장소가 오래되어 깨지거나 방수가 잘 안 되면 물이 새기 때문에 매년 방수 처리를 새롭게 해야 했습니다.

이스라엘 백성에게는 마당에 가만있어도 땅속에서부터 물이 콸콸 쏟아져 나오는 샘물이 있었습니다. 그런데 안타깝게도 그들은 샘물은 막아 버리고, 하늘에서 1년에 두 차례 내리는 깨끗하지도 않은 빗물을 심지어 터진 저장소에 채워 놓고는 의지하는 모습을 보였습니다. 이는 정말 불합리하고, 비상식적이며, 이해할 수 없는 행동입니다. 죄가 바로 그렇습니다. 어이없고 비상식적인 것입니다. 우리는 사회의 상식과 교양과 문화와 도덕을 따라 살아간다고 말하지만 근본적으로는 비상식적이고, 불합리하고, 어이없는 존재로 살아가고 있을 뿐입니다.

그래서 하나님은 앞서 1장에서 언급했듯이 "하늘아 들으라. 땅아 귀를 기울이라" 하시며 자연을 초청해 호소하셨습니다. 하늘과 땅은 하나님이 창조하신 그대로 움직이거늘 그렇지 않은 인간들의 모습을 보시니 너무나 기가 막히셨던 것입니다. 예레미야 2장 12절에서도 하나님은 "하늘아" 하고 부르시며 깃딤 해변으로 건너가서 알아보라고 말씀하셨습니다. 하물며 이방 신들을 섬기는 자들도 자신들의 신을 다른 것과 바꾸지 않는데 살아 계신 하나님을 섬기는 하나님의 백성이 하나님의 영광을 더러운 우상과 바꾸었다고 말씀하시며 안타까워하셨습니다. 물이 솟아나는 샘물과 더러운 물을 저장하는 물 저장소 가운데 어떤 것을 선택하겠습니까?

정말 좋은 것을 정말 나쁜 것과 바꾸어 버리는 어이없는 일들이 바로 죄입니다. 죄는 하나님을 떠나는 것이요, 떠나는 데서 그치지 않고 스스로 하나님을 대신해 우상을 만들어 냅니다. 두 가지 악은 서로 연결되어 있습니다. 하나님을 의지하지 않으면 아무것도 의지하지 않는 것이 아니라 다른 무언가를 의지하고 있는 것이라고 할 수 있습니다. 그것이 자신이든, 우상이든, 물질이나 환경이든, 사람은 반드시 무엇인가를 의존하게 되어 있습니다. 사람은 의존적인 존재로 창조되었기 때문입니다.

종교와 기독교의 가장 큰 차이는 물 저장소와 샘물의 차이와 같습니다. 사람들이 만든 터진 물 저장소 중에 대표적인 것이 종교입니다. 기독교는 일반적으로 종교로 분류됩니다. 그러나 사실 기독교는 종교가 아닙니다. 종교는 길에 대해 설명하지만 예수님은 자신이 곧 길이라고 말씀하셨습니다. 종교는 진리에 대해 말하지만 예수님은 자신이 곧 진리요, 생명이라고 말씀하셨습니다. 예수님은 종교를 창시하신 것이 아닙니다.

마틴 로이드 존스 목사님은 영국 사회를 돌아보면서 종교가 한창 융성했던 19세기 빅토리아 시대가 진정한 기독교 관점에서 볼 때 가장 황폐했던 시대라고 말했습니다. 내면으로부터 흘러나오는 성령의 역사가 존재하지 않고 그저 교양과 품위를 지켜 주는 종교는 구름과 같이 덮어 주는 역할을 할 뿐이라고 했습니다. 우리가 교회에 출석하고 하나님을 믿는 것은 좀 더 교양 있는 사람이 되기 위해서가 아닙니다. 나를 포장하는 액세서리로서 믿는 것이 아닙니다. 안에서부터 밖으로 솟아나는 샘물이 바로 그리스도 안에 있기 때문에 우리는 그분을 의지할 수밖에 없는 것입니다.

요한복음 4장에서 사마리아 여인은 정오에 물을 길으러 나왔다가 예수님을 만났습니다. 사람들의 눈을 피해 우물물을 길으러 나온 그녀에게 예수님은 이렇게 말씀하셨습니다.

"이 물을 마시는 사람마다 다시 목마를 것이다. 그러나 내가 주는 물을 마시는 사람은 영원히 목마르지 않을 것이다. 내가 주는 물은 그 사람 안에서 계속 솟아올라 영생에 이르게 하는 샘물이 될 것이다"(요 4:13-14).

진정한 기독교는 우리 안에서 솟아나는 샘물과 같습니다. 물 저장소는 생명이 없기에 밖에서 물을 넣어 주어야 하는 반면, 샘물은 안에서부터 밖으로 흘러나오기에 살아 있고, 능력이 있으며, 활력이 있고, 힘이 있습니다. 종교는 언제나 외형적인 형식, 즉 행위를 중요시합니다. 그 속에는 능력이 없습니다. 신앙생활을 할 때 어떤 형식, 절차, 외형적인 것을 강조하면 그곳에는 생명력이 없다고 보아도 됩니다.

이것은 생명과 기계의 차이이기도 합니다. 기계는 외부에서 에너지를 넣어 주어야 합니다. 태엽을 감아 주거나 배터리 혹은 연료를 넣어 주어야 합니다. 세상 종교는 기계와도 같아 배터리나 연료를 계속해서 공급해 주어야 합니다. 그러나 진정한 기독교는 솟아나는 샘물이기에 우리 안에 살아 계신 성령의 능력으로 안에서부터 밖으로 끊임없이 샘솟습니다.

우리가 열심히 신앙생활하는 이유를 외부에서 에너지를 공급받는

차원으로 접근해서는 안 됩니다. 우리가 원하는 것은 안에서부터 밖으로 솟아나는 샘물을 다시 회복하는 것입니다. 이 사실을 잘 보여 주는 사건이 창세기에 기록되어 있습니다.

아브라함이 가지고 있던 우물을 블레셋 사람들이 메워 버렸습니다. 그러나 이삭은 새로운 우물을 팔 필요가 없었습니다. 그 우물을 찾아서 덮고 있는 불순물들을 제거하기만 하면 샘물이 솟아났기 때문입니다. 우리가 할 일은 블레셋 사람들이 메워 놓은 우물의 찌꺼기들을 다 제거하고 샘물이 다시 샘솟게 하는 것입니다.

배터리를 끼워 넣는 것은 종교 생활을 의미합니다. 우리는 막혀 있던 우물을 다시 샘솟게 해야 합니다. 이것이 바로 회개입니다. 사탄이 우리 마음속 우물을 가로막고 있던 죄의 찌꺼기들을 제거하면 안에서부터 밖으로 우물물이 샘솟아 오르게 될 것입니다. 하나님은 샘물되신 하나님을 버리고 스스로 터진 물 저장소를 만든 어처구니없는 일들을 돌이키길 바라십니다. 하나님이 우리에게 주신 샘물을 다시 회복하기를 원하십니다. 이것이 회개의 역사입니다.

사막의 덤불과 같은 사람

예레미야 17장에서 하나님은 생명수의 원천이신 하나님을 버리고 스스로 터진 물 저장소를 만든 인생을 나무에 비유하십니다.

여호와께서 이렇게 말씀하셨다. "사람을 의지하고 육체를 그의 힘으로 삼는, 그래서 그 마음이 여호와를 떠나는 사람은 저주를 받는다. 그는 사막의 덤불과 같아서 좋은 일이 생겨도 보지 못하고 광야의 메마른 땅에서, 아무도 살지 않는 소금 땅에서 살 것이다"(렘 17:5-6).

하나님을 버리고 스스로를 의지하거나 다른 사람이나 우상을 의지하는 사람은 사막의 덤불과 같습니다. 개역개정 성경에는 "사막의 떨기나무"라고 표현되어 있습니다. 사막의 덤불은 겉으로는 살아 있는 것처럼 보이지만 실상은 죽은 나무와도 같습니다. 뿌리부터 완전히 말라 버려서 전혀 생기가 없는 저주받은 인생을 상징하는 나무입니다. 생명수의 원천이신 하나님을 떠날 때 우리 인생에는 생기가 없어집니다. 아무리 좋은 화장품을 발라도 소용없습니다. 생기는 안에서부터 밖으로 흘러나오는 생명수의 원천에 연결되어야만 회복될 수 있습니다. 우리는 이 생명력을 회복해야만 합니다.

하나님은 하나님을 떠나 스스로를 의지하거나 다른 사람을 의지하는 사람이 사막의 덤불과 같아서 저주를 받는다고 말씀하셨습니다. 그 이유가 무엇일까요?

마음은 모든 것보다 거짓되고 몹시 병들어 있다. 누가 그것을 이해할 수
있겠는가?(렘 17:9)

만물보다 심히 부패하고 병들어 있는 것이 인간의 마음이기 때문
입니다. 거짓된 것을 의존하면 비참한 삶을 살 수밖에 없습니다. 거
짓을 의지하기 때문에 저주받은 인생이 되는 것입니다. 하나님은 저
주하기를 좋아하시는 분이 아닙니다. 우리가 저주받을 수밖에 없는
원리를 따르기 때문에 거짓을 의지함으로 망하게 되는 것입니다. 거
짓에는 심판만 있을 뿐입니다.

우리는 우리 마음이 만물보다 심히 거짓되다는 사실을 절실하게
깨달아야 합니다. 그 사실을 잘 알지 못하는 이유는 스스로에게 속고
있기 때문입니다. 종교개혁자인 장 칼뱅은 하나님이 들추어내시기
전까지는 절대로 깨달을 수 없다며 자신의 마음이 얼마나 부패했는
가에 대해 스스로에게 물었습니다.

시냇가에 뿌리를 내린 나무 같은 사람
이와 정반대로 예레미야 11장 후반부에서 하나님은 하나님을 의지
하는 인생을 또 다른 나무로 묘사하셨습니다.

그러나 여호와를 의지하고 그래서 그의 신뢰가 여호와께 있는 사람은 복
을 받을 것이다. 그는 물가에 심어서 시냇가에 뿌리를 내린 나무 같을 것

이다. 더위가 닥쳐와도 두려워하지 않으며 그 잎이 항상 푸르다. 가뭄의 해에도 걱정이 없으며 그치지 않고 열매를 맺는다(렘 17:7-8).

이 말씀을 읽으면 시편 1편이 연상됩니다.

복이 있는 사람은 … 시냇가에 심은 나무가 계절에 따라 열매를 맺고 그 잎이 시들지 않는 것처럼 하는 일마다 모두 잘되리라(시 1:1-3).

시냇가에 심은 나무는 뿌리가 물의 원천에 닿아 있기 때문에 계속해서 수분을 공급받습니다. 따라서 생기가 있고 능력이 있습니다.

하나님을 의지하는 사람은 생명수의 원천에 의지하는 인생이기에 두 가지 중요한 특징을 보여 줍니다. 그중 첫째는 내면에 생명력이 있기에 환경의 변화에 절대적 영향을 받지 않는다는 것입니다. 가을에 잎이 다 떨어진 나무는 겨울이 되면 얼어붙어 마치 죽은 나무 같습니다. 그러나 생명이 있기에 봄이 오면 싹이 나고, 새순이 움트고, 다시 한 번 잎이 푸르게 됩니다. 만약 나무 안에 생명력이 없으면 봄이 와도 죽은 나무일 것입니다. 내면에 생명력이 없는 사막의 덤불은 봄이 와도 새순이 나오지 않습니다.

비록 우리의 환경이 추운 겨울처럼 절박하고 모든 것을 다 잃어버리고 잎이 다 떨어진 것처럼 보일지라도, 우리의 내면이 생명수의 원천이신 하나님과 연결되어서 생명력이 있으면 봄은 다시 찾아옵니다. 봄이 왔기 때문에 싹이 나는 것이 아니라 생명력이 있기 때문에 봄이 되면 싹이 나는 것입니다. 우리는 이 순서를 잊지 말아야 합니다. 중요한 것은 우리의 내면이 무엇과 연결되어 있는가입니다. 우리는 환경이 가장 중요한 이유라고 생각하지만 사실 환경은 두 번째요, 우리 내면의 거룩이 우선순위입니다.

두 번째 특징은, 하나님을 의지하는 사람은 계절을 따라 열매를 맺는다는 것입니다. 열매란 다른 사람들을 유익하게 하는 것, 쓰임 받는 것, 누군가를 살리는 것입니다. 열매가 가진 진정한 가치는 새로운 씨앗, 곧 또 다른 생명을 낳는 것입니다. 살아 있는 생명은 또 다른 생명을 낳고, 번식하고, 전염시키고, 영향을 미치게 되어 있습니다. 우리 안에 생명력이 있으면 우리를 통해 누군가가 전염됩니다.

사람은 영향을 주지 않으면 영향을 받게 되어 있습니다. 우리는 영향을 주는 존재로 살 것인가, 아니면 영향을 받는 존재로 살 것인가를 결정해야 합니다. 이것은 죄를 전염시키는 존재가 될 것인가, 거룩을 전염시키는 존재가 될 것인가의 문제입니다. 다시말해 생병수의 원천이신 하나님과 연결된 인생을 전해 줄 것인가, 아니면 환경에 휘둘리는 인생을 전해 줄 것인가를 확실히 해야 한다는 것입니다. 우리가 세상을 전염시키고 있지 않다면 우리는 세상에 전염되고 있는 것입니다. 이것은 심각한 영적 전쟁입니다.

우리는 내면에 영향력과 생명력을 소유하고 계절을 따라 열매를 맺음으로 생명을 전파하는 삶을 살아야 합니다. 아무런 열매를 맺지 못하면 번식할 수 없고, 생명력 있게 세상을 바꿀 수 없습니다. 우리는 그리스도 안에 있는 영적인 생명력으로 거룩한 열매를 맺어야 영향을 미칠 수 있습니다.

이스라엘 백성이 행했던 두 가지 악은 우리 모두의 문제입니다. 하나님을 떠난 사람은 반드시 스스로 물 저장소를 만들게 되어 있습니다. 그러한 사람은 사막의 덤불과 같은 인생이 될 수밖에 없습니다. 우리는 시냇가에 심은 나무처럼 뿌리를 깊이 내려 생명수의 원천이신 하나님과 접붙여져야 합니다. 뿌리를 깊이 내리는 것은 회개의 작업입니다. 진정한 영적 생활은 아래로, 아래로 내려가는 것입니다. 우리 안에 있는 죄를 회개하고 하나님 안에 깊이 거할 때 우리 안에 생명이 있는 영적 생활이 일어나게 될 것입니다.

$$----\ 04\ ----$$

은혜로운 약속

렘 29:10-14

하나님의 계획은 재앙이 아니라 소망이다

우리는 시간이 죄를 없앨 수 있다고 생각하지만 그것은 착각입니다. 시간이 흘러가면 죄는 더 깊어지고, 굳어지고, 교묘해집니다. 그러다 보면 죄가 습관화되고 세계관을 형성해 우리가 살아가는 모든 삶의 관점, 즉 우리의 눈이 됩니다. 옛날에는 죄를 지었지만 이제는 죄의 렌즈를 통해서 세상을 보는 무서운 상황에 이르게 되는 것입니다.

약물 치료가 안 되는 질병은 수술로 고쳐야 하듯이 죄는 수술하고 치료해서 회복시켜야 합니다. 하나님이 우리에게 고통을 주시는 까닭은 고통이 우리의 죄를 수술하시는 하나님의 방법이기 때문입니다. 환자들이 수술의 전 과정을 이해하지 못하면 두려워할 수 있습니다. TV나 영화를 보면 의사가 메스로 환자의 배를 가르는 장면이 나옵니다. 그 장면만 보면 영락없이 칼로 사람을 죽이는 것입니다. 수술의 결말이 어떠한지를 보여 주지 않으면 악한 행동으로 오해받을 수밖에 없는 것입니다.

어린아이들은 자신의 병을 고쳐 주는 의사가 주삿바늘만 들고 있어도 두려워합니다. 자신을 해치려는 것으로 오해하기 때문입니다. 부모가 아무리 "이 주삿바늘이 너를 살릴 거야!"라고 말해도 울고 두려워하며 병원에 가기를 싫어합니다. 믿음이 형성되지 않았기 때문입니다. 마찬가지로 영적 어린아이 상태에서는 하나님의 고통이라는 수술 방법이 나를 살리는 것이 아니라 죽이는 것이라고 착각할 수 있는 것입니다.

하나님은 예레미야 29장에서 이스라엘 백성을 향한 계획을 발표하셨습니다.

여호와께서 이렇게 말씀하셨다. "바벨론에서 70년이 차면 내가 너희를 돌아보아 너희를 이곳으로 돌아오게 할 것이라는 내 은혜로운 약속을 너희에게 이행할 것이다. 여호와의 말이다. 내가 너희를 위해 갖고 있는 계획들을 내가 알고 있으니 그것은 평안을 위한 계획이지 재앙을 위한 것이 아니며 너희에게 미래와 소망을 주기 위한 것이다"(렘 29:10-11).

이스라엘 백성은 고통 중에 있었습니다. 그러나 하나님의 계획은 고통이 재앙으로 끝나는 것이 아니라 평안과 미래와 소망이었습니다. 이스라엘 백성은 하나님의 말씀을 있는 그대로 믿지 못했습니다.

만약 죄가 없는 억울한 상황에서 이러한 고통을 겪은 것이라면 하나님의 회복의 약속을 어느 정도 쉽게 받아들일 수 있었을 것입니다. 그런데 자신들의 잘못으로 고통을 겪고 있는데 하나님의 계획이 재앙이 아니라 평안이요, 미래에 소망을 누리는 것이라고 말씀하시니 잘 받아들여지지 않았던 것입니다. 우리는 은혜를 믿지 못하는 고질병에 걸렸습니다. 회복의 약속을 받아들이지 않는 깊은 불신과 두려움에 빠져 있습니다.

카르마 vs. 카리스마

오늘날 사람들이 은혜를 받아들이지 않는 경향은 세계관으로 형성되어 있을 정도입니다. 세계관이란 한두 사람이 아닌 수많은 사람의 사고방식이 패턴화 된 것을 의미합니다. 대표적으로 소위 '업보 사상'을 들 수 있습니다. 이것은 심은 대로 거두리라는 면에서는 분명 일리 있는 사상입니다. 선택을 하면 결과가 어떤 식으로든 분명히 나타나기 마련입니다. 그러나 이 세상의 모든 일이 업보에 의해서만 이루어지는 것일까요?

'카르마'(Karma), 즉 업보를 주장하는 종교와 사상이 분명히 있습니다. 그들은 모든 것이 연결되어 있기에 이생에서 잘못하면 다음 생에서 반드시 그에 대한 대가를 받게 되고, 이생에서 선을 행하면 다음 생에서 선한 존재로 살게 된다고 주장합니다. 이러한 사상과 세계관을 기초로 살아갈 때 일부 도움이 되는 부분도 있습니다. 행동을 조심하게 되고 악보다는 선을 행하려고 노력하게 되는 효과입니다. 그러나 우리의 행위대로 세상이 움직인다는 주장에는 상당한 모순이 존재합니다. 우리가 행하지 않은 일이나 다른 사람의 선택으로 인해 고통 받을 땐 해결할 방법이 없기 때문입니다. 여기서 전생이 필요합니다. 누구도 전생에 가 보지 않았으니 믿을 수밖에 없습니다. 이생에서는 잘못하지 않았지만 전생에서 잘못했기에 고통당하는 것이라고 말하면 카르마 즉, 업보의 논리가 형성됩니다.

언젠가 카르마를 강조하는 분의 강의를 여러 편 꼼꼼히 들어 본 적이 있습니다. 강사는 한 강의에서 지금 몸에 이상이 생긴 것은 업보에 의하면 과거에 무엇인가 큰 잘못을 했기 때문이라고 말했습니다. 그런데 다른 강의에서는 "왜 병에 걸리는 것입니까?"라는 질문에 "살다 보면 병에 걸릴 수도 있는 것이지요" 하고는 끝내 버렸습니다. 앞뒤가 달랐습니다.

진리는 앞뒤가 다르지 않습니다. 성경에는 "사람이 무엇을 심든지 그대로 거둘 것입니다"(갈 6:7)라는 말씀이 있습니다. 그러나 하나님은 때로 우리가 심지 않은 데서도 거두게 하십니다. 심지어 우리가 잘못을 범한 것도 회복시켜 주십니다. 은혜는 카르마를 끊어 버립니다. 조상의 잘못으로 대대로 업보에 의해서 저주를 받고, 또 내 잘못이 자녀들에게 그대로 나타날 것이라는 가르침은 하나님의 은혜로 세상과 인생과 역사를 보지 못하도록 가로막습니다.

카르마를 끊는 하나님의 놀라운 은혜의 선물이 있습니다. 그것은 바로 '카리스마'(Khárisma)입니다. '카리스'는 '은혜'이고, '카리스마'는

'은혜로 주시는 선물'을 의미합니다. 우리는 카르마가 아니라 카리스마, 즉 하나님의 은혜의 선물을 믿고 의지하며 살아가는 인생입니다.

하나님의 회복의 약속이 이스라엘 백성에게 믿어지지 않은 까닭은 그들이 스스로 행한 죄를 잘 알고 있었기 때문입니다. 우리는 죄에 대한 징벌을 받는 것이 마땅한 존재입니다. 하나님은 죄를 벌하시는 공의로운 하나님이십니다. 그러나 하나님은 카르마가 아닌 카리스마를 따라 일하시는 분이기에 "너희들이 잘못 행해서 바벨론에 포로로 잡혀갔을지라도 70년이 되면 내가 너희를 돌이킬 것이다"라고 말씀하신 것입니다.

하나님이 예레미야 선지자를 통해서 은혜로운 약속을 백성에게 들려주셨건만 그들은 카리스마의 약속을 믿음으로 "아멘!" 할 수 없었습니다. 은혜의 시각보다는 업보의 시각으로 세상을 보며 살아가는 것이 익숙하기 때문입니다. 인간의 생각에서는 용서보다는 보복이, 사랑보다는 미움이 더 친숙하기 때문입니다.

인간은 한 번 나쁘게 보기 시작하면 모든 것을 나쁘게 보고, 좋게 보기 시작하면 전부 좋게 보는 경향이 있습니다. 인간은 자꾸 한쪽으로 치우칩니다. 우리가 나쁘다고 생각하는 사람도 우리보다 좋은 점이 많다고 생각해야 합니다. 반대로 우리가 좋다고 생각하는 사람도 알고 보면 나쁜 점이 있다고 생각해야 합니다. 항상 양면이 있다는 사실을 기억해야 합니다.

미워하는 사람은 더 미워하고 더 악하게 몰아가야 한다고 여기는 죄 된 본성 때문에 우리는 은혜의 시각을 갖거나 은혜로운 약속을 받아들이지 못합니다. 예수님이 우리의 죄를 대속해 죽으셨다는 은혜의 약속을 쉽게 받아들이지 못하는 이유가 무엇입니까? 한 번도 누군가를 대신해서 손해 본 적이 없기 때문입니다. 인간에게는 은혜라는 사고와 삶의 패턴이 낯선 것입니다. 우리 삶의 뿌리 깊은 곳에는 전적인 진리, 총체적인 진리가 아니라 카르마 사상이 놓여 있기 때문입니다. 이 사상이 사람들에게 널리 퍼지는 까닭은 익숙하고 좋기 때문입니다. 그러나 이는 전적인 진리가 아니라 부분을 확대시킨 것에 불과합니다.

카르마를 의지하면서 살아가는 인생이 되겠습니까, 아니면 카리스마를 의지해 살아가겠습니까? 우리는 자녀들을 대할 때 카르마로 대합니까, 카리스마로 대합니까? 카르마로 대하면 자녀들은 숨 막혀서 세상에서 살 수가 없습니다. '네가 행한 대로 해 주겠다. 시험 성적이 오르면 더 잘해 주고, 떨어지면 못해 줄 것이다'라는 식으로 자녀를 양육하면 자녀들은 아마도 괴물로 변할 것입니다. 그런데 아이러니하게도 그런 부모가 자기 자신은 어떻게 대합니까? 자신이 잘못한 것은 전혀 받아들이지 않고 잘한 것만 생각합니다. 받을 돈만 생각하고 빌린 돈은 생각하지 않는 것과 같은 형국입니다. 이처럼 우리 삶의 방식에는 모순이 존재합니다.

70년 후에는 돌아오게 하실 것이라는 은혜로운 약속을 이스라엘 백성은 받아들이지 못했습니다. 하나님은 모든 역사를 움직여 가실 때 심판과 징계로 종지부를 찍지 않으시고 궁극적으로 평안과 복을 주십니다. 요한계시록의 시작과 중반부를 보면 무섭습니다. 하나님의 정죄가 있고, 불 못에 떨어지는 끔찍한 심판이 이어집니다. 그러나 마지막에는 놀랍게도 새 하늘과 새 땅이 펼쳐집니다.

하나님은 인간을 지옥의 불 못에 떨어뜨리는 것을 기뻐하시는 분이 아닙니다. 하나님의 본심은 우리 모두가 새 하늘과 새 땅에 거하는 축복을 누리는 것입니다. 불 못은 우리를 향한 하나님의 마지막 계획이 결코 아닙니다. 죄와 어둠과 슬픔이 없고, 하나님의 은혜가 충만한, 축복으로 가득한 새 하늘과 새 땅에 우리를 살게 하시려는 것이 하나님의 뜻입니다. 특히 요한계시록의 마지막 절인 22장 21절은 "주 예수의 은혜가 모든 사람들과 함께 있기를 빕니다. 아멘"이라고 말합니다. 은혜로 끝이 납니다. 하나님의 결론은 은혜입니다.

기독교가 타 종교와 다른 점은 초월이나 기적이 아닙니다. 타 종교에서도 기적은 일어날 수 있습니다. 기적은 우리가 믿는 진리의 최고 보증이 아닙니다. 진리의 보증은 바로 은혜입니다. 우리가 행한 대로 우리를 대하지 않으시고, 우리의 죄를 뛰어넘어 하나님의 카리스마로 우리를 회복시키는 길을 약속하신 것입니다. 이것이 예수 그리스도의 십자가 안에서 우리를 다루시는 하나님의 계획입니다. 찰스 스펄전 목사님은 하나님의 은혜에 대해 역설하며 다음과 같이 고백했습니다.

"인간이 죄의 산을 쌓아올리지만 하나님은 결코 그에 뒤질세라 더 높은 은혜의 산을 쌓아올리신다. 인간이 높디높은 죄의 언덕들을 만들어 내지만 하나님은 열 배나 더 풍성한 은혜로 그 언덕들을 덮어 버리신다. 죄와 은혜의 이런 시합은 마침내 전능하신 하나님이 산을 뿌리째 뽑아 그 아래 인간의 죄를 묻어 버리실 때까지 계속된다. 마치 파리 한 마리가 거대한 산 아래 묻혀 버리는 것과 같다. 아무리 큰 죄도 그 크기를 가늠할 수 없는 하나님의 은혜를 가로막지 못한다.”

인간의 죄보다 하나님의 은혜가 더 큽니다. 죄는 하나님의 은혜를 무너뜨릴 수 없습니다. 아무리 큰 죄라 할지라도 가늠할 수 없는 하나님의 은혜가 우리에게 주어져 있습니다.

하나님은 70년이 지나면 포로 된 땅에서 돌아오게 하겠다고 약속하셨지만 지금 이스라엘 백성의 삶 가운데는 변화가 일어나지 않았습니다. 여전히 그들은 죄 가운데 있었고, 포로 된 상태였으며, 심판의 형벌 가운데 놓여 있었습니다. 그럼에도 불구하고 하나님은 심판의 한복판에 있는 백성에게 회복의 약속을 주셨습니다.

이것이 어떻게 인간에게서 나온 생각이겠습니까? 성경이 하나님의 책이요, 하나님의 말씀인 이유는 어떠한 시대의 사상에도 이와 같은 은혜의 약속이 존재할 수 없기 때문입니다. 은혜와 용서에 관한 아름다운 작품들의 대부분은 성경을 묵상하고 그로부터 영향을 받은 사람들이 은혜와 용서라는 세상과 다른 패러다임을 우리에게 소개한 것일 뿐임을 기억해야 합니다.

고통과 징계에 담긴 하나님의 뜻

하나님은 왜 고난이라는 영적인 수술 과정을 거친 후에야 은혜를 허락하시는 것일까요? 여기에는 두 가지 목적이 있는데, 첫 번째 목적은 우리를 회개시키시기 위함입니다. 회개하려면 우리 자신을 정확하게 깨달아야 합니다. 깨닫는 만큼 회개가 이루어지기 때문입니다. 문제는 기억나는 죄가 없다는 것입니다. 우리는 스스로를 알지 못합니다. 그런데 우리가 자신을 알게 되는 때가 있습니다. 바로 고통과 고난 속에 들어갈 때입니다.

인간의 성격과 심리 연구에 대한 많은 모델 중에서 '조하리의 창'(Johari Window)이라는 것이 있습니다. 나와 다른 사람의 관계가 어떤 상태인지를 보여 주고 개선해 가는 분석입니다. 이 모델은 네 개의 창문을 제시합니다. 첫 번째 창문은 공개적 영역(open)입니다. 나도 알고 다른 사람도 아는 영역입니다. 두 번째 창문은 숨겨진 영역(hidden)입니다. 나는 알고 있지만 다른 사람은 알지 못하는 영역으로, 아무도 보지 않을 때 나의 모습입니다. 세 번째 창문은 맹목의 영역(blind)입니다. 다른 사람들은 다 알고 있는데 나는 모르는 영역입니다. 네 번째 창문은 미지의 영역(unknown)입니다. 나도 모르고 다른 사

	자신은 안다	자신은 모른다
타인은 안다	열린 창 open	보이지 않는 창 blind
타인은 모른다	숨겨진 창 hidden	미지의 창 unknown

람도 모르는 영역입니다.

보통 우리가 회개한다고 할 때는 첫 번째와 두 번째 영역, 즉 다른 사람도 알고 나도 아는 모습, 다른 사람은 모르지만 나는 아는 모습에 대해서입니다. 그러나 때로 그것만으로는 진정한 회개에 이르지 못합니다. 진정한 회개는 세 번째, 네 번째 영역에서 이루어져야 합니다. 다른 사람들은 다 아는데 나만 모르는 모습과 다른 사람도 모르고 나도 모르는 미지의 영역까지 들어가야 자신이 진정 죄인임을 깨달을 수 있습니다.

그런데 이 사실은 고통스러운 하나님의 징벌 속에서만 깨달을 수 있기에 하나님이 우리를 고통 가운데 처하게 하시는 것입니다. 하나님은 고통을 주시는 계획이 우리를 재앙 가운데 죽이려는 것이 아니라 수술을 통해 회복시키려는 것이라고 말씀하셨습니다.

여호와의 말이다. 내가 너희를 위해 갖고 있는 계획들을 내가 알고 있으니 그것은 평안을 위한 계획이지 재앙을 위한 것이 아니며 너희에게 미래와 소망을 주기 위한 것이다 (렘 29:11).

고통의 과정을 사용하시는 하나님의 계획의 두 번째 목적은 우리 자신이 죄인임을 깨닫게 하시는 데 머무르는 것이 아니라 마음을 온전히 회복시키시기 위함입니다. 그래서 전심으로 기도하게 하시며, 하나님을 온 마음으로 찾게 하십니다.

그러면 너희가 나를 부르고 와서 내게 기도할 것이고 나는 너희 말을 들을 것이다. 너희가 너희의 온 마음으로 나를 찾을 때 너희가 나를 찾고 나를 발견할 것이다. 여호와의 말이다. 내가 너희에게 발견될 것이다. 그리고 내가 너희의 포로 상태를 돌이킬 것이다. 내가 너희를 추방했던 모든 곳들과 모든 민족들로부터 너희를 모을 것이다. 그리고 내가 너희를 포로로 끌려가게 했던 그곳으로 다시 데려올 것이다. 여호와의 말이다(렘 29:12-14).

하나님은 우리가 당신을 전심으로 찾게 하시되, 자발적으로 찾지 않으면 고통을 통해서 강제로라도 찾게 하십니다. 우리는 고통이 없으면 하나님을 전심으로 찾지 않습니다. 전심은 하나님을 간절하게 찾지 않아도 된다고 생각할 때는 나오지 않습니다. 정말 부르짖으며 하나님을 찾아본 적이 언제입니까? 극심한 고통 가운데 있을 때가 아닙니까?

하나님이 축복하시고 평안을 주시면 점점 부르짖는 소리가 쥐 죽은 듯이 사라져 버리고 맙니다. 부르짖지 않을 뿐만 아니라 기도의 'ㄱ'자도 나오지 않습니다. 그때 위험해집니다. 그런데 신기한 사실은 평안할 때 하나님을 의지하지 않으면 고통이 와도 하나님을 잘 의지하지 않는다는 것입니다. 어떤 일이 생겼을 때 하나님을 곧바로 의지하기가 쉽습니까, 아니면 사람을 찾고, 자신을 의지하고, 어떤 힘을 의지하기가 쉽습니까? 마지막에 가서 "이제는 기도밖에 없어"라고 말하는 그 순간 우리의 전심이 나오는 것입니다. 모든 힘을 다 쏟고, 자기가 할 수 있는 시도를 다 해 보았을 때, 이미 극한의 고통 속에 있을 때 우리의 전심이 나옵니다.

그러한 상황 속에서라도 전심으로 찾고 부르짖으면 만나 주실 것이며 돌이키실 것이라고 하나님은 말씀하셨습니다. '온 마음으로 하나님을 찾으라'는 말은 '하나님은 자신에게 나아오는 자를 결코 버리지 않으신다'는 믿음을 가지고 나아가라는 뜻입니다. 하나님은 전심으로 회개하며 하나님을 찾는 자들을 결코 버리지 않으십니다.

예수님은 베드로에게 "일곱 번만 아니라 70번씩 일곱 번이라도 용서해야 한다"(마 18:22)라고 말씀하셨습니다. 사람은 이 말씀을 지키기가 쉽지 않습니다. 그러나 예수님은 말씀대로 행하셨습니다. 베드로를 그렇게 용서하셨습니다. 사람은 계속 죄를 짓고 잘못을 구하면 용서하기 힘들어합니다. 그러나 하나님은 우리가 반복해서 지은 죄일지라도 진심으로 하나님 앞에 나아가면 받아 주시고 돌이키십니다.

우리가 징계 가운데 있을 때 기억해야 할 사실은, 하나님은 우리에게 벌을 주신 후 평안히 계시는 분이 아니라는 것입니다. 자녀에게 벌을 준 부모가 기쁜 마음으로 있다면 부모라 할 수 없을 것입니다. 자녀에게 벌을 주면 자녀뿐 아니라 부모도 아픈 법입니다. 하나님은 우리를 고통 가운데 버려두시지 않고 함께 고통당하시는 분입니다

아세아연합신학대학교 이한영 교수님은 우리나라에서 공부하는 많은 외국인 신학생들을 돌보고 있습니다. 그런데 그들이 가끔 부정행위, 즉 커닝을 한다고 합니다. 교수로서 심하면 퇴학을 시킬 수도 있지만 그분은 사복음서를 필사하게 합니다. 은혜로운 벌입니다. 그

런데 필사를 학생에게만 시키는 것이 아니라 자신도 같이 합니다. 그래서 학생들은 이분을 '아버지'라고 부른다고 합니다. 아버지의 마음으로 양육하니까 학생들이 변화하기 시작한 것입니다.

하나님은 이스라엘 백성을 바벨론의 포로로 잡혀가게 하신 뒤 '잘 됐다' 하는 마음으로 계시지 않았습니다. 그분은 포로 생활에 동행하셨고, 함께 고통당하셨습니다. 하나님은 전심으로 자신에게 나아오는 자들을 결코 버리지 않으시고 그들을 돌아보아 돌이키겠다는 약속에 응답해 주십니다.

이러한 하나님의 약속을 붙잡고 기도한 사람이 다니엘입니다. 다니엘이 하나님에게 쓰임 받은 이유는 서책을 통해 예레미야의 예언을 읽고는 그 약속의 말씀을 붙잡고 기도했기 때문입니다. 놀랍게도 이 장의 본문인 예레미야 29장 10-14절이 당시 문서로 돌아다녔는데, 포로로 잡혀가 있던 다니엘이 예레미야의 서책을 읽었던 것입니다. 다니엘은 예레미야를 통해 기록된 예언의 말씀이 포로 생활 한복판에 임했음을 은혜로운 약속으로 믿고 기도했습니다.

메대 사람인 아하수에로의 아들 다리오가 왕이 돼 바벨론을 다스린 첫해였습니다. 곧 그가 다스린 지 1년 되던 해에 나 다니엘은 하나님의 말씀이 기록된 책을 보고 여호와께서 예언자 예레미야에게 연수를 정해 말씀하셨음을 알았습니다. 여호와께서는 예루살렘이 무너진 지 70년 만에 돌이키시겠다고 하셨습니다. 나는 먹시도 마시지도 않고 올이 굵은 베옷을 입고 재를 뿌린 채 주 하나님께 기도하며 구했습니다(단 9:1-3).

이어지는 4절부터 9장 전체에 다니엘의 기도가 기록되어 있습니다. 매우 감격적이고 감동적인 나라와 민족을 위한 기도입니다. 우리도 다니엘처럼 나라와 민족을 위해 기도할 수 있어야 합니다.

다니엘은 달력을 보면서 날짜만 세지 않았습니다. 주어진 은혜로운 약속에 대한 우리의 반응은 단지 손 놓고 있는 것이 아니라, 회개하며 전심으로 회복을 위해 기도하는 것입니다. 은혜를 허락하신 하나님 앞에 전심으로 은혜에 합당하게 반응하는 것입니다. 그때 심판을 넘어선 하나님의 회복, 재앙을 넘어선 하나님의 평안, 징벌을 넘어선 하나님의 치유가 임합니다.

돌이키면 살아납니다. 회개하는 자에게 하나님은 회복을 약속하셨습니다. 그것이 어떠한 죄이든, 그에 대한 대가이든 상관없습니다. 이스라엘 백성의 우상 숭배로 바벨론에 포로로 잡혀간 끔찍한 심판의 한복판에서도 하나님은 회복을 약속하시고 그 약속을 신실하게 지키셨습니다. 하나님은 유턴을 허락하시는 분, 다시 돌아올 길을 주시는 분입니다. 우리는 은혜의 카리스마를 주시는 하나님을 전심으로 부르짖으며 그분께 나아가야 합니다.

기독교가 타 종교와 다른 점은

초월이나 기적이 아닙니다.

타 종교에서도 기적은 일어날 수 있습니다.

기적은 우리가 믿는 진리의 최고 보증이 아닙니다.

진리의 보증은 바로 은혜입니다.

우리가 행한 대로 우리를 대하지 않으시고,

우리의 죄를 뛰어넘어 하나님의 카리스마로

우리를 회복시키는 길을 약속하신 것입니다.

에 스 겔

"여호와의 말씀이 내게 임해 말씀하셨다."

부시의 아들로 이름의 뜻은 '하나님이 강하게 하신다'(겔 1:3)이다. 제사장 가문에서 태어난 에스겔은 30세에 부르심을 받아(겔 1-3장) 파수꾼으로서의 역할을 감당했다. 그는 하나님의 뜻을 상징적으로 표현했는데, 왼쪽으로 누워서 390일, 오른쪽으로 누워서 40일을 지냈고(겔 4:4-8), 머리털과 수염을 깎거나(겔 5:1-4), 손뼉치고 발을 구르면서 말하기도 했다(겔 6:11). 에스겔은 그룹의 환상(겔 1:4-28), 성전 환상(겔 8-11장), 불에 탄 포도나무 환상(겔 15장), 마른 뼈 환상(겔 37장), 거룩한 강 환상(겔 47장) 등 여러 가지 환상을 보았다. 그는 예루살렘이 함락되기 전에는 심판과 회개에 대해, 함락된 후에는 하나님의 위로와 구원에 대해 전했다(렘 1-33장).

동시대의 선지자로는 다니엘, 하박국, 예레미야가 있다(렘 34-48장).

관련 성경 구절 겔 6:7-14, 7:4-27, 11:10, 12:16, 17:22-24, 21:27, 29:21, 37:24-28

새 언약의 축복

겔 36:22-28

언약, 생명을 내건 약속

하나님은 이스라엘 백성이 포로로 잡혀간 땅에서 70년이 지나면 돌아오리라는 은혜로운 약속을 주셨습니다. 죄로 인해 하나님의 심판을 받아 쫓겨 간 곳에서 마땅히 받을 형벌 가운데 있을지라도 하나님은 심판을 넘어선 은혜로 그들을 돌이키겠다는 약속을 주셨습니다. 이처럼 우리를 향한 하나님의 계획은 재앙이 아니라 평안이요, 절망이 아니라 소망이요, 심판이 아니라 구원입니다. 이것이 아버지 하나님의 마음입니다.

이처럼 하나님의 은혜는 우리에게 약속을 통해서 전달되었습니다. 그런데 약속에는 여러 단계가 있습니다. 중요도에 따라 바꿀 수 있는 약속이 있고, 절대로 변경할 수 없는 약속이 있습니다. 우리는 흔히 "언제 식사 한번 합시다"라고 인사합니다. 이 약속은 사정이 안 되면 지키지 않을 수도 있는, 서로에게 피해를 주지 않는 단계의 약속이라고 할 수 있습니다. 반면 결혼 서약이나 직분을 받을 때 맺는 서약, 사업상 계약처럼 하는 맹세나 강화된 서약 등 반드시 지켜야 하는 약속도 있습니다. 누군가 약속을 지키지 않고 파기했을 때 큰 피해를 가져다주는 보다 강화된, 반드시 지켜야 하는 약속입니다.

성경에는 '언약'이라는 단어가 종종 사용됩니다. 언약이란 히브리어로 '메리트'인데, 만일 약속의 내용을 어기면 생명을 대가로 지불해야 하는 '생명을 내걸고 맺은 약속'을 의미합니다. 여기서 우리는 하나님이 이스라엘 백성과 '메리트' 언약의 단계에 속한 약속을 맺으셨다는 것을 알 수 있습니다.

사람과 사람 사이에는 왜 때로 담보를 요구하는 계약이 필요한 것일까요? 서로가 서로를 믿을 수 없기 때문입니다. 사람은 때로 약속을 범할 수 있는 존재이기에 모든 계약의 이면에는 불신이 있습니다. 인간의 타락한 본성을 전제하는 것입니다. 그러나 하나님은 인간과 약속과 계약, 언약을 맺을 필요가 없는 분이십니다. 하나님은 진실하시고, 변함이 없으시고, 말씀하신 바를 어김없이 지키시는 분이기 때문입니다. 하나님이 인간과 언약을 맺으셨다는 것은 그 자체로 은혜요, 하나님의 겸손입니다. 하나님이 자신을 낮추신 것입니다. 하나님은 마치 자신을 믿을 수 없는 존재인 것처럼 낮추심으로 인간과 언약을 맺으셨습니다. 그 이유가 무엇일까요? 왜 하나님은 마치 자신이 믿을 수 없는 존재인 것처럼 낮추셔서 언약을 통해 우리와 대화하시는 것일까요?

하나님이 인간을 구원하시기 위해서는 두 가지 조건이 이루어져야 합니다. 첫째, 인간 스스로는 인간을 구원할 수 없기에 하나님이 전적으로 구원해 주셔야 합니다. 하나님은 십자가 사건을 통해 인류의 죄를 구속하시고 모든 인간을 구원할 수 있는 방편을 마련하셨습니다. 둘째, 하나님이 행하신 구원 역사를 인간이 믿음으로 받아들여야 합니다. 그러나 인간에게는 그 믿음조차도 없습니다. 인간 안에 있는 타락한 본성, 만물보다 거짓되고 심히 부패한 인간의 마음에는 믿음이 자리하고 있지 않습니다. 하나님이 놀라운 구원의 역사를 행하셨어도 믿음으로 응답할 수 있는 능력이 없는 것입니다. 그러므로 하나님은 불신과 두려움과 거짓 등 타락한 본성 가운데 있는 인간의 마음속에 믿음을 심어 주셔야 했습니다. 그래야 인간이 구원받을 수 있기 때문입니다.

우리가 하나님을 믿게 된 것은 은혜이지 나의 능력이 아닙니다. 우리의 본성으로는 결코 하나님을 믿을 수 없습니다. 내 안에 믿음이 있는 것은 하나님이 은혜로 나에게 찾아오신 놀라운 사건입니다. 하나님이 인간과 언약을 통해 교제하시고 관계하신 것은 우리에게 믿음을 넣어 주시기 위한 그분의 은혜의 손길입니다.

옛 언약 아래에서 인간은 실패할 수밖에 없다
성경에는 수많은 하나님의 약속의 언약이 있습니다. 성경을 읽는 것은 하나님의 약속의 언약을 읽어 나가는 것과 같습니다. 한 예로, 앞서 4장에서 살펴보았듯이 예레미야 29장에는 70년이 지나면 포로되었던 바벨론에서 돌아오게 하리라는 하나님의 약속이 주어졌습니다. 성경의 역사를 읽다 보면 하나님의 약속이 이루어진 것을 보게 됩니다. 다니엘은 그 은혜의 약속을 붙잡고 기도했고, 이후 그 약속의 성취를 그와 그의 자손이 목도하게 되었습니다.

하나님의 약속이 그대로 이루어진 것을 체험하고 또 역사를 통해 알게 될 때 우리의 마음속에 믿음이 생깁니다. 그래서 성경을 계속 읽다 보면 '우리 하나님은 진실하신 분이구나' 하는 믿음이 생겨납니다. 물론 하나님은 약속을 주시고 행하지 않으셔도 상관없는 신실하신 분입니다. 문제는 우리에게 있기 때문입니다. 하나님은 역사라는 과정을 통해서 하나님의 약속을 신실하게 지키셨습니다. 우리는 하나님이 행하신 일들을 보며 믿음이 생겨나는 것입니다. 그래서 믿음의 출발은 믿어지는 것입니다. '내가 믿었다', '내 의지로 내가 믿었다'가 아니라 믿을 수밖에 없게 된 것입니다. 하나님의 신실하신 사역을 통해서 구원을 이루시고, 우리가 구원받을 수 있도록 우리 안에 믿음까지도 심어 주신 하나님은 진실로 은혜의 하나님이시요, 언약의 하나님이십니다.

하나님이 우리에게 주신 언약은 두 가지, 곧 옛 언약과 새 언약입니다. 옛 언약이라고 해서 나쁜 것은 아닙니다. 하나님이 주신 언약은 다 선하고 좋은 것입니다. 다만 먼저 주신 언약과 나중에 주신 언약일 뿐입니다. 목적은 동일하나 그 과정에서 하나님이 이루시고자 하는 단계별 목적이 있는 것입니다.

옛 언약 아래에서 하나님은 우리에게 율법을 주셨습니다. 율법을 지키면 복을 받고 율법을 어기면 저주를 받는다고 말씀하셨습니다. 우리가 구원을 받은 이후 복과 저주의 갈림길에서 어느 길에 서느냐는 전적으로 우리에게 달려 있는 것입니다. 사람들은 '행하라', '이렇게 살라' 요구하는 하나님의 율법을 지키려고 노력했습니다.

이것은 하나님이 옛 언약 아래에 있는 인간에게 기회를 주신 것입니다. 인간이란 하나님을 전적으로 의지하기보다는 스스로를 의존해 무엇인가를 할 수 있다고 여기는 존재라는 것을 하나님은 잘 아셨기 때문입니다. 과연 스스로의 선택과 결정과 의지로 자기 자신을 온전히 의롭게 함으로 구원할 수 있는지 해 보라고 하신 것입니다. 기준을 주시고 인간의 자유의지에 우선순위를 주신 것입니다. 그래서 십계명을 비롯해 수많은 율법을 우리에게 주셨습니다. 이것을 옛 언약이라 부릅니다.

그러나 이스라엘의 역사가 우리에게 보여 주는 것은 옛 언약 아래에서 인간은 실패했다는 것입니다. 바벨론 포로와 예루살렘의 멸망 등 가장 찬란했던 다윗 왕국이 몰락하고 말았습니다. 모세의 율법을 통해 하나님이 주신 옛 언약 아래에서 인간은 실패할 수밖에 없다는 아주 전형적인 샘플을 보여 주신 것입니다.

이것은 이스라엘 백성만의 실패가 아니라 모든 인류의 실패를 대변합니다. '이스라엘이니까 실패한 것이지, 우리 민족이었다면 달랐을 거야'라고 생각할 수 없다는 것입니다. 간혹 "만약 아담과 하와가 한국 사람이었다면 절대로 뱀의 유혹에 넘어가 타락하지 않았을 것이다. 왜냐하면 뱀부터 잡아먹었을 것이기 때문이다"라고 하며 따지는 분들이 있습니다. 과연 한민족은 실패하지 않았을까요? 미국인이라면 성공했을까요? 결코 그렇지 않습니다. 하나님이 이스라엘의 역사를 통해 보여 주신 샘플은 모든 민족, 모든 사람에게 적용될 수 있는 원리입니다.

우리가 옛 언약 아래에서 살아갈 때, 하나님이 인간의 자유의지를 최대한 존중하셔서 우리의 선택과 판단, 결정에 따라 순종하면 복이요, 불순종하면 저주의 길을 걷는다고 할 때 결론은 실패일 뿐입니다. 인간은 본성이 타락했고 스스로 하나님의 법을 이룰 수 있는 능력을 상실했기 때문입니다. 우리에게 하나님의 형상은 여전히 보전되어 있지만 하나님의 모양은 잃어버린바 되었기 때문입니다.

중세의 성 버나드라는 수도사이자 신학자는 "우리 안에 인격과 자유의지를 가진 하나님의 형상은 존재하지만 하나님의 뜻을 행할 수 있는 하나님의 모양은 상실되어 있다"라고 말했습니다. 그는 하나님의 형상과 하나님의 모양을 분리해서 설명했습니다. 하나님의 모양을 잃어버리면 하나님의 성품, 온전한 사랑, 성실, 인자, 진리 가운데 살아갈 수 있는 능력을 상실하게 됩니다.

옛 언약 아래에서 인간이 실패한 것을 보여 주는 사건이 이스라엘의 바벨론 포로 사건이요, 예루살렘의 멸망입니다. 바로 그 심판의 한복판에 놓인 이스라엘 백성에게 하나님은 새로운 약속의 말씀을 주셨습니다. 당시 이스라엘 민족에게 합당한 말씀은 포로에서 돌아오리라는 것이요, 이방 가운데 더럽혀져 있던 하나님의 거룩한 이름을 다시 거룩하게 하는 것이었습니다. 이스라엘 백성이 바벨론에 포로로 잡혀갔을 때 이방 민족이 "너희 하나님이 어디 있느냐?" 하며 그들을 얼마나 조롱했겠습니까?

출애굽기에서 이스라엘 백성이 광야에서 진멸될 위기에 처했을 때 모세가 하나님 앞에 부르짖었던 기도의 제목이 무엇입니까? "여호와여, 주께서 왜 주의 백성들 때문에 노여워하십니까? 그들은 주께서 큰 능력과 강한 손으로 이집트에서 이끌어 내신 사람들이 아닙니까? 왜 이집트 사람들이 '그가 그들을 산에서 죽이고 지면에서 쓸어버릴 생각으로 끌고 나갔구나' 하게 하시겠습니까? 주의 무서운 진노를 돌이키시고 주의 백성들에게 재앙을 내리지 말아 주십시오"(출 32:11-12). 하나님은 에스겔 36장 23절에서 이렇게 말씀하셨습니다.

너희가 그들 가운데 더럽히고 민족들 사이에서 더럽혀진 내 위대한 이름을 내가 거룩하게 할 것이다. 내가 그들이 보는 앞에서 너희를 통해 내 거룩함을 보여 줄 때 내가 여호와임을 그 민족들은 알게 될 것이다. 주 여호와의 말이다.

하나님은 자신의 이름을 위해 일하시는 분입니다. 이것이 '그 민족'에게 해당되는 은혜로운 약속입니다. 그런데 오고 오는 모든 사람에게 주어지는 은혜의 약속이 이 말씀에 들어 있습니다. 본문에는

'새 언약'이라는 단어가 포함되어 있지 않지만 동시대에 살았던 예레미야는 예루살렘 멸망의 한복판에서, 에스겔은 포로로 잡혀간 땅의 제사장으로서 심판의 한복판에서 동일한 내용의 메시지를 받았습니다.

예레미야서와 에스겔서에 나타난 새 언약은 동일한 내용과 강조점을 가진 새 언약의 말씀입니다. 장차 예수님은 제자들과 함께 식사하시면서 십자가의 죽음으로 인해 이루어질 새 언약에 대해 언급하셨습니다. 성찬을 제정하시며 "이 잔은 내 피로 세운 새 언약이니"(고전 11:25)라고 말씀하셨습니다. 이는 그리스도 안에서 우리에게 주어진 새 언약의 축복을 담고 있는 매우 중요한 말씀입니다. 우리 모두에게도 새 언약의 축복이 임해야 합니다.

은혜의 새 언약을 주신 하나님

새 언약의 축복은 하나님이 옛 언약과는 다른 차원으로 우리를 대하신다는 것을 의미합니다. 이 차이를 깨닫는 것이 복음을 깨닫는 것이요, 하나님이 예수 그리스도를 믿는 자들에게 주시는 은혜가 무엇인지를 깨닫는 것입니다. 그리스도인이 무엇인지, 하나님의 자녀 됨이 무엇인지, 예수님을 믿는다는 것이 무엇인지를 가장 선명하게 보여주는 말씀이 본문인 에스겔 36장 25-28절입니다.

내가 너희 위에 깨끗한 물을 뿌릴 것이니 너희는 깨끗해질 것이다. 내가 너희의 모든 더러움과 너희의 모든 우상들로부터 너희를 깨끗하게 할 것이다. 내가 너희에게 새로운 마음을 주고 너희 안에 새로운 영을 줄 것이다. 내가 너희 육신으로부터 돌과 같이 굳은 마음을 없애고 너희에게 살처럼 부드러운 마음을 줄 것이다. 그리고 내가 내 성령을 너희 안에 주어서 너희로 하여금 내 법령을 따르며 내 규례를 지키고 행하게 만들 것이다. 그리고 너희는 내가 너희 조상들에게 준 그 땅에서 살게 될 것이다. 그러면 너희는 내 백성이 되고 나는 너희의 하나님이 될 것이다.

위 말씀에서 하나님의 약속의 말씀의 주체는 누구입니까? 여기서 가장 반복적으로 등장하는 단어는 인칭대명사 '내가'입니다. "내가 너희 위에 깨끗한 물을 뿌릴 것이니", "내가 너희의 모든 더러움과 너희의 모든 우상들로부터 너희를 깨끗하게 할 것이다", "내가 너희에게 새로운 마음을 주고", "내가 너희 육신으로부터 돌과 같이 굳은 마음을 없애고", "내가 내 성령을 너희 안에 주어서", "너희는 내가 너희 조상들에게 준 그 땅에서 살게 될 것이다" 등 '내가'라는 단어가 구절구절 반복되고 있습니다. 그 이유가 무엇일까요?

이는 하나님의 주권적 은혜의 사역을 강조하기 위함입니다. 옛 언약 아래서는 '너희'가 강조되어 있습니다. 십계명 중에 제1계명인 "너는 내 앞에서 다른 어떤 신도 없게 하여라"(출 20:3)라는 말씀을 비롯해 '너희가 이렇게 행하면 복을 받고, 저렇게 행하면 저주를 받는다'라는 관점이 바로 옛 언약의 핵심입니다. 앞서 언급했듯이 자기를 의지하고 스스로의 힘으로 무엇인가를 할 수 있다고 생각하는 인간의 교만과 자기 의지적인 본성을 아신 하나님이 스스로 깨달을 수 있는 기회를 주신 것입니다. 옛 언약 아래서 인간이 얼마나 무능한지, 자기 힘과 의지로 하나님의 복을 받을 수 있는 상태에 머무는 것이 얼마나 불가능한지, 자신에 대해 얼마나 절망해야 하는 존재인지를 철저하게 깨달으라는 것입니다.

인간은 스스로 절망해 보지 않고는 하나님의 은혜를 의지하지 않습니다. 하나님이 아무리 은혜를 주셔도 자신이 은혜 받기에 합당한 존재가 아니라는 사실을 깨닫기 전까지는 은혜를 은혜로 이해하지 못합니다. 나의 공로, 나의 능력, 나의 실력, 심지어는 나의 믿음조차도 내 능력이라고 착각하는 것이 인간의 본질입니다. 만물보다 거짓되고 심히 부패한 것이 인간의 마음입니다.

거짓되고 부패한 자신의 마음을 의존하는 것이 얼마나 절망적인지 철저하게 깨달은 심판의 한복판에서 하나님은 "내가 너희를 변화시킬 것이다. 내가 너희를 정결하게 하고, 내가 너희를 내 백성 삼을 것이다"라고 말씀하십니다. 구원은 전적인 하나님의 은혜입니다. 우리는 오직 하나님의 은혜로 구원받습니다. 구원에 필요한 믿음조차도 하나님이 은혜로 우리에게 선물해 주신 것입니다. 하나님이 하신 것입니다.

그렇다면 하나님의 약속의 말씀의 내용은 무엇입니까? 앞의 말씀에서는 우리의 근본적인 변화를 일으키기 위해 '마음'이라는 단어가 강조되어 있습니다. "새로운 마음을 주고", "새로운 영을 줄 것이다", "돌과 같이 굳은 마음을 없애고 너희에게 살처럼 부드러운 마음을 줄 것이다."

옛 언약 아래에서 인간은 왜 실패했습니까? 인간은 외형적이고 육체적인 활동과 형식과 제도를 통해서 변화되지 않기 때문입니다. 하나님은 옛 언약을 모세를 통해 돌판에 새겨 주셨습니다. 그러나 새 언약은 마음 판에 새겨 주십니다. 즉 우리의 마음을 바꾸어 주시는 것입니다. 그리스도의 생명을 우리 가운데 이식해 주심으로써 우리의 마음을 근본적으로 변화시켜 주십니다. 옛 언약 아래에서는 육신의 할례를 받았지만 새 언약 아래에서는 마음의 할례를 받게 되는 것입니다. 굳은 마음을 없애고 새로운 마음을 주시는 것입니다.

이 일이 어떻게 가능합니까? 하나님이 새로운 영을 주심으로 성취될 수 있습니다. 앞의 말씀에서 하나님은 성령의 약속을 주셨습니다.

그리고 내가 내 성령을 너희 안에 주어서 너희로 하여금 내 법령을 따르며 내 규례를 지키고 행하게 만들 것이다(겔 36:27).

이 말씀은 장차 오순절 성령 강림 사건을 예언합니다. 약속하신 성령이 오셔서 새로운 마음을 주시고, 마치 깨끗한 물로 몸을 씻듯이 우리를 씻기시고, 내 백성이 되게 하겠다는 하나님의 말씀을 이루신 것입니다.

새 언약의 축복은 성령의 임재를 통해서 우리에게 임합니다. 성령의 오심도 예언되어 있었습니다. 예수님이 예언된 약속을 따라 세상에 오셨듯이, 구원을 우리에게 적용하시고 우리를 변화시켜 새 언약의 축복을 전달해 주시는 성령도 약속을 따라 오셨습니다. 오순절 날 120명의 성도들이 모인 자리에 성령이 임하신 것은 그들의 통성 기도가 뜨거웠기 때문이 아닙니다. 약속하신 성령이 임하신 것입니다. 물론 기도할 필요가 없다는 뜻이 아닙니다. 인간의 의지로 성령을 끄집어낸 것이 아니라는 뜻입니다. 약속하신 성령은 오순절에 오시기로 약속되어 있었습니다. 약속을 따라 오신 성령이 새 언약의 축복을 전해 주는 전달자가 되신 것입니다.

하나님 나라의 회복, 두 언약의 공통 목표

하나님이 모세를 통해 주신 옛 언약과 새 언약의 목표는 동일합니다. 그 목표는 본문 마지막 절에 기록되어 있습니다.

너희는 내 백성이 되고 나는 너희의 하나님이 될 것이다(겔 36:28).

하나님 나라의 회복이 하나님이 주신 언약의 목표입니다. 하나님이 인간을 만드실 때 가지셨던 하나님 나라의 백성으로 회복되는 계획은 옛 언약 아래에서는 이루어질 수 없었습니다. 그러나 새 언약 아래에서는 하나님의 은혜로, 성령의 역사로 가능했습니다. 요한계시록 21장 3절은 마지막 날 이루어질 새 하늘과 새 땅의 모습을 이렇게 표현합니다.

그리고 나는 보좌에서 큰 음성이 말씀하시는 것을 들었습니다. "보아라. 하나님의 장막이 사람들과 함께 있으니 그분께서 그들과 함께 거하실 것이다. 그들은 그분의 백성이 되고 하나님께서 친히 그들과 함께 계실 것이다."

하나님 나라가 온전히 회복된 모습입니다. 옛 언약 안에서 모세는 중보자가 되었지만 그 역시 연약한 인간이기에 실패할 수밖에 없었습니다. 인간의 마음이 근본적으로 수술되지 않으면 하나님 나라는 회복될 수 없습니다. 그런데 하나님은 "새 언약 아래에서 내가 성령을 보냄으로 이룰 것이다. 인간의 마음을 근본적으로 수술함으로 성취할 것이다"라고 말씀하셨습니다.

차이점이 무엇입니까? 옛 언약에서는 우리에게 순종하라고 말씀하셨지만 새 언약의 축복은 우리가 순종할 수 있게 도와주신다는 것입니다. 순종이 이루어지는 것입니다. 하라는 명령에 그치는 것이 아니라 이제는 하게 되는 것입니다. 옛 언약 아래에서는 "여호와를 알라"라고 말씀하셨지만 새 언약 아래에서는 여호와를 알게 되는 것입니다. 만물보다 심히 부패한 인간의 마음이 성령으로 말미암아 수술되고, 회복되고, 온전히 치유되었기 때문입니다. 그 일이 새 언약의 중보자 되신 예수 그리스도를 통해 이루어졌습니다.

하물며 영원하신 성령을 통해 흠 없는 자신을 하나님께 드리신 그리스도의 피가 더욱 우리의 양심을 죽은 행실에서 깨끗하게 해 살아 계신 하나님을 섬기게 하지 않겠습니까? 그러므로 그리스도께서는 새 언약의 중보자십니다. 그분은 첫 언약 아래서 저지른 죄들을 대속하려고 죽으심으로써, 영원한 유업을 얻기 위해 부름 받은 사람들로 하여금 약속을 받게 하셨습니다(히 9:14-15).

히브리서 9장은 본문인 에스겔 36장을 해설한 말씀입니다. 옛 언약, 첫 언약 아래에서 우리는 죄인이요, 실패자요, 절망자임이 드러났습니다. 옛 언약 아래에서 우리는 우리의 행실을 따라 저주를 받아 마땅했습니다. 그런데 그리스도가 옛 언약의 저주를 받으심으로 우리에게 새 언약을 받을 수 있는 자격이 주어졌습니다. 이 얼마나 신비로운 일입니까! 옛 언약 아래에서는 스스로 언약을 이루어야 하는 책임이 주어졌지만 이제 새 언약 아래에서는 예수 그리스도가 우리를 대속하시고 옛 언약의 저주와 모든 심판을 담당하셨습니다. 이로써 새 언약의 축복이 우리에게 선물로 주어졌습니다.

새 언약의 실행 동기는 사랑이다

새 언약은 우리의 양심을 죽은 행실에서 깨끗하게 회복시킵니다. 그로써 하나님을 사랑하므로 섬기게 해 줍니다. 옛 언약 안에서 순종의 동기는 징벌에 대한 두려움이었습니다. 그러나 새 언약 아래에서는 사랑하기 때문에 섬기게 됩니다. 법을 지키게 하는 두 가지 동기가 있습니다. 벌금을 낼까 봐 법을 지키는 사람이 있고, 법의 정신이 좋기 때문에 지키는 사람이 있습니다. 쓰레기를 함부로 버리면 벌금을 내니까 지키는 사람이 있고, 쓰레기가 없는 아름답고 깨끗한 세상을 그리면서 버리지 않는 사람이 있습니다.

옛 언약 아래에서 우리는 벌이 두려워서 언약을 지키려고 애썼지만 그것마저도 지킬 수 없는 존재였습니다. 그러나 새 언약 아래에서는 하나님의 성령이 우리를 변화시키시고 우리의 양심을 온전하게 하심으로 이제는 사랑하므로 하나님에게 순종하게 됩니다. 동기가 달라지고, 힘도 달라집니다. 옛 언약 아래에서는 우리의 자연적인 힘과 의지를 의존했지만 새 언약 아래에서는 성령이 약속을 따라 순종할 수 있는 능력을 우리에게 주십니다.

본문 27절은 "그리고 내가 내 성령을 너희 안에 주어서 너희로 하여금 내 법령을 따르며 내 규례를 지키고 행하게 만들 것이다"라고 말합니다. 하나님이 보내신 성령으로 인해 새 언약을 지키게 되는 것입니다. 그래서 새 언약의 백성, 성령 받은 사람들은 어느 날 '어? 내가 새 언약을 지키고 있네?' 하며 자기를 보면서 놀라곤 합니다. 스스로 절제할 수 없었던 죄의 습관을 끊게 되는 것입니다. 옛 언약 아래에서는 '하라'(to do)였다면 새 언약 아래에서는 '되라'(to be)입니다. 이처럼 놀라운 변화가 새 언약의 축복으로 우리에게 주어졌습니다.

우리는 새 언약의 백성입니다. 예수 그리스도의 십자가와 성령의 임재를 통해 이제 하나님의 주권적인 은혜가 주어졌습니다. 우리는 이 약속이 주어진 시점을 늘 기억해야 합니다. 그것은 인간이 승리했을 때가 아니라 절망했을 때, 성공했을 때가 아니라 실패했을 때, 스스로 자랑할 만한 의로운 삶이 아니라 죽을 수밖에 없는 죄인이라는 것을 처절히 깨닫고 죄의 형벌 가운데 있을 때입니다. 그때 하나님은 은혜의 약속으로 우리를 찾아오십니다.

실패 가운데 있습니까? 앞이 보이지 않는 절망스러운 상황 속에 있습니까? 하나님의 은혜의 약속을 기억하십시오. 하나님은 은혜의 하나님이십니다. 하나님은 우리를 죽이시는 분도, 절망 가운데 처하게 하시는 분도 아닙니다. 재앙을 내리고 기뻐하시는 분도 아닙니다. 그것은 다 과정일 뿐입니다. 옛 언약 아래에서 우리가 얼마나 철저히 무능한 존재인지를 깨닫게 하시려는 것입니다.

새 언약을 바라보십시오. 새 언약의 축복이 우리에게 보장되어 있습니다. 새 언약을 믿고 의지할 때 우리는 변화될 것입니다. 스스로의 힘으로 행할 수 없는 놀라운 순종과 변화가 우리 가운데 성령으로 말미암아 이루어질 것입니다. 성령을 사모하십시오. "성령님, 제 안에 오시옵소서. 저를 다스려 주옵소서!"라고 기도할 때 우리도 이러한 축복을 누리게 될 것입니다.

마른 뼈도
살아날 수 있다

겔 37:1-10

시련이 강할수록 은혜도 깊다

시련이 강할수록 영적으로는 더 민감해지고 깊이가 깊어집니다. 강력한 영적 체험은 강력한 시련의 때에 등장합니다. 성경에서 볼 수 있는 하나님의 사람들의 영적 체험 역시 한결같이 시련의 때, 위기의 때에 주어졌습니다. 이스라엘 민족에게 있어서 가장 큰 시련의 때는 앗시리아에 의해서 북 왕국 이스라엘이 멸망하고, 바벨론에 의해서 남 왕국이 멸망한 시기였습니다. 그런데 이러한 이스라엘의 멸망의 때에 하나님의 선지자들이 나타나서 하나님의 뜻을 알리고, 심판을 전하고, 또한 회복을 선포했음을 알 수 있습니다.

이 시기에 동일한 사명으로 부르심을 받은 사람들이 예레미야, 에스겔, 다니엘 같은 선지자들입니다. 특별히 예레미야 선지자는 멸망당한 예루살렘에 남은 자들과 머물며 하나님의 심판을 예언하고 함께 고통당했습니다. 하나님이 원하시는 뜻이자 살길을 열어 주신 것은 포로로 잡혀가는 것이었습니다. 하나님은 선택할 수 있는 네 가지 길이 있지만 포로로 잡혀가는 것이 하나님의 계획이고 그것이 살길이라며 잡혀갈 것을 말씀하셨습니다. 포로 된 상태에서 다시 돌아올 길을 예비해 놓으셨기 때문입니다. 하나님의 커리큘럼이 준비되어 있었던 것입니다.

어떤 사람들은 바벨론에 포로로 잡혀가지 않고 도망쳐서 예루살렘에 남아 있는 것이 살길이라 생각했습니다. 그러나 그것은 하나님의 계획이 아니었습니다. 하나님의 재앙을 피해 도망한 자들은 하나님이 기어코 심판할 것이라고 말씀하셨습니다.

이처럼 예레미야는 예루살렘에 있으면서 그 참혹한 심판의 현장 속에서 하나님의 심판을 예언하다가 후에 애굽으로 끌려갔습니다. 예레미야는 많은 고통을 당했습니다. 감옥에 갇히고, 구덩이에 던져지고, 머리털이 뜯기는 고난 가운데 그는 슬픈 노래인 예레미야애가를 기록했습니다.

한편 에스겔은 포로로 잡혀간 이방 땅에서 하나님의 심판과 회복을 예언했습니다. 하나님은 바벨론에 포로로 잡혀간 에스겔과 다니엘 같은 선지자들을 통해서 장차 이루어질 회복과 하나님의 계획을 계시와 같은 깊은 영적 체험으로 많이 알려 주셨습니다. 왜냐하면 하나님의 계획대로 포로로 잡혀간 자들이 다시 돌아옴으로써 역사의 회복이 이루어지기 때문입니다. 진정 남은 자들은 예루살렘에 남은 자들이 아니라 포로로 잡혀갔다가 되돌아오는 자들이기 때문입니다.

하나님은 포로로 잡혀간 자들에게 더 큰 영적 체험을 주셨습니다. 환상을 보여 주시고, 앞으로 이루어질 일들에 대한 계시를 허락해 주셨습니다. 이것은 예레미야서에는 환상과 영적 체험이 많이 등장하지 않는다는 점에서 대비됩니다. 물론 예루살렘에 남아 있던 자들과 포로로 잡혀간 이들 중에서 누가 더 고통당했는가는 비교할 수 없을 것입니다. 그러나 아마도 고향에서 쫓겨나 이방 땅에 끌려간 자들이 더 큰 외로움과 설움과 시련을 당하지 않았을까요?

이처럼 하나님은 큰 시련에 처한 사람들에게 더 큰 영적 체험을 주십니다. 만약 지금 이해할 수 없는 시련과 감당하기 어려운 큰 고통 가운데 있다면 '하나님이 나를 하나님에게 더 가까이 끌어당기시려고 더 큰 영적 체험을 주시는구나. 하나님에 대한 더 큰 확신을 보여 주시는구나. 미래에 대한 하나님의 회복과 계획을 알려 주시는구나'라는 믿음을 가지고 나아가십시오.

에스겔의 마른 뼈 환상

에스겔이 본 많은 환상 가운데 37장에 나타난 환상은 가장 핵심입니다. 우리에게 소망과 위로를 주고, 하나님에 대한 믿음을 심어 주는 아름다운 환상입니다.

하나님은 에스겔을 성령의 능력으로 이끌어 골짜기로 데려가셨습니다. 물리적으로 그의 몸이 함께 골짜기로 갔는지, 아니면 그의 영만 골짜기에 갔는지는 정확하게 확인할 길이 없습니다. 사실 이것은 영적 체험에 있어서 그렇게 중요한 문제는 아닙니다. 그 사건이 가져다주는 영적인 영향력과 메시지가 훨씬 중요합니다.

에스겔이 바라본 골짜기에는 마른 뼈들이 가득했습니다. 이 얼마나 무섭고 처참한 모습입니까? 뼈들이 아주 많다는 것은 수많은 사람이 죽임을 당했다는 것이요, 뼈들이 마른 것은 시신들이 아주 오랜 시간 누구에게도 돌봄을 받지 못하고 방치되었다는 뜻이기 때문입니다. 마른 뼈들이야말로 소망 없는 상태의 가장 정확한 모습으로 절망 중의 절망이요, 낙심 중의 낙심이요, 죽음의 그림자가 덮고 있는 모습입니다.

삶에 깊은 절망이 찾아올 때 우리는 피가 마르고 뼈가 마릅니다. 겉으로는 멀쩡하게 살아 있어도 속으로는 마른 뼈와 같은 절망적인 인생을 묘사한 말씀이 본문인 것입니다. 이는 이스라엘 백성의 당시 상황을 매우 잘 묘사하고 있습니다. 11절에서 하나님은 마른 뼈들이 무엇을 상징하는지 말씀하셨습니다.

그러자 그분께서 내게 말씀하셨다. "사람아, 이 뼈들은 모든 이스라엘 족속이다 그들이 말한다 '우리의 뼈들은 말랐고 우리 소망은 사라졌으며 우리가 스스로를 쓰러뜨렸다'"(겔 37:11).

하나님은 소망이 완전히 사라진 이스라엘 백성이 골짜기에 널려 있는 마른 뼈들과 같다고 말씀하셨습니다.

이 뼈들이 살아날 수 있겠느냐?

하나님은 마른 뼈들을 보며 놀라 두려워하는 에스겔에게 첫 번째로 "사람아, 이 뼈들이 살아날 수 있겠느냐?"(겔 37:3)라고 질문하셨습니다. 이 질문 앞에 "예, 하나님! 이 뼈들은 살아날 수 있습니다"라고 누가 담대하게 말할 수 있을까요? 하나님의 부르심을 받아 제사장으로서 하나님을 섬겨 온 에스겔이지만 그것은 쉬운 대답이 아니었을 것입니다. 에스겔은 "주 여호와여, 주께서 아십니다"(겔 37:3)라고 대답했습니다. 에스겔의 대답은 어떻게 보면 지혜롭다고 말할 수 있지만, 공을 하나님에게 넘기면서 회피하는 것처럼 보이기도 합니다.

이와 같은 대답을 한 사람이 신약에도 있습니다. 바로 베드로입니다. 베드로는 "모두들 주를 버린다 해도 저는 결코 버리지 않겠습니다"(마 26:33) 하고 호언장담했지만 실패하고 말았습니다. 그는 예수님을 배신했습니다. 부활하신 예수님은 베드로를 찾아가 "네가 이 사람들보다 나를 더 사랑하느냐?"라고 질문하셨습니다. 이에 베드로는 "예 주여, 제가 주를 사랑하는 것을 주께서 아십니다"(요 21:15)라고 답했습니다. "네, 사랑합니다"라고 말할 자신이 없어서 주님이 아신다고 답한 것입니다. 정답을 말한 것 같지만 사실은 회피의 대답입니다. 자신이 없을 때 공을 하나님에게 넘긴 것입니다.

에스겔은 차마 "네, 그렇습니다"라고 담대하게 믿음의 대답을 할 수가 없었기에 "주께서 아십니다"라고 답했습니다. 우리는 그의 대답을 충분히 이해할 수 있습니다.

그런데 하나님이 에스겔에게 "이 뼈들이 살아날 수 있겠느냐?"하고 질문을 던지신 이유가 무엇일까요? 하나님이 다시 살리기 원하신다는 뜻입니다. 우리는 골짜기에 가득한 마른 뼈들을 보면서 그저 놀라고, 두려워하고, 섬뜩해하는 감정에서 끝나지만 하나님은 거기서 그치지 않고 다시 살리기를 원하십니다.

하나님이 질문을 던지시는 이유는 언제나 회복을 기대하시기 때문입니다. 창세기에서 아담과 하와가 타락했을 때 하나님은 그들을 부르시며 "네가 어디 있느냐", "네가 어째서 이런 일을 저질렀느냐?" 하고 질문하셨습니다(창 3:9, 13). 하나님은 우리를 회복시키며 다시 살리기를 원하십니다. 반면 아담과 하와를 타락하게 한 뱀, 곧 사탄에게는 질문하거나 추궁하지 않으셨습니다. 그저 심판에 대해 선언하셨을 뿐입니다.

하나님은 질문을 던지심으로 회복에 대한 기대를 표명하셨습니다. 그러나 에스겔은 회복을 기대할 수 없었습니다. 우리 역시 많은 상황을 보면서 회복을 기대하지 않습니다. 우리의 모습은 마치 베데스다 연못가에 앉아 있던 38년 된 환자와도 같습니다. 예수님은 그에게 질문을 던지셨습니다.

"네 병이 낫기를 원하느냐?"(요 5:6).

어쩌면 38년 된 환자는 "아니, 내가 나으려고 여기 앉아 있지, 죽으려고 앉아 있겠습니까? 그걸 말이라고 합니까?"라고 대꾸했을지도 모르겠습니다. 예수님은 왜 그러한 질문을 던지셨을까요?

38년 된 환자는 지금 낫고자 하는 소원조차 잃어버린 상태였습니다. 물론 처음에는 낫고자 베데스다 연못가에 앉아 있었을 것입니다. '천사가 가끔 베데스다 연못에 내려와 물을 움직이게 하는데 움직인 후에 먼저 들어가는 자는 어떤 병에 걸렸든지 낫게 된다'는 사실인지, 전설인지, 신화인지 알 수 없는 이야기 때문에 그곳에 앉아 있었습니다. 그런데 시간이 한 해, 두 해, 10년, 20년, 38년이 되면서 그는 낫고자 하는 소망조차 다 잃어버리고 말았습니다. 예수님은 그런 그의 마음의 상태를 아시고는 "네 병이 낫기를 원하느냐?"라고 질문하신 것입니다.

주님은 병을 고쳐 주시기 전에, 역사를 베푸시기 전에 먼저 질문으로 찾아오십니다. 낫고자 하는 소원조차 잃어버린 영혼에게 소원부터 불러일으켜 주십니다. 에스겔에게는 "이 뼈들이 살아날 수 있겠느냐?"라고 질문하심으로 그의 마음속에 소원을 불어넣으시고, 하나님의 회복을 기대하게 하신 것입니다.

당신은 회복을 기대하고 하나님 앞에 나아갑니까? 하나님은 우리에게 "너희들은 낫고자 하느냐?", "이 뼈들이 살아날 수 있겠느냐?" 하고 질문하십니다. 분명히 낫고자, 다시 살고자 하나님 앞에 나아온 것 같지만 어쩌면 우리 마음속에는 그런 소원조차 없이 몸만 움직인 것은 아닌지 생각해 보라는 것입니다. '나는 하나님의 살아 계심을 믿는가?', '하나님이 모든 상황을 주관하고 계시다는 사실을 믿는가?', '나는 진지진능하신 하나님을 의식하는가?' 하나님은 질문을 먼저 던지셨습니다. 그리고 "주께서 아십니다"라고 대답하는 에스겔

에게 뼈들이 다시 살아나리라고 말씀하셨으며, 그 방법 또한 일러 주
셨습니다.

이 뼈들에게 예언하여라

두 번째로 하나님은 "이 뼈들에게 예언하여라"라고 말씀하셨습니다.
그리고 무슨 말을 해야 하는지 그 내용을 가르쳐 주셨습니다.

> 그러자 그분께서 내게 말씀하셨다. "이 뼈들에게 예언하여라. 그들에게
> 말하여라. '마른 뼈들아, 여호와의 말씀을 들으라! 이 뼈들에게 주 여호와
> 가 이렇게 말한다. 내가 너희 안에 생기를 들어가게 할 터이니 너희는 살
> 게 될 것이다. 내가 너희에게 힘줄을 붙이고 그 위에 살을 붙이고 그 위에
> 살갗을 덮고는 너희 안에 생기를 불어넣을 것이다. 그러면 너희는 살게
> 될 것이고 내가 여호와임을 알게 될 것이다'"(겔 37:4-6).

두 번째 말씀은 첫 번째 질문보다 훨씬 더 어려운 내용입니다. "이
뼈들이 살아날 수 있겠느냐?"라는 질문에는 "주께서 아십니다"라
고 대답할 수 있었습니다. 그런데 이번에는 "이 뼈들에게 예언하여
라"("대언하라", 개역개정 성경)라고 말씀하셨습니다. 마른 뼈들을 향해 설
교하라고 하신 것입니다. 이것은 믿음을 요구하는 명령입니다. 골짜
기에 가득한 완전히 말라 버린 뼈들을 향해 설교하라고 하시니, 인간
적으로 보면 얼마나 어처구니없는 하나님의 지시입니까?

빌리 그레이엄 목사님은 악어들을 대상으로 설교한 적이 있다고
합니다. 도무지 이해가 되지 않지만 아마도 쫙 벌리고 있는 악어들의
입에 말씀을 넣어야겠다고 생각한 것이 아닌가 합니다. 그나마 악어
는 살아 있기라도 하지, 마른 뼈들은 완전한 죽음의 상징입니다. 그
런데 하나님은 마른 뼈들에게 예언하라고 명령하셨습니다.

> 내가 너희에게 힘줄을 붙이고 그 위에 살을 붙이고 그 위에 살갗을 덮고
> 는 너희 안에 생기를 불어넣을 것이다. 그러면 너희는 살게 될 것이고 내
> 가 여호와임을 알게 될 것이다(겔 37:6).

하나님은 생명과 창조의 역사를 그대로 이룰 것이라고 말씀하셨습
니다. 하나님은 인간을 창조하실 때 흙으로 빚으시고, 생기를 불어넣어
주심으로 살아 있는 사람이 되게 하셨습니다. 마찬가지로 마른 뼈에 힘
줄을 붙이시고, 살을 붙이시고, 살갗을 덮으시고는 생기를 불어넣으
실 것입니다. 하나님이 창조의 질서에 따라 재창조하시는 것입니다.

하나님은 자연의 순리대로 역사하시는 분입니다. 하나님이 일으
키시는 모든 기적은 놀랍게도 자연과 충돌되지 않습니다. 사람들은
하나님의 기적을 말할 때 자연 법칙을 깨뜨린 것이라고 하는데 사실
은 그렇지 않습니다. 하나님의 창조 역사, 기적의 역사는 자연과 하
나 됩니다.

예를 들어, 예수님은 동정녀 마리아에게서 잉태되셨습니다. 그런
데 마리아의 몸에 잉태되신 예수님은 일반적인 아기를 출산하는 자

연의 과정을 그대로 거치셨습니다. 메시아라고 해서 자연 법칙과 무관하게 잉태되자마자 바로 태어나지 않으셨습니다. 예수님이 동정녀 마리아의 몸에 잉태되신 것은 하나님이 자연 속에 개입하신 것이지만 자연 법칙을 무너뜨리신 것은 아닙니다.

또한 예수님은 오병이어의 기적을 일으키실 때 빵을 빵으로 증가시키셨지 돌을 빵으로 만들지 않으셨습니다. 사탄은 광야에서 예수님을 시험할 때 "이 돌들에게 빵이 되라고 해 보시오"(마 4:3)라고 말하며 유혹했습니다. 여기서도 하나님의 기적은 자연 법칙을 거스르는 형태로 나타나지 않는다는 사실을 확인할 수 있습니다.

에스겔의 환상 가운데 마른 뼈가 다시 살아나는 과정은 하나님이 창조의 역사와 자연의 질서를 지키고 계신다는 것을 보여 줍니다. 그 마지막 핵심은 하나님이 생기를 불어넣어 주시는 것입니다.

어떻게 이런 일이 가능할까요? 에스겔이 "주께서 아십니다"라고 대답한 것은 자신이 없어서였습니다. 하나님을 믿는다면서도 창조의 역사, 하나님의 전지전능한 능력의 역사를 확실히 믿을 수 없었던 것입니다. 파스칼은 《팡세》(Pensées, 민음사 역간)에서 부활을 믿지 않는 사람들에 대해 다음과 같이 지적했습니다.

"어떤 이유로 그들은 부활할 수 없다고 말하는가. 태어나는 것과 부활하는 것, 없었던 것이 생기는 것과 있던 것이 다시 있게 되는 것 중 어느 것이 더 어려운가. 존재를 갖는 것이 존재로 되돌아오는 것보다 더 어려운가."

매우 논리적인 설명입니다. 우리는 이 세상에 전혀 없다가 있게 된 존재입니다. 탄생이란 전혀 없던 존재가 있게 된 것을 뜻합니다. 우리는 우리의 존재 자체를 보고 신비해서 하나님의 창조 능력에 날마다 놀라야 마땅합니다. 그러나 습관이 무뎌지게 만들어 놓은 것입니다. 새로운 탄생이 어렵습니까, 아니면 있던 것이 다시 있게 되는 것이 어렵습니까? 새로운 탄생이 더 어려운 것입니다.

재료가 없는 상태에서 재료까지 만드신 분이 하나님이십니다. 그런데 마른 뼈들이라는 얼마나 많은 재료가 있습니까? 없던 것에서 우리 모두를 있는 존재로 만드신 하나님의 능력이라면 이미 있던 사람들을 다시 있게 하는 것은 더 쉬운 일이 아닌가 하는 것이 바로 파스칼의 논리입니다. 논리적으로 말해도 가능한 일입니다.

하나님이 마른 뼈에 모든 힘줄을 붙이시고, 살을 붙이시고, 살갗을 덮으신 뒤 생기를 불어넣어 주시면 다시 살게 될 것입니다. 여기서 알게 되는 생기의 비밀이 있습니다.

내가 너희 안에 내 영을 줄 것이니 너희가 살아날 것이다. 너희를 너희의 땅에서 살게 할 것이다. 그러면 내가 여호와임을 너희는 알게 될 것이다. 내가 말했으니 내가 실천할 것이다. 여호와의 말씀이다(겔 37:14).

하나님은 생기가 부어질 때 살아 있는 존재가 될 뿐만 아니라 하나님이 여호와이심을 알게 될 것이라고 말씀하셨습니다. 에스겔은 하나님이 명령하신 대로 대언했습니다. 그러자 다음과 같은 놀라운 일이 일어났습니다.

그분께서 내게 명령하신 대로 내가 예언했더니 생기가 그들 안에 들어갔다. 그러자 그들이 살아나서 두 발로 일어서서는 엄청나게 큰 군대가 됐다(겔 37:10).

절망과 죽음의 상태가 희망과 생명의 상태로 변화되었습니다. 하나님의 말씀이 대언되고 하나님의 영이 그 가운데 임재하시면 새 생명의 역사가 일어납니다. 하나님은 지금도 창조의 역사를 마른 뼈와 같은 영혼들에게 새롭게 행하십니다. 역사를 보면 마른 뼈의 상태에서 놀라운 부흥이 일어난 많은 사례가 있습니다. 복음이 전해지기 전이 나라와 민족은 어쩌면 마른 뼈와 같은 모습이었을지도 모릅니다. 생기가 없고 하나님을 알지 못하는 모습 말입니다. 그러나 말씀이 전해지고 주의 영이 임하시면 하나님의 군대가 세워지는 것입니다. 우리는 모두 마른 뼈와 같이 살아난 존재들입니다.

진화론의 주창자인 찰스 다윈은 1831년부터 1836년까지 남미 곳곳을 돌아본 적이 있었다고 합니다. 칠레의 한 작은 섬에 방문했을 때 그는 드디어 유인원과 사람의 연결 고리가 되는 단서를 찾았다며, 그 섬에 사는 사람들은 유인원도 아니고 사람도 아닌 중간 지대에 있는 사람들이라고 발표했습니다. 그때 찰스 다윈의 발표를 들은 영국 선교협회에서 그 섬에 선교사를 파송했다고 합니다. 그들은 다윈이 사람 취급도 하지 않았던 이들에게 들어가서 말씀을 대언하기 시작했습니다. 그 후 성령이 그들 가운데 임하셔서 그 섬에 놀라운 영적 부흥이 일어났다고 합니다.

하나님이 죽은 영혼을 다시 살리시는 데는 불가능이란 없습니다. 그리스도를 죽은 자 가운데 다시 살리신 분의 영이, 천지를 창조하실 때 우리를 창조하신 영이, 지금도 새 생명을 창조하시고 우리 모두를 탄생시키신 그 성령의 능력이 임하면 마른 뼈와 같은 존재들이 다시 살아나 하나님의 군대가 됩니다.

뼈가 마르는 표현할 수 없는 스트레스와 고통 속에 있습니까? 살았지만 산 것 같지 않은 마른 뼈와 같다고 생각합니까? 자신을 향해 말씀을 대언하십시오. 말씀을 소리 내어 읽으십시오. 말씀을 암송하며 선포하십시오. 그리고 성령의 임재를 간구하십시오. 생기가 들어가면 그 후로 마른 뼈가 다시 살아날 것입니다.

우리에게는 예수님의 부활의 증거가 있고, 부활의 약속이 있습니다. 우리는 마른 뼈가 다시 살아날 수 있다는 믿음으로 함께 나아가야 합니다. 말씀과 성령을 의지하는 자는 결코 멸망하지 않으며 회복될 것입니다. 이 나라와 민족을 덮고 있는 마른 뼈와 영적 황무지 같은 모습, 저 북한 땅에 있는 수많은 마른 뼈가 하나님의 말씀이 대언되고 생기가 들어갈 때, 뼈에 힘줄이 붙고, 새 살이 돋아나고, 생기 있는 하나님의 사람들로 변화해 하나님의 군대가 될 것입니다.

다 니 엘

"지혜와 능력이 하나님의 것이니
하나님의 이름을 영원토록 찬양하라."

B.C. 605년, 여호야김 왕 때 1차 바벨론 포로로 잡혀갔다(단 1:1-7).
다니엘과 세 친구는 바벨론식의 교육을 받았고, 바벨론의 음식
을 먹어야 했지만 뜻을 정해서 채식만을 했다(단 1:8-16). 하나님
은 다니엘에게 학문과 재주, 명철을 주시고 이상과 꿈을 깨닫게
하셨다(단 1:17). 그는 느부갓네살 왕이 꾼 두 번의 꿈을 해석해서
세계 역사의 변천사와 느부갓네살 왕의 장래 일에 대해 알려 주
었다(단 2:25-45, 4:19-27).

벨사살 왕이 잔치를 베풀 때 벽에 쓰인 글씨를 해석해서 벨사
살 왕의 교만과 우상 숭배 때문에 그의 왕위가 폐하여지고 바벨
론이 멸망할 것을 예언했다(단 5:1-5, 17-28, 30-31). 이 일로 다니엘
은 바벨론의 셋째 치리자가 되었다.

동시대의 선지자로는 예레미야와 에스겔 등이 있다.

관련 성경 구절 단 1-12장; 마 24:15; 막 13:14; 히 11:33-34

자신을
더럽히지 마십시오

단 1:3-17

세상에 살지만 세상에 속하지 않은 삶

그리스도인들은 세상 속으로 부르심을 받았습니다. 예수님은 제자들에게 "너희는 이 땅의 소금이요, 세상의 빛이다"라고 말씀하셨습니다(마 5:13-14 참조). 그리스도인들은 세상에 살지만 세상에 속하지 않은 삶을 사는 사람들입니다. 그런데 이러한 삶은 어떻게 가능합니까? 이 모순 같은 주님의 부르심 때문에 우리의 삶에는 많은 딜레마가 찾아오곤 합니다.

우리가 세상에 속한 사람이 아니라는 말을 이원론적으로 생각해서는 안 됩니다. 교회 공동체나 예배당에 있으면 세상에 속하지 않은 것이고, 사회와 일터 속에 있으면 세상에 속해 있는 것이 아닙니다. 이와 같은 이원론적 사고방식을 깨뜨리지 않으면 예수님의 말씀과 부르심을 결코 이해할 수 없습니다. 때로 교회 공동체도 하나님의 다스리심과 그분의 말씀과 성령의 인도하심을 따르지 않으면 아무리 열심히 모일지라도 세상적일 수 있습니다. 사리사욕을 추구하는 욕심이 교회 공동체에 그대로 나타날 수도 있고, 탐욕으로 가득한 세상 권력자들이 보여 주는 추한 모습이 교회 리더십 안에서 나타날 수도 있습니다. 중요한 것은 하나님의 다스리심 가운데 있느냐인 것입니다.

이사야 1장에서 하나님은 "그 많은 너희 제물을 무엇 하려고 내게로 가져오느냐? 나는 숫양의 번제와 살진 짐승의 기름도 지겹다. … 너희가 내 얼굴을 보려고 나올 때 누가 너희에게 이것을 달라고 요구하더냐?"(사 1:11-12)라고 말씀하셨습니다. 세상과 세상 아닌 것을 구별하는 기준은 물리적인 공간이나 형식, 또는 이슈가 아닙니다. 우리의 내면이 어떤 다스림에 의해 어떤 원리를 따라 움직이고 있는가가 중요합니다.

예를 들어, 기업 활동이 그 자체로 세상적인 것은 아닙니다. 기업을 움직이는 내면의 원리와 목적과 동기가 하나님의 다스리심 가운데 있다면 그것은 거룩한 활동입니다. 그러나 하나님의 이름으로 모였지만 내면의 동기가 이기적이고, 추하고, 탐욕과 자기 욕망에 사로잡혔으며, 하나님의 원리에 합당하지 않다면 그것은 지극히 세상적인 활동입니다. 교회라는 간판을 붙인다고 해서 다 거룩한 것이 아니며, 교회 역시 지극히 세상적인 곳이 될 수 있음을 기억해야 합니다. 하나님 나라의 모습, 영적 생명력을 잃어버린 공동체에 불과할 뿐입니다.

우리가 처한 모든 환경에는 하나님을 떠난 원리들로 가득합니다. 그 속에서 하나님의 다스리심을 받고 하나님의 백성으로서의 분명한 정체성을 가지고 거룩한 삶을 살아가는 것이 바로 세상에 속하지 않은 채 세상 속에서 살아가야 하는 우리를 향한 부르심입니다.

이러한 삶의 가장 훌륭한 모델이 다니엘입니다. 다니엘은 조국 이스라엘이 처참하게 멸망당한 시점에 바벨론에 포로로 잡혀갔습니다. 다니엘과 세 친구들은 이스라엘의 왕족 혹은 귀족 출신으로서 바벨론 왕궁에서 3년간 특별 교육을 받고 바벨론 왕을 위해 일하도록 선택되었습니다. 이것은 바벨론의 소위 '문화 이식 작업'이었습니다. 이스라엘의 지도층이나 그 자녀들을 바벨론식으로 교육시켜 바벨론을 위해 일하도록 만드는 작업으로, 일종의 국립 왕궁 학교라고 할 수 있습니다. 이것은 역사적으로 한 민족이 타민족을 지배할 때 가장 많이 사용한 전형적인 문화 통치 방법입니다.

본문은 다니엘과 세 친구들이 바벨론 왕궁 학교에 있을 때 일어난 일들을 우리에게 소개합니다. 그들은 어떤 환경에 처해 있든지, 즉 하나님을 경외하지 않는 소위 세상적인 조직 가운데서도 세상에 속하지 않은 하나님의 사람으로서 영향력을 미치며 살아갈 수 있음을 우리에게 보여 줍니다.

우리는 환경을 탓할 때가 많습니다. 지극히 세상적인 환경 속에 있기에 하나님을 경외하며 거룩을 이루어 가기란 쉽지 않다고 말할 수 있습니다. 물론 영향을 받는 것은 분명합니다. 그러나 중요한 것은 인간이란 영향을 주지 않으면 영향을 받을 수밖에 없는 존재라는 사실입니다. 중립 지대는 없습니다. 내가 거룩한 삶을 삶으로써 영향을 미치지 않으면 세상적인 영향을 받게 되는 것입니다.

세상의 한복판에서 조용히 살다가 교회에만 열심히 나오면 거룩이 추구되는 것이 결코 아닙니다. 조용히 살면 조용히 세상적이 될 뿐입니다. 도리어 세상의 영향을 받으면서 거룩을 잃어버릴 수 있습니다. 우리는 보다 적극적인 시각으로 더 많은 시간과 영역에서 거룩을 보여 줌으로써 거룩한 영향력을 미쳐야 합니다. 이는 교회에서 신앙생활을 하는 데 필요한 시간을 확보하기 위해 싸우라는 의미가 아닙니다. 세상의 한복판에서, 지극히 세상적인 목표를 추구하는 조직 내에서 세상에 속하지 않은 거룩한 삶의 영향력을 미치기 위해 분투해야 한다는 것입니다.

우리는 다니엘 1장에서 다니엘과 세 친구들을 통해 세상에 거룩한 영향력을 미칠 수 있는 원리들을 찾을 수 있습니다. 우리는 이 원리들을 굳게 붙잡아 하나님의 사람이 되어야 합니다.

원리 1: 문화적 유연성을 취하라

다니엘과 세 친구들은 바벨론 왕궁 학교에서 받는 교육을 자신들의 정체성을 빼앗아 가는 것으로 여겨 거절하지 않았습니다. 즉 바벨론의 모든 문화를 배척하지 않았습니다. 그들은 3년 동안 바벨론의 언어와 학문을 배웠습니다. 거룩은 문화적 폐쇄성을 의미하지 않습니다. 둘을 동일시하면 세상에 영향력을 미치기보다 도리어 세상으로부터 고립되거나 세상의 영향을 받게 되기 쉽습니다. 우리에게 필요한 것은 문화적 유연성입니다.

바벨론의 학문과 언어는 분명 하나님을 경외하지 않는 것이었을 것입니다. 하나님과 상관없어 보이는 세상의 일반적인 학문이나 과학의 영역은 세상 만물이 움직이는 법칙을 다루기는 하지만 하나님을 경외하도록 가르치지는 않습니다. 그렇다고 해서 세상의 학문과 기술 및 원리들을 거부하는 것 자체가 결코 거룩은 아닙니다. 그것들은 어쩌면 세상에 영향력을 미치기 위해 우리에게 필요한 도구일 수 있습니다.

우리가 지켜야 하는 것은 믿음이지 문화가 아닙니다. 세상 속에 교회 문화를 이식하는 것은 전도와 선교가 아닙니다. 신앙생활을 오래 하다 보면 익숙해지면서 문화생활로 발전할 수 있습니다. 문화가 된다는 것은 쉽게 말해 자신을 포장하는 액세서리가 된다는 뜻입니다. 때로 우리는 신앙생활을 문화를 지키는 것으로 착각합니다. 문화는 지키는 것이 아니라 변혁시켜야 하는 것입니다. 문화는 사실 껍데기에 불과합니다. 신앙생활을 취미 활동하듯 하나의 문화생활이 될 때 진정한 능력이 상실되고 맙니다. 문화는 있으나 신앙이 없는 상태는 너무나 비참합니다.

문화적 배타성이라는 문제는 초대교회 이후부터 수많은 갈등을 일으켰습니다. 악기를 포함해 세상 문화를 거절하는 사람들이 등장했기 때문입니다. 오늘날 한국 교회에도 예배드리면서 악기 사용하는 것을 거부하는 교단이 있습니다. 그 교단은 유악기파와 무악기파로 나뉘어 있습니다. 물론 악기 사용이 교리적으로 문제 있는 것은 아닙니다. 이에 관한 건강한 교리가 있습니다. 그런데 그들은 사람의 목소리로만 예배해야 하며, 문화는 다 악하고 세상적인 것이라고 보는 것입니다.

사실 교회 역사에서 피아노가 악기로 받아들여진 것은 그리 길지 않습니다. 피아노를 치는 것이 사탄적이라며 금지하던 시대가 있었습니다. 요즘에는 드럼을 금지하기도 합니다. 그러나 이것은 선택의 문제일 뿐입니다. 문제는 상대적 문화를 절대시하는 것입니다. 예배에 어떤 악기를 사용하느냐, 혹은 사용하지 않느냐는 개인의 선호도일 수 있습니다. 공동체의 합의에 따라 달라질 수 있는 것입니다. 세상적이냐, 세상적이지 않느냐로 나누는 것은 잘못된 이원론에 빠진 것입니다.

그러므로 다니엘과 세 친구들이 바벨론 왕궁 학교를 다닌 것에 대해 세상적이라며 정죄할 수 없습니다. 오히려 그들이 신앙의 온전성을 가지고 타국의 문화 배우기를 거절하지 않은 것은 매우 중요한 시각입니다.

원리 2: 먼저 결단하라

바벨론 왕궁 학교의 식단은 왕의 음식과 포도주로 짜여 있었습니다. 그 가운데는 모세의 율법에 금지된 음식도 있었고, 바벨론의 이방 신에게 바쳐졌던 음식도 있었습니다. 다니엘은 이 음식을 먹지 않겠다며 거룩한 결단을 내렸습니다. 그런데 왕의 음식은 단순히 거절하면 먹지 않아도 되는 것이 아니었습니다. 여기서부터 딜레마가 시작됩니다. 과연 다니엘은 이 위기를 어떻게 헤쳐 나갔을까요?

예수님은 전도를 위해 제자들을 보내시면서 "뱀처럼 지혜롭고 비둘기처럼 순결해야 한다"(마 10:16)라고 말씀하셨습니다. 우리에게는 비둘기 같은 순결과 동시에 뱀 같은 지혜가 필요합니다. 여기서 '뱀 같은 지혜'는 아담과 하와를 타락시킨 지혜가 아니라 위기를 피해 가는 데 탁월한 지혜를 뜻합니다. 세상 한복판에서 비둘기처럼 순결하고 거룩한 삶을 추구하려고 할 때 맞닥뜨리게 되는 딜레마들을 뱀처럼 잘 빠져나가라는 것입니다.

다니엘은 왕의 음식을 거절하기로 결심했습니다. 결과와 상관없이 일단 결심했습니다. 예수님의 말씀에서도 뱀 같은 지혜보다 비둘기 같은 순결이 앞섭니다. 다니엘은 거룩과 순결을 추구하기 위해 결심했던 것입니다. 결과가 어떠할지를 예상하고 나서 결심하는 것이 아니라 결심이 먼저입니다. '어떠한 상황에 처하든지 나를 더럽히지 않겠다'라고 결심해야 합니다. 결과는 알 수 없으며, 다 계산할 필요가 없습니다. 중요한 것은 먼저 결심하는 것입니다. 이것이 믿음으로 살아가는 삶입니다. 이후의 일은 하나님에게 맡기고 지혜를 구해야 합니다.

하나님에게 예배하는 우리는 먼저 거룩한 결단을 해야 합니다. 앞으로 어떤 위기와 도전이 있든 중요한 것은 거룩과 순결이기 때문에 하나님이 모든 것을 피해 갈 수 있는 지혜를 주실 줄 믿고 결심해야 합니다. 벼랑 끝에 몰릴지라도 거룩과 순결을 포기하지 않겠다고 결심하십시오. 이러한 거룩한 결단과 결심을 내린 후에야 비로소 우리는 믿음의 삶이 무엇인지 알 수 있고 하나님의 도우심을 체험할 수 있습니다.

우리가 하나님의 도우심을 체험하지 못하는 이유는 하나님의 도우심이 필요 없도록 살기 때문입니다. 세상과 적당히 타협하면서 거룩과 순결을 포기하고 세상을 의지하며 살아가는데 하나님이 도우실 일이 무엇입니까? 물론 하나님에게 도와 달라고 기도하기는 합니다. 세상과 자신을 의지하면서 도와 달라고 하니 문제입니다. 세상의 도움을 다 의지하면서 하나님의 도우심도 하나 더 얹기를 원하는 것입니다. 하나님은 그런 도우심은 주시지 않습니다. 그분은 우리가 거룩한 모험을 할 때 도와주십니다. 거룩한 결단을 주목하고 계시는 것입니다.

그러나 다니엘은 왕이 먹는 특별한 음식과 왕이 마시는 포도주로 자신을 더럽히지 않겠다고 결심했습니다. 그래서 내시의 우두머리에게 자신을 더럽히지 않도록 해 달라고 부탁했습니다. 그때 하나님께서 다니엘이 내시의 우두머리에게 은혜와 긍휼을 얻게 하셨습니다(단 1:8-9).

9절에서 하나님의 개입이 나옵니다. "그때 하나님께서." 대반전이 시작된 것입니다. 하나님의 개입은 우리의 거룩한 결심과 함께 나타납니다. 하나님은 언제나 우리의 삶을 통치하시며 주관하고 계십니다. 그런데 결정적이고 구체적이고 개인적인 개입, 우리의 세밀한 삶 속에 이루어지는 하나님의 개입은 거룩한 결심 이후에 나타납니다.

하나님은 이스라엘 백성을 출애굽시키실 때 먼저 결심할 것을 많이 요구하셨습니다. 대표적으로 홍해 앞에서 모세에게 "너는 네 지팡이를 들고 손을 바다 위로 뻗어 물을 갈라라"(출 14:16)라고 말씀하셨습니다. 요단 강을 건널 때는 제사장들에게 "너희가 요단 강 물가에 이르러 강에 서 있으라"(수 3:8)라고 명령하셨습니다. 또한 신약성경에서 예수님은 나병 환자를 고쳐 주실 때 땅에 침을 뱉어 진흙을 이겨 그의 눈에 바르시고는 "실로암 연못에 가서 씻어라"(요 9:7)라고 명하셨습니다. 우리가 거룩한 결단과 순종으로 나아갈 때 하나님의 개입이 나타나는 것을 보여 주셨습니다. 하나님은 우리에게 믿음을 요구하시며, 믿음을 통해 하나님의 역사를 체험하게 하십니다.

그러나 우리는 하나님이 개입하셔서 내 길을 평탄하게 해 주시면 결심하겠다며 미룹니다. 하나님이 어떻게 하시나 보고 결정하는 것은 하나님을 우상으로 만드는 일입니다. 과정 없이 하나님이 앞서 다 해 놓으시면 우리의 믿음이 자라지 않고 하나님에게 영광을 돌려 드릴 수도 없습니다. 부모가 무엇이든지 앞서 다 해 주면 아무 일도 스스로 하지 못하는 자녀로 만들 뿐이고, 그런 자녀는 부모에게 감사하지도 않습니다. 부모는 나중에 상처투성이가 될 뿐입니다. 자녀가 스스로 결심하고 행하도록 돕기 위해 개입하는 시간은 매우 중요합니다.

다니엘과 세 친구들이 결심했을 때 하나님은 개입하심으로 대반전을 일으키셨습니다. 세상 한복판에 있지만 세상에 속하지 않는 삶을 살겠다고 결심했을 때 하나님은 그들이 내시의 우두머리에게 은혜와 긍휼을 얻게 하셨습니다. 내시의 우두머리가 다니엘이 생각하는 대로 이끌려 오도록 만드신 것입니다. 거룩한 결단을 할 때 세상 한복판인 지극히 세상적인 상사와 환경 속에서도 하나님은 은혜와 긍휼을 베풀어 주시고, 거룩과 순결을 지켜 갈 수 있도록 도와주십니다.

원리 3: 대안을 제시하라

다니엘과 세 친구들은 왕의 음식을 먹지 않겠다는 결정을 내린 후 대안을 제시했습니다. 하나님이 그들에게 뱀 같은 지혜를 주신 것입니다. 거절과 결단만으로는 부족합니다. 대안을 제시하면서 상황을 뚫고 나갈 필요가 있습니다.

> 열흘 동안만 당신의 종들을 시험해 보십시오. 우리가 채소와 물만 먹고 마신 후 왕의 귀한 음식을 먹은 젊은이들과 우리의 얼굴을 비교해 보십시오. 그 결과에 따라서 당신의 종들을 마음대로 처리하십시오(단 1:12-13).

여기서 '채소'에는 워어상 과일 및 곡식도 포함되어 있습니다 바벨론 관리가 지켜볼 수 있도록 열흘이라는 기한도 주었습니다. 그리스도인들이 세상 속에서 세상적인 원리를 따르지 않으면서 무조건 배타적이거나 고립되거나 무능한 것은 거룩과 거리가 멉니다. 우리는 거룩한 결단과 동시에 창의적인 대안을 제시할 수 있어야 하며,

이를 위해 기도해야 합니다. 거룩을 추구하기 위해서 결심한 사람들에게는 하나님이 "저는 할 수 없습니다"가 아니라 "이렇게 해 볼 수 있습니다"라고 말할 수 있는 창의적 지혜를 주실 것입니다. 세상 사람들이 도무지 생각하지 못한 신선한 아이디어가 솟아날 것입니다. 왜냐하면 성령이 지혜를 주시기 때문입니다.

성령은 기도하고 말씀 읽고 예배드릴 때만 역사하시는 분이 아닙니다. 우리가 개발하는 기술이나 세상 한복판에서 움직이는 기업이 더 많은 이윤을 목적으로 하는 일일지라도 성령이 지혜를 주시는 것입니다. 돈은 세상적이므로 돈 버는 지혜는 성령과 무관하거나 세상의 마케팅 책에만 나오는 것이라고 생각해서는 안 됩니다.

제가 '맞춤 전도'를 개발하게 된 아이디어는 마케팅 책에서 얻은 것입니다. 어느 증권 회사 CTO인 성도님을 심방했는데 그분이《세계 최고 기업들의 CRM 전략》(*Customer Relationship Management: Linking People, Process, and Technology*, 21세기북스 역간)이라는 책을 선물로 주셨습니다. '목사에게 이런 책을 선물로 주나?' 하고는 서가에 꽂아 놓고 보지 않았습니다. 그런데 어느 날 '선물로 주셨으니 한 번은 봐야지' 하면서 책을 읽는 순간 성령이 임하셨습니다. 돈 버는 데 혈안이 된 책을 보고 불을 받은 것입니다.

그 책에서 저는 세상의 기업들은 돈을 벌기 위해 관계를 매우 중요시한다는 사실을 깨달았습니다. CRM은 고객관계관리(Customer Relationship Management)의 약자입니다. 관계가 형성되어야 물건을 산다는 것입니다. 고객과 관계를 형성하고, 유지하고, 지속하는 모든 내용으로 마케팅을 풀었는데, 깜짝 놀랐습니다. 교회가 복음을 전할 때 관계를 무시하고 깨뜨리는 모습이 떠올랐기 때문입니다. 저는 그 책을 탐독하면서 CRM 전문가들을 찾아다니며 일주일에 한 번씩 레슨을 받았습니다. 그러면서 우리가 전도할 때 얼마나 지혜가 없었는지를 깨닫게 되었습니다. 돈을 벌기 위해서도 이처럼 철저하게 준비하고 연구하는데 천하보다 귀중한 영혼을 전도한다면서 연구하지 않고 지혜가 없었던 저 자신을 돌이키면서 불을 얻었습니다. 그렇게 해서 '맞춤 전도'가 개발된 것입니다.

세상 한복판에서 거룩과 순결을 추구하면서도 더 좋은 결과나 더 많은 이윤을 얻을 수 있는 대안을 제시하는 지혜를 발휘하는 것이 바로 세상에 살지만 세상적이지 않게 사는 방법입니다. 그리고 그러한 삶을 사는 것이 우리의 사명입니다.

열흘 동안 시험해 본 결과 다니엘과 세 친구들은 얼굴이 더 밝고 건강해졌습니다. 그래서 바벨론 관리로부터 인정받게 되었습니다. 성공했던 것입니다. 우리는 세상 한복판에서 치러지는 시험에 성공해야 합니다. 사회에서 더 높은 위치에 올라가십시오. 그리스도인이 세상의 시험이나 성공 등 모든 면에서 탁월해야 하는 이유는 자신의 행복이 아닌 거룩한 영향력을 미치기 위해서입니다. 우리의 성공 목표는 잘살기 위한 것이 아니라 거룩한 삶을 살기 위해서입니다.

세상에 대안을 제시하고, 우리를 통해 주어지는 지혜가 세상에 영향을 미치고 변화를 초래할 때 우리는 거룩한 영향력을 세상에 미치게 됩니다. 우리는 이 일을 위해 부르심을 받았습니다. 다니엘과 세 친구들은 비록 바벨론에 포로로 잡혀가 이름도 바뀌고 바벨론의 학문을 배워야 하는 세상의 한복판에 있었지만 영향을 주는 사람들로 살아갔습니다.

그리스도인들이 제시하는 지혜와 대안이 세상을 변화시키는 지혜와 대안과 제도가 될 때 세상 속에 거룩한 영향력을 미치게 될 것입니다. 물론 지도자가 중요합니다. 그러나 한 사람 한 사람의 그리스도인들이 거룩한 영향력을 미치며 세상 속에 있을 때 세상은 더 멋지게 변화될 것입니다.

조지 뮬러는 90세 되는 자신의 생일날 연설을 하면서 자신이 행복한 삶을 건강하게 살 수 있었던 비결을 이렇게 말했습니다. "하나님의 뜻에 어긋나는 것이라면 그 어떤 것도 절대로 하지 않는 선한 양심을 유지한 것, 이것이 내가 90세에 이를 때까지 건강하고 행복하게 살아왔던 비결이다." 우리도 조지 뮬러처럼, 다니엘과 세 친구들처럼 세상 한복판에 살지만 세상적이지 않은 승리하는 삶을 살며 거룩한 영향력을 미쳐야 할 것입니다.

영적 습관을
지키십시오

단 6:10

모함에 빠진 신실한 그리스도인

다니엘은 느부갓네살 왕에 의해 포로로 잡혀갔을 때 바벨론이라는 세상 한복판에서 하나님의 사람으로 강건하게 선 모습을 보여 주었습니다. 세상에서 살지만 세상에 물들지 않고 거룩한 삶을 지켜 냈습니다. 세상 한복판에서 우리 스스로 거룩해지고, 빛을 발하고, 영향을 미칠 때 하나님은 영광을 받으시고 우리는 가장 행복한 삶을 살 수 있습니다.

다니엘은 성경에 나오는 많은 인물 가운데 가장 온전한 사람이라고 말할 수 있습니다. 다윗도 죄를 범했고, 솔로몬도 우상 숭배에 빠졌으며, 모세도, 바울도 흠이 있었습니다. 성경의 구속 역사에 중요한 역할을 했던 사람들은 다 흠이 있었습니다. 그러나 다니엘은 온전했을 뿐만 아니라 하나님에게 충성했으며 신실했습니다. 겉과 속, 말과 행동, 교회 안과 밖이 다르지 않았습니다. 그는 세상일과 하나님의 일을 구분하지 않았습니다. 그에게는 세상 속에서 주어진 일이 곧 하나님의 일이 되었습니다.

다니엘이 다니엘 1장에서 뜻을 정해 거룩을 지키고 자신을 더럽히지 않았던 때가 16세 정도였다고 합니다. 철없는 청소년 시절, 사춘기로 한창 방황할 때 그는 영적 거룩을 추구했던 것입니다. 사실 거룩은 나이 들어 추구하는 것이 아닙니다. 역사에 위대한 영향을 미쳤던 사람들은 대개 10세 전후에 거룩한 결단을 했습니다. 물론 늦었다고 자책할 필요는 없습니다. 어느 때에 거룩의 결단을 하든 하나님은 귀하게 사용하십니다.

다니엘 6장에 이르러 그의 나이를 계산해 보면 83세 정도입니다. 60년 이상의 시간이 흘렀습니다. 노년의 다니엘에게 일어난 사건을 기록해 놓은 것입니다. 시간이 흘러서 다니엘이 모신 왕이 두 번이나 바뀌었습니다. 그가 10대에 바벨론에 처음 붙잡혀 왔을 때 섬긴 왕은 느부갓네살 왕이었고, 그다음은 벨사살 왕입니다. 벨사살 왕이 하나님의 벌을 받아 죽은 후 바벨론은 메대 페르시아에 의해 정복당해 나라가 바뀌었습니다. 다리오 왕이 다스리는 시대로 역사가 바뀐 것입니다.

대개 왕이 바뀌면 관리가 물갈이되는 것은 당연한 일인데 나라 자체가 바뀌었음에도 다니엘은 여전히 그 자리에 있었습니다. 이 사실 하나만으로도 다니엘이 얼마나 탁월하고, 신실하고, 인정받는 사람이었는지를 알 수 있습니다. 간신처럼 약삭빠르게 행동해서는 오래

가지 못합니다. 다니엘은 정치력이나 외교력으로 수십 년을 버틴 것이 아니라 하나님의 지혜와 능력과 신실함과 온전함으로 그 자리를 지켰던 것입니다.

본문인 6장 1절 이하를 보면, 다리오 왕은 그 땅을 정복한 후 120명의 지방 장관을 세워 분할 통치했습니다. 또 그들 위에 다니엘을 포함해 세 명의 총리를 두어서 다스리게 했는데, 그중에서 다리오 왕이 가장 총애했던 총리가 바로 다니엘이었습니다. 한마디로 그는 수석 총리였던 것입니다.

다니엘은 자신의 행복을 위해서 이방 나라의 총리라는 자리에 오르기까지 노력한 것이 아니었습니다. 그는 자신을 이 땅 위에 두신 하나님의 계획과 그분의 이름과 영광을 위해서 일했습니다. 그러자 다른 관리들이 시기할 정도로 왕의 총애를 받는 위치에 오르게 되었습니다. 이스라엘 포로 출신이 자신들에게 지시를 내리는 위치에 있으니 얼마나 기분이 나빴겠습니까?

주변에서는 이러한 다니엘을 무너뜨리고자 애썼지만 그는 흠 잡을 곳이 없었습니다. 그래서 아무 죄도 없고 문제도 없는 다니엘을 음해하고 모함해 무너뜨리고자 그들은 공모했습니다. 타락한 역사에서는 어떤 시대나 정권이든 사람을 꼬집어 내려서 흠을 잡아 넘어뜨리려는 작업이 늘 반복되기 마련입니다. 게를 담은 그릇에는 뚜껑이 필요 없다는 말과 같습니다. 게 한 마리가 밖으로 나가려고 하면 다른 게들이 다리를 이용해 끄집어 내리기 때문입니다. 이처럼 메대 페르시아 다리오 왕의 치하에서도 다니엘을 끌어내리려는 음모가 진행되었습니다.

그들은 "하나님의 율법에 관련된 일이 아니면 우리가 다니엘에게서 고발할 거리를 찾을 수 없겠다"는 결론을 내리고 다리오 왕을 이용하기로 했습니다. 그러고는 다리오 왕에게 가서 건의했습니다.

왕께서 한 가지 법을 세우시고 엄하게 명령을 내리시기 바랍니다. 이제부터 30일 동안 왕이 아닌 어떤 다른 신이나 사람에게 기도하는 사람은 누구든지 사자 굴속에 던져 넣기로 한다는 것입니다(단 6:7).

인간 지도자를 우상으로 받드는 사람은 진짜 위험한 사람입니다. 그러나 다리오는 신하들이 자신을 신으로 모신다는 이야기를 듣고는 기분이 좋아 넘어가고 말았습니다. 신하들은 다리오 왕이 다니엘을 얼마나 총애하는지 알았기 때문에 "왕이 도장을 찍은 메대와 페르시아 법은 사람들이 고칠 수 없다"는 법에 따라 법을 다시 고치지 못하도록 직인까지 찍게 했습니다. 다리오는 부비트랩(booby trap)에 걸린 것입니다. 부비트랩이란 군사 무기 중에 하나인데, 미처 깊이 생각하지 못하고 무엇인가를 만지거나 어떤 결정을 내렸을 때 걸려들게 만드는 것을 뜻합니다.

드디어 법이 제정되었고 왕의 도장이 찍혔습니다. 이 법이 생긴 이유는 왕을 통하지 않고는 다니엘을 결코 무너뜨릴 수 없었기 때문입니다. 다니엘의 영성과 기도의 습관은 비신자들, 심지어 그를 해치려는 자들까지도 인정할 정도였던 것입니다.

하나님은 왜 다니엘을 바벨론과 메대 페르시아 한복판에 존재하게 하신 것일까요? 그를 바벨론 왕궁 학교에 넣으시고 그의 거룩한 결단을 받으셔서 그로 하여금 높은 위치에 오르게 하신 이유가 무엇일까요? 하나님이 다니엘을 편애하셨기 때문은 아닙니다. 이는 이방 땅에도 하나님의 역사를 보여 주시기 위해서였습니다. 이미 다니엘은 느부갓네살 왕에게 삶과 신앙을 통해서 영향을 미쳤습니다. 성경을 보면 느부갓네살 왕이 다니엘에게 한 말이 기록되어 있습니다.

너희 하나님은 모든 신 가운데 신이요, 모든 왕의 으뜸이시다. 네가 이 비밀을 풀 수 있었다니 네 하나님은 참으로 비밀들을 드러내시는 분이로구나(단 2:47).

느부갓네살 왕은 다니엘로부터 거룩한 영향력을 받았던 것입니다. 왕이 영향을 받을 정도였으니 그 시대에 다니엘이 통치하던 나라에도 분명히 영향을 끼쳤을 것이라 예상할 수 있습니다. 하나님은 이스라엘 백성을 심판해 포로로 잡혀가게 하셨지만 하나님의 사람을 통해서 이방 땅에 선교하신 것입니다. 이방인들에게 하나님의 역사를 보여 주신 것입니다.

하나님은 단지 이스라엘의 역사를 심판하시고 끝내시는 것이 아니라 심판의 과정을 통해 또 다른 새 일을 행하셨습니다. 하나님이 그리스도인들을 세상 한복판에 두시고, 거룩한 결단을 하는 자에게 능력과 지혜를 주시며, 때로는 영향력 있는 위치에 높이시는 까닭은 열방 가운데 세상의 빛으로 영향을 미치게 하시려는 것입니다.

또한 다니엘은 바벨론에서 거의 70년 동안 살면서 포로로 잡혀온 이스라엘 백성을 보호해 주는 역할을 했습니다. 하나님의 백성은 완전히 버림받은 것이 아니었으며, 포로로 잡혀갔지만 다시 돌아오기 위해서는 바벨론에서 생존해야 했기 때문입니다. 이를 위해서는 다니엘 같은 사람이 그 땅에서 영향력을 미치고 있을 필요가 있었습니다. 마치 하나님이 아브라함의 후손이 하늘의 별처럼 창성해져 가나안으로 돌아올 수 있도록 요셉을 통해 애굽 땅에서 보호해 주셨듯이 말입니다. 유대 민족이 포로에서 귀환하는 하나님의 목적을 이루는 데 다니엘이 사용되었던 것입니다.

우리 인생이 스스로 볼 때는 아무런 목적이나 의미가 없는 것 같지만 하나님은 우리 한 사람 한 사람의 삶을 많은 목적을 가지고 인도하십니다. 우리가 생각하지 않았고 세워 놓지도 않았던 인생의 목적까지도 하나님은 우리를 통해 이루고 계신다는 것입니다. 역사에 기록된 사람들이나 신문에 나오는 이들만 아니라 어느 한 사람도 예외 없이 하나님은 사용하십니다. 하나님은 이 일을 다니엘을 통해서 이루셨습니다.

고난에도 고수한 영적 습관

그러나 이러한 다니엘을 무너뜨리려는 악한 사람들이 존재했다는 사실을 기억해야 합니다. 특별히 그들은 다니엘의 영적 습관을 이용해서 그를 죽이려고 했습니다. 하나님이 우리에게 말씀을 통해 확실히 보장하시는 사실이 있습니다. 하나님을 경외하고 섬기는 영적 습관으로 인해 세상에서 고통을 당하면 반드시 하나님이 역전시키신다는 것입니다. 하나님은 반드시 대반전을 일으키십니다. 일시적으로는 영적 습관으로 손해 보고 밀려나는 것 같지만 하나님은 반드시 회복시키시며 놀라운 기적을 일으키십니다.

당신의 영적 습관으로 인해서 때로 억울한 상황에 처하고 불리해지거든 '하나님이 역전극을 보이시려고 드라마를 쓰시는구나' 하고 기대하십시오. 모함이나 음모를 만나거나 대적들이 나타나면 '내가 제대로 가고 있구나' 하고 확신하십시오. 그러면 우리를 통해서 또 하나의 다니엘 6장이 기록될 것입니다.

대적들이 꾸민 음모에 다리오 왕은 도장을 찍었습니다. 이에 다니엘이 어떤 반응을 보였습니까?

다니엘은 명령문에 왕의 도장이 찍힌 것을 알고 집으로 돌아갔습니다. 그리고 그날도 이전에 하던 대로 창문을 열어 둔 다락방에서 예루살렘을 향해 하루 세 번씩 무릎을 꿇고 하나님께 기도드리며 감사를 올렸습니다 (단 6:10).

다니엘의 영적 습관은 자기 집 다락방에서 창문을 열어 두고 예루살렘을 향해 하루 세 번씩 무릎 꿇고 기도하는 것이었습니다. 창문을 열어 두었기에 대적들이 건너편 집에서 다니엘이 일정하게 기도하는 습관을 관찰할 수 있었습니다. 어떤 사람들은 '하루에 세 번씩 기도하고 언제 일하나?' 하고 생각할지 모르지만 다니엘은 하루 세 번씩 기도의 습관을 지키면서도 나머지 시간을 통해서 어떤 사람보다도 탁월하게 일을 해냈습니다. 사실 하루 세 번씩 기도할 시간이 없는 것이 아니라 교만하고 하나님을 경외하지 않기 때문에 기도하지 않는 것입니다. 오히려 다니엘의 기도 시간은 능력을 얻는 시간이요, 지혜를 얻는 시간이요, 더 탁월해지는 시간이었다는 것을 알 수 있습니다.

여기서 "다니엘은 명령문에 왕의 도장이 찍힌 것을 알고"라는 말은 '다니엘이 죽을 것을 알고'로 바꿀 수 있습니다. 습관대로 기도하면 사자 굴에 던져져 죽임당할 것을 알고도 그는 집에 가서 하루 세 번씩 기도했던 것입니다. 생명을 내건 놀라운 기도입니다. 우리의 기도가 능력이 없는 이유는 기도하는 데 아무런 제약이 없기 때문입니다. 물론 예배하러 오는 데 가족의 핍박이나 건강상의 어려움이 있을 수는 있겠지만 생명을 내걸고 나오는 사람은 거의 없을 것입니다. 기도에 생명을 걸 이유가 없기 때문에 기도의 능력을 우습게 보는 것입니다. 다니엘은 매순간 죽음의 위협 속에 있었습니다. 따라서 그의 기도는 생명을 내건 기도였습니다. 그런 기도를 하나님이 듣지 않으실 리 없습니다.

성경을 자세히 보면, 다니엘은 얼마든지 타협할 여지가 있었습니다. 왜냐하면 이 법이 '30일 동안' 시행되는 일시적인 법이었기 때문입니다. 30일만 피하면 죽지 않을 수 있었습니다. 만약 우리가 다니엘의 입장이라면 '30일만 기도를 쉬면 되는데 굳이 기도의 습관 때문에 생명을 잃을 필요가 있겠는가?' 하는 생각이 들 수 있을 것입니다. 또한 창문을 닫고 커튼을 치면 그가 기도하는지 알 수 없을 것입니다. 상대방이 확인할 수 없는 골방에서 문을 잠그고 기도해도 되었을 것입니다.

그러나 다니엘은 습관을 바꾸는 것 자체가 믿음을 버리는 행위요, 하나님을 두려워하지 않고 세상의 거짓된 사람들을 두려워하는 것이라고 생각했습니다. 그는 절대로 타협하지 않았습니다. 우리는 언제 어디서나 기도할 수 있다고 생각하면서 언제 어디서나 기도하지 않습니다. 생활 속에서 자연스럽게 전도해야 한다고 생각하면서 생활 속에서 자연스럽게 전도하지 않습니다. 언제든지 할 수 있다는 생각은 습관으로 정해져 있지 않기 때문에 사실은 하지 않게 되기 쉽습니다. 그래서 다니엘의 영적 습관이 매우 중요한 것입니다.

영적 거인의 담대한 모습은 대담한 믿음과 동시에 하나님의 깊은 지혜입니다. 만일 다니엘이 기도하는 장소를 바꾸고, 문을 닫고, 커튼을 치고 남모르게 기도했다면 그것은 그가 지금까지 증거하고 살았던 하나님을 부인하는 것과 다를 바가 없었을 것입니다. 그는 자신의 믿음이 무너지는 경험을 하게 되었을 것입니다. 다니엘이 이 일에 있어서 조금이라도 타협하면 무너질 것을 알았기에 사탄이 트랩을 만들어 놓은 것입니다. 다리오 왕은 트랩에 넘어졌지만 다니엘은 달랐습니다.

더 놀라운 것은 다니엘이 기도의 습관뿐 아니라 기도의 내용을 조금도 바꾸지 않았다는 것입니다. 10절 마지막은 "하나님께 기도드리며 감사를 올렸습니다"라고 말합니다. 위기의 순간에 다니엘은 하나님에게 살려 달라고 간청하지 않았습니다. "이전에 하던 대로"라는 말은 기도의 습관뿐 아니라 기도의 내용까지도 포함합니다.

다니엘은 불평하지 않았습니다. 도리어 그는 감사했습니다. 아마도 다니엘은 평소에도 감사했을 것입니다.

항상 기뻐하십시오. 쉬지 말고 기도하십시오. 모든 일에 감사하십시오. 이는 그리스도 예수 안에서 여러분을 향하신 하나님의 뜻입니다(살전 5:16-18).

우리가 하나님의 뜻 가운데 있느냐, 아니냐를 판가름할 수 있는 중요한 기준이 있습니다. 그것은 바로 '지금 내 안에 기쁨이 있는가?', '지금 내가 기도 가운데 있는가?', '지금 내가 감사하는 가운데 있는가?'입니다. 이 중 어느 한 가지도 해당되지 않는다면 일차적으로 하나님의 뜻 밖에 있는 것입니다.

감사하지 않고 결정할 때, 기도하지 않고 결정할 때, 기쁨이 없는 것을 결정할 때 반드시 사탄의 트랩에 걸리게 되어 있습니다. 그러나 아무리 상황이 힘들어도 내 마음에 기쁨이 있고 감사하는 마음으로 나아가면 앞에 절벽이 있다 해도 절벽이 무너질 것입니다. 길이 없는 곳에 길을 만드시고, 사막에 강을 내시고, 골짜기에 다리를 놓으시고, 대역전을 일으키시는 하나님의 역사가 나타날 것입니다. 훌륭한 영적 습관이란 단지 외형적 태도를 바꾸지 않는 것만을 말하지 않습니다. 내면에 하나님을 향한 진정한 감사, 신뢰, 기도가 살아 있는 것입니다.

고난을 선교의 통로로 사용하시다

그때 어떤 일이 일어났습니까? 다니엘 6장 후반부를 보면, 다니엘은 사자 굴에 던져졌습니다. 이 일로 다리오 왕은 밤새 잠을 자지 못했습니다. 다니엘을 총애한 그는 자신이 트랩에 걸렸다는 사실을 깨달았던 것입니다. 그러나 법을 바꿀 수는 없었습니다. 밤새도록 뜬눈으로 지새운 그는 일찌감치 사자 굴에 가서 다니엘을 불렀습니다. "살아 계신 하나님의 종 다니엘아, 네가 항상 섬기는 네 하나님께서 너를 사자들로부터 구해 주셨느냐?" 그러자 다니엘이 대답했습니다.

> 왕이여, 만수무강하소서! 내 하나님께서 천사를 보내 사자들의 입을 막으셔서 사자가 나를 해치지 못했습니다. 제가 하나님 앞에 죄가 없다는 것이 분명하기 때문입니다. 왕이여, 또 제가 왕께도 죄를 짓지 않았습니다(단 6:21-22).

왕은 사자 굴에서 다니엘을 꺼낸 뒤 그를 고소했던 자들을 사자 굴에 처넣었습니다. 성경은 "그들이 사자 굴 밑바닥에 닿기도 전에 사자들이 그 사람들을 움켜서 그 뼈까지 부숴 버렸습니다"(단 6:24)라고 말합니다. 그리고 다리오 왕은 모든 백성에게 담화문을 내렸습니다.

> 다리오 왕은 온 땅 모든 백성들과 민족들과 각기 다른 언어를 쓰는 사람들에게 담화문을 내렸습니다. "너희가 태평성대하기를 바란다! 내가 이제 명령을 내린다. 내 나라 모든 지역에 사는 모든 백성들은 다니엘의 하

나님 앞에서 떨며 두려워해야 한다. 하나님은 살아 계시고 영원히 변하지 않는 분이기 때문이다. 그 나라는 멸망하지 않으며 하나님의 다스림은 끝없이 계속될 것이다. 그는 구하기도 하시고 건져 내기도 하신다. 하늘에서든지 땅에서든지 표적과 기적을 일으키시며 사자의 입에서 다니엘을 구해 주셨다"(단 6:25-27).

다리오 왕이 하나님을 믿을 뿐 아니라 전도까지 한 것입니다. 하나님이 다니엘을 통해 이방 세계를 선교하신 것입니다. 때로 우리가 모함을 당해서 사자 굴에 던져지는 것은 위대한 반전의 역사를 일으킬 뿐만 아니라 위대한 선교의 통로가 될 수 있습니다. 우리에게 다가오는 세상의 도전들이 우리의 삶과 거룩을 무너뜨리는 것 같을 때가 있습니다. 그때 타협 없이 거룩을 추구하면 소금과 빛으로 영향을 미쳐서 하나님 없는 세상에 하나님을 증거하게 될 것입니다. 이 사건 후 다니엘과 그의 백성은 태평성대를 누렸습니다.

하나님은 우리가 이 땅에서 불행하게 살기를 원하지 않으십니다. 우리가 불행한 이유는 거룩을 포기하기 때문입니다. 행복은 거룩 이후에 찾아옵니다. 우리가 거룩한 영향력을 이룰 때 하나님의 선교의 통로가 되어 진정한 행복을 누릴 뿐만 아니라 평안할 수 있습니다. 다니엘처럼 우리도 영적 습관을 새롭게 함으로 이 시대에 또 한 사람의 다니엘이 되어야 합니다.

호 세 아

"이스라엘아, 네 하나님 여호와께 돌아오라."

브에리의 아들이며 북 왕국 이스라엘의 예언자이다(호 1:1). 그는 기원전 8세기 이스라엘 왕 여로보암 2세가 통치하던 시대에 하나님의 소명을 받고 예언 활동을 시작했다(호 1:1). 호세아는 다른 예언자들보다 독특하게 하나님의 부르심을 받았는데, 음란한 여인 고멜과 결혼하라(호 1:2)는 말씀을 들음으로 사역을 시작했다. 그는 고멜과의 사이에서 이스르엘, 로루하마, 로암미를 낳았다(호 1:4, 6, 9).

호세아는 고멜과 결혼한 후, 그녀가 자신의 품을 떠나 다시 음행했을 때 그녀를 다시 아내로 맞아들이도록 명령을 받았다(호 3:1-3). 이러한 부르심에 순종한 호세아는 개인적인 체험 속에서 하나님과 이스라엘 백성 간의 관계를 바로 깨닫게 되었고, 이것을 예언의 핵심 주제 중의 하나로 선포하게 되었다(호 6:1-3). 그는 이스라엘 백성에게 "하나님을 아는 지식을 가지라"(호 4:6), "하나님에게로 돌아가자"(호 6:1)고 외쳤다.

동시대의 선지자로는 이사야, 아모스, 미가 등이 있다.

관련 성경 구절 왕하 14-17장; 대하 26:2, 6-15; 호 1-14장

하나님을
아는 지식

호 6:1-6

이스라엘 백성이 망한 진짜 이유

호세아는 북 왕국 이스라엘이 앗시리아에 의해 멸망당하기 직전까지 사역했던 선지자입니다. 그를 가리켜 '이스라엘 영시(0時)의 선지자'라고 부르기도 합니다. 북 왕국 이스라엘이 멸망했을 때 사람들은 정치 외교의 실패, 혹은 강대국들의 침략에 의한 것으로 해석했지만 예언자들은 하나님의 백성이 하나님 앞에 범죄했기에 내리신 심판이요, 그와 더불어 여호와를 아는 지식이 없었기 때문이라고 지적했습니다.

세상의 많은 혼란과 전쟁, 역사적 과실에 대한 사람들의 시각과 하나님의 시각은 다릅니다. 사람들은 정치, 외교, 경제의 실패에 대해 많은 원인을 지적하지만 하나님의 사람들은 보다 근본적인 원인을 볼 수 있어야 합니다. 역사를 주관하시는 하나님과의 관계 속에서 분석해 내야 합니다. 하나님은 선지자들의 예언을 통해서 하나님의 백성에게 가장 정확한 문제를 지적하십니다. 하나님 앞에 범죄함으로 인한 실패라는 것입니다.

1절에는 "그가 찢으셨지만", "그가 때리셨지만"이라고 표현되어 있습니다. 하나님은 당신의 백성을 괜히 찢으시거나 이유 없이 때리시지 않습니다. 백성의 죄와 그들에게 붙어 있는 허물을 수술하려고 때리시는 것입니다. 이는 어린아이가 음식을 잘못 먹어서 목에 걸리면 등을 때리는 것과 같습니다. 불순물을 빼내기 위해서 때리는 것이지 아이가 미워서가 아닙니다.

하나님이 당신의 백성을 때리시는 이유는 그들 안에 있는 죄가 그들을 망하게 하고 멸망시키기 때문에 치시고 때리심으로써 죄를 토하게 하고 다시금 살게 하시기 위함입니다. 하나님의 목적은 심판이 아니라 구원이요, 재앙이 아니라 평안입니다. 하나님은 우리를 절망하게 하시려는 것이 아니라 다시금 소망을 불러일으키기 원하십니다. 이스라엘 백성은 그러한 하나님을 아는 지식이 없어서 망한 것입니다.

하나님을 아는 지식

너희는 여호와의 말씀을 들으라. 이스라엘 자손들이여, 여호와께서 이 땅에 사는 사람들의 시비를 가려 주실 것이다. "이 땅에는 진리도 없고 인애도 없고 하나님을 아는 지식도 없다"(호 4:1).

내 백성들이 지식이 없어서 망하게 될 것이다(호 4:6).

여기서 '지식'에는 두 가지 종류가 있습니다. 첫 번째는 정보로서의 지식입니다. 이스라엘 백성은 하나님에 관한 정보가 없어서 망한 것이 아닙니다. 그들에게는 율법 등 하나님에 관한 수많은 정보 및 하나님을 알려 주는 제도가 있었습니다. 두 번째는 체험으로서의 지식으로 경험과 친밀한 사귐을 통해서 아는 지식입니다. 이스라엘 백성은 정보로서 하나님에 관해 아는 지식은 있었으나 하나님을 아는 지식은 없었습니다.

만약 제가 현 미국 대통령에 관한 정치 전문가로서 박사학위까지 받았다고 해 봅시다. 아마도 전 세계 누구보다 미국 대통령에 대해 많은 정보와 지식을 가지고 있으며, 그의 리더십, 그의 생애에 대해서 강의하거나 논문을 쓰거나 책을 쓸 수도 있을 것입니다. 그런데 만약 미국 대통령이 서울에 왔다고 생각해 봅시다. 제가 반가운 마음에 다가갔는데 그가 저를 몰라보고 지나간다면 얼마나 섭섭하겠습니까? 그러나 사실 저는 한 번도 그와 악수한 적이 없고, 식사한 적도 없으며, 같이 여행한 적도 없고, 얼굴과 얼굴을 대면해 대화한 적도 없습니다. 그러므로 저는 현 미국 대통령에 대해서 알기는 하지만 그를 아는 지식은 없는 것입니다.

이처럼 하나님을 아는 지식과 하나님에 관해 아는 지식은 다릅니다. 물론 하나님을 아는 지식을 얻기 위해서는 하나님에 관해 아는 지식이 필요합니다. 그러나 하나님의 말씀을 통해 하나님에 관한 지식을 아무리 많이 쌓아도 하나님을 모를 수 있습니다. 성경 66권을 꿰뚫고 다 암송해도 소용없습니다. 호세아 선지자 당시 이스라엘의 수많은 제사장은 율법을 통째로 암송하다시피 해 하나님에 관해 아는 지식이 충만했습니다. 그러나 하나님은 분명히 호세아 선지자를 통해 하나님의 백성이 망한 까닭은 하나님에 관해 아는 지식이 부족해서가 아니라 하나님을 아는 지식이 없기 때문이라고 말씀하셨습니다.

하나님을 아는 지식은 체험으로 아는 지식을 말합니다. 사귐을 통해서 아는 지식으로서, 하나님을 친밀하게 아는 지식입니다. 그래서 하나님을 '안다'라는 단어를 쓸 때 '야다'라는 동사를 사용합니다. 이는 부부간에 서로 친밀한 연합 관계를 표현할 때 쓰이는 단어입니다.

특히 이 말씀이 호세아 선지자를 통해 주어진 메시지라는 데 의미가 있습니다. 하나님은 어느 날 호세아 선지자에게 음탕한 여인 고멜과 결혼하라고 말씀하셨습니다. 선지자로서 기구한 운명이 시작된 것입니다. 그는 원하지 않았는데, 하나님이 이 세상에 메시지를 주시기 위해서 고멜과 결혼하라고 명령하셨고, 호세아는 그 말씀에 순종했습니다. 그런데 고멜은 남편 호세아를 배신하고 다른 남자를 찾아갔습니다. 그러나 하나님은 그 여인을 다시 데려오라고 말씀하셨습니다. 인간적으로 볼 때 아내가 배신한 아픔과 상처를 호세아가 어떻게 감당할 수 있었겠습니까? 그러나 하나님의 말씀에 순종함으로 그는 고멜을 다시 데려왔습니다.

호세아 선지자는 선지자일 뿐만 아니라 남편으로서 계속해서 자신을 배신하는 고멜을 변함없이 사랑하고, 다시 사랑하고, 아무 일이 없었던 것처럼 또 사랑하는 모습을 보여 줌으로써 하나님의 사랑이 어떠한지를 보여 주었습니다. 그로써 부르심을 따르는 삶을 살았습니다. 고멜은 바로 북 왕국 이스라엘의 모습을 대변한 여인이었던 것입니다. 비록 지금 북 왕국 이스라엘이 버림받고 멸망에 처했을지라도 하나님은 변함없이 그들을 사랑하시고, 다시 돌아오기를 원하실 뿐만 아니라 돌아올 수 있는 구속을 행하시는 분이시라는 것입니다.

호세아가 값을 지불하고 아내를 되찾아오는 구속을 행했던 것처럼 하나님은 예수 그리스도의 십자가와 그분의 피와 희생을 통해 우리를 사랑하시는 분임을 보여 주는 책이 바로 호세아서입니다. 본문은 호세아서의 핵심 주제 말씀인 것입니다. 하나님의 백성은 하나님을 아는 지식이 없으면 망한다는 것입니다. 하나님은 그렇게 지적하신 후 하나님의 백성이 하나님에 대해 알려 주는 율법이 없어서 망한 것이 아니라 율법을 통해 하나님을 체험으로 아는 지식이 없어서 망한 것이라고 말씀하십니다. 제사를 드리지 않아서 망한 것이 아니라 그 제사를 통해서 임재하시는 하나님을 알지 못했기 때문에 망한 것이라고 말씀하시는 것입니다.

하나님의 헤세드 사랑

하나님은 이어지는 6절에서 다음과 같이 중요한 말씀을 하십니다.

내가 바라는 것은 인애이지 제사가 아니며 하나님을 아는 것이지 번제가 아니다(호 6:6).

여기서 '인애'라는 말은 히브리어로 '헤세드'입니다. '헤세드'는 구약성경에서 하나님의 사랑을 설명할 때 가장 많이 사용되는 단어인데, 우리말 성경에서는 '인자', '자비', '사랑', '인애' 등 다양하게 표현되어 있습니다. 영어 성경에도 다양하게 번역되어 있는데, 먼저 KJV 성경에는 'loving kindness'(친절한 사랑)로 표현되어 있습니다. '사랑'(love)과 '인자'(kindness)를 합한 것입니다. 또한 NLT 성경에는 'unfailing love'(실패하지 않는 사랑), 'consistent love'(지속적인 사랑)로, RSV 성경에는 'stedfast love'(무너지지 않는 견고한 사랑)로 번역되어 있습니다. 단지 '사랑'(love)이라고 하기에는 이 단어가 너무 오염되어 하나님 아버지의 헤세드 사랑이 어떠한 사랑인지 다 설명하지 못하기에 수식어가 필요한 것입니다. 하나님의 사랑이 역사할 때마다 상황에 맞게 설명하다 보니 다르게 번역될 수밖에 없었던 것입니다.

호세아서를 통해서 하나님이 우리에게 원하시는 것은 하나님의 헤세드를 깊이 체험하고, 그 사랑 속에 거하고, 우리의 사랑도 그렇게 변화되는 것입니다. 신앙생활을 하면서 교회 생활에 익숙해지는 것은 하나님이 원하시는 것이 아닙니다. 물론 우리는 교회 공동체 생활을 열심히 해야 합니다. 그런데 만일 그 열심이 하나님을 더 깊이 알아 가는 방향이 아니라면 우리는 이스라엘 백성과 동일한 책망을 받을 수 있습니다. 하나님이 진정 원하시는 것은 교회 생활이 아니라 하나님을 아는 것이기 때문입니다. 수없이 많은 예배를 드리고 자신은 예배에 충실했다고 자부할지 모르지만 '과연 그 예배를 통해 하나님을 알았는가?'는 다른 문제입니다.

이스라엘의 문제는 그들만의 문제에 그치지 않습니다. 우리 역시 수십 년간 신앙생활을 했지만 헤세드의 하나님을 체험하지 못했을 수 있습니다. 우리 안에 헤세드의 성품이 빚어지지 않았다면 하나님을 모르는 것이라고 할 수 있습니다. 하나님에 관한 귀에 머무는 지식은 많으나 가슴에 살아 있는 하나님을 아는 지식은 없는 것입니다.

그래서 때로 하나님은 하나님의 백성을 징계하시고 심판하십니다. 그 과정은 미움이나 정죄, 심판으로 끝나지 않습니다. 하나님에 관한 지식에 머물러 있는 백성으로 하여금 하나님이 어떤 분이신지를 진정 체험하게 해 줍니다. 하나님은 그 과정을 통해서 하나님이 어떤 분이신지를 알기 원하시는 것입니다. 하나님의 백성이 하나님의 징벌과 징계와 진노를 통해 더 크신 하나님의 사랑, 그 위대하신 하나님의 헤세드를 깨닫게 하시려는 것입니다.

헤세드, 하나님의 변함없는 사랑

하나님의 헤세드 사랑은 배반이 주는 고통에도 불구하고 일정한, 즉 배반이 무너뜨리지 못하는 변함없는 사랑입니다. 4절에서 하나님은 자신의 고통을 다음과 같이 말씀하셨습니다.

에브라임아, 내가 너를 위해 무엇을 해 줄까? 유다야, 내가 너를 위해 무엇을 해 줄까? 너희 인애는 아침 구름과 같고 금방 사라지는 새벽이슬과 같다(호 6:4).

여기서 "내가 너를 위해 무엇을 해 줄까?"라는 말은 하나님의 고통을 의미합니다. 왜냐하면 하나님의 백성의 인애는 아침에 있다 금방 사라지는 구름과 같고 새벽에 잠깐 내렸다 사라지는 새벽이슬과 같기 때문입니다. 물론 아침 구름이나 새벽이슬 자체가 나쁘다는 뜻은 아닙니다. 이들은 하나님이 창조하신 아름다운 자연의 일부입니다. 하나님은 그 자체를 정죄하신 것이 아니라 쉽게 변해 버리는 사랑을 안타까워하신 것입니다. 잠시 있다 사라져 버리는, 실체가 없는 것 같은 우리의 인애에 대한 하나님의 애타는 마음인 것입니다.

반면 하나님의 인애는 어떤 헤세드입니까?

그가 오시는 것은 새벽이 오는 것처럼 분명하다. 그는 마치 비처럼, 마치 땅을 적시는 봄비처럼 우리에게 오실 것이다(호 6:3).

하나님의 인애는 어둠이 짙지만 새벽이 반드시 오는 것처럼, 또한 땅을 적시는 봄비처럼 일정합니다. 여기서 '봄비'는 언제 어디에서 내릴지 모르는 우리나라의 봄비를 생각해서는 그 뜻을 정확히 알 수 없습니다. 이스라엘의 봄비는 아주 정확한 주기를 가지고 내립니다. 즉 반드시 내리는 비를 의미하는 것입니다. 그 땅에 봄비가 내리지 않으면 사람이 살 수가 없습니다. 봄비가 와야 곡식이 익고 추수할 수 있기 때문입니다. 또한 '봄비'는 우리나라와 기후가 다른 이스라엘 지역에서는 이른 비가 아니라 늦은 비를 의미합니다.

새벽이 오는 것과 봄비는 일정하며 변함이 없는 것을 뜻합니다. 간밤에 무슨 일이 일어나도, 어둠이 아무리 깊어도 반드시 새벽은 오듯, 하나님의 사랑은 언제나 일정하며 변함이 없습니다. 우리가 아무리 죄를 범해 하나님의 징계와 심판 가운데 있어도 회개하고 돌이키면 하나님은 언제나 변함없이 우리를 맞이해 주십니다.

사람들이 사랑하기를 두려워하는 이유는 상처받기 싫어서입니다. 사람들이 용서하지 못하는 이유는 용서를 베풀어도 상대방이 바뀌지 않아 내가 도리어 상처를 받기 때문입니다. 이처럼 우리는 사람에게 상처받은 경험을 떠올리며 하나님에게 돌아가지 않습니다. 체면을 차리고 자존심을 세우며 돌아가지 않으려고 합니다. '내가 돌아간들 하나님은 이제 나에 대해서 싫증나셨을 거야'라고 생각합니다. 내가 생각하는 하나님으로 하나님을 오해합니다.

그러나 하나님은 언제나 그곳에 계시는 분이요, 변함없으신 분입니다. 그분은 한 번도 상처받지 않으신 것처럼 우리를 사랑해 주십니다. 얼마나 놀라운 하나님의 헤세드입니까! 그래서 호세아 선지자는 "우리가 가서 여호와께로 돌아가자. 그가 찢으셨지만 우리를 고쳐 주실 것이다. 그가 때리셨지만 우리를 싸매 주실 것이다"라고 권면 했습니다. 하나님은 변하시는 분이 아니니 하나님에 대한 오해를 풀라는 것입니다. 하나님은 언제나 계시며, 항상 동일한 헤세드의 성품으로 우리를 대하시는 분이시므로 그 하나님을 힘써 알자고 한 것입니다.

헤세드, 하나님의 신실한 사랑

두 번째로, 하나님의 헤세드 사랑은 하나님의 백성의 배반에도 불구하고 언약을 신실하게 지키시는 신실한 사랑(faithful love)입니다. 호세아가 고멜과 결혼한 것은 언약 관계에 들어간 것을 의미합니다. 비록 아내 고멜이 결혼이라는 언약을 깨뜨렸지만 호세아 편에서는 언약을 신실하게 지켰습니다. 하나님과 우리 사이도 이 같은 언약 관계입니다. 호세아 6장 7절은 "그들이 아담처럼 언약을 어겼다"라고 말합니다. 비록 인간은 하나님에 대한 언약을 버렸어도 하나님은 언약에 신실하십니다.

세상에서 안타까운 사랑은 짝사랑입니다. 상대방을 일방적으로 사랑하는 모습을 보면 얼마나 안타깝습니까! 그런데 그보다 더 안타까운 사랑은 자신을 배반한 사람에 대해 포기하지 않고 언약을 지키는 신실한 사랑입니다. 언약의 하나님은 아브라함과 언약을 맺으셨습니다. 비록 아브라함이 실패하고 불순종했지만 하나님은 신실하게 약속을 지키셨으며 그 백성도 지켜 주셨습니다. 이삭과 야곱 및 하나님의 백성이 하나님을 잘 섬겨서 함께하신 것이 아니라 아브라함과 맺은 언약 때문에 함께하신 것입니다. 이처럼 하나님은 언약에 신실하신 하나님입니다.

하나님은 예수 그리스도의 십자가 보혈로 우리와 새 언약을 맺으셨습니다. 그 언약은 우리의 죄와 허물에도 불구하고 우리를 버리지 않겠다는 하나님의 헤세드 사랑입니다. 예수님을 믿는다면서 그리스도의 십자가를 의지함으로 우리가 온전히 회복될 수 있다는 사실을 믿지 않는 것은 하나님을 머리로만 알 뿐 하나님을 아는 지식이 없는 것입니다. 하나님이 언약에 얼마나 신실하신 분인지를 모르는 것입니다. 그들은 성찬에도 참여합니다. 하지만 예수님이 성찬을 제정하실 때 "이 잔은 너희를 위해 흘리는 내 피로 세우는 새 언약이다"(눅 22:20)라고 하신 말씀에 언급된 새 언약에 신실하신 하나님은 알지 못합니다. 그 하나님을 모르기 때문에 사죄의 확신이 없고, 사죄의 확신이 없기 때문에 계속 죄 가운데 있는 것입니다. 언약에 신실하신 하나님을 알지 못하기에 망하게 되는 것입니다.

하나님은 그리스도의 십자가 보혈로 세우신 언약을 변함없이 지키시는 분입니다. 우리는 그 하나님을 체험해야 합니다. 호세아 선지자 당시 이스라엘 백성은 하나님의 심판 가운데 처해 있었지만 돌이키면 다시 살려 주겠다는 언약에 신실하신 하나님을 알아야 했습니다. 이에 호세아는 "하나님을 알자"라고 호소했습니다.

헤세드, 하나님의 견고한 사랑

세 번째로, 하나님의 헤세드 사랑은 배반이 주는 분노를 이기는 견고한 사랑(stedfast love)입니다. 인간이 만들어 내는 수많은 죄는 하나님의 분노를 일으키지만 그 어떤 하나님의 분노도 하나님의 사랑을 무너뜨릴 수는 없습니다.

누군가에 대해서 분노한다는 것은 한편으로 아직 사랑이 남아 있다는 증거입니다. 전혀 사랑하지 않는 사람에게는 분노가 일어나지 않습니다. 지나가는 사람이 나에 대해 나쁜 말을 한 것이 오래도록 가슴에 남지는 않습니다. 그런데 사랑하는 가족이나 가까운 사람이 험담하면 깊은 분노가 일어납니다. 사랑 때문입니다. 하나님도 우리의 죄에 대해 분노하십니다. 그래서 때로 우리를 징계하시고 심판하십니다.

그러나 하나님의 분노가 하나님의 사랑을 무너뜨리지는 못합니다. 이것이 헤세드의 사랑입니다. 하나님의 결론은 사랑입니다. 지옥은 인간을 위해서가 아니라 사탄을 위해 준비된 곳입니다. 그런데 사람들이 하나님을 오해하고 모르기 때문에 지옥에 끌려가는 것입니다.

미국의 유명한 부흥가 빌리 그레이엄 목사의 아들 벤저민 프랭클린 그레이엄은 아버지의 뒤를 이어 빌리그레이엄전도협회 회장을 역임했습니다. 젊은 시절 그는 알코올중독자이자 오토바이 폭주족 등 망나니와 같은 인생을 살았는데, 당시 그는 좀 희한한 고백을 했습니다. "나의 이런 삶을 보고 하나님은 나를 버리실 것이다. 그런데 우리 부모님은 나를 버리지 않으신다.” 정반대로 “부모님은 나를 버리셔도 하나님은 나를 버리지 않으신다”라고 고백해야만 맞을 것 같습니다. 사실 그는 그때까지 하나님을 알지 못했습니다. 하나님의 사랑이 얼마나 진실하고 변함없는지 몰랐습니다. 그런데 버리거나 포기하지 않는, 변함없는 헤세드의 사랑을 가지고 있는 부모를 통해서 거꾸로 하나님의 사랑을 깨닫게 된 것입니다.

하나님이 우리에게 원하시는 것은 우리가 하나님의 헤세드 사랑을 체험할 뿐만 아니라 우리가 서로를 헤세드의 사랑으로 대하는 것입니다. 그래서 하나님이 알려지기를 원하십니다. “나는 당신을 통해서 하나님에 관해 아는 지식이 아니라 하나님 그분을 아는 지식을 얻게 되었습니다”라는 고백이 들리기를 원하십니다.

6절에서 하나님은 “내가 바라는 것은 인애이지 제사가 아니며 하나님을 아는 것이지 번제가 아니다”라고 말씀하셨습니다. 신약에서 예수님은 이 구절을 두 번이나 인용하셨습니다. 예수님이 하나님의 말씀을 인용하신 사례는 매우 이례적입니다. 두 경우 모두 바리새인들의 공격 앞에서 그들을 교훈하면서 선포되었습니다.

한 번은 예수님이 세리와 죄인들과 교제하시는 모습을 본 바리새인들이 예수님을 비판했습니다. “어째서 너희 선생님은 세리들과 죄인들과 함께 어울려 먹느냐”(마 9:11). 그때 예수님은 “너희는 가서 ‘내가 원하는 것은 제사가 아니라 자비다’ 하신 말씀이 무슨 뜻인지 배워라. 나는 의인을 부르러 온 것이 아니라 죄인을 부르러 왔다”(마 9:13)라고 말씀하셨습니다. 바리새인들은 수많은 율법 지식이 있었지만 그 율법이 보여 주는 하나님이 어떤 분이신지는 알지 못했던 것입니다.

또 한 번은 예수님이 제자들과 함께 안식일에 배가 고파 이삭을 따서 먹은 것을 본 바리새인들이 "보시오! 당신 제자들이 안식일에 해서는 안 될 일을 하고 있소"(마 12:2)라고 비난했습니다. 예수님은 그들에게 "'내가 원하는 것은 제사가 아니라 자비다'라고 하신 말씀의 뜻을 너희가 알았다면 너희가 죄 없는 사람들을 정죄하지 않았을 것이다"(마 12:7)라고 말씀하셨습니다. 이는 '너희들은 안식일을 어겼다고 말하지만 하나님은 안식일 규례를 지키는 것보다 안식 자체이신 하나님을 알기 원하신다. 너희들이 안식일 규례는 잘 지켰지만 정작 안식을 주시는 하나님은 알지 못했다'라고 그들을 교훈하신 것입니다.

우리는 믿음 생활을 하면서 하나님을 아는 지식이 날마다 깊어져야 합니다. 하나님을 아는 체험이 날마다 풍성해져야 합니다. 우리의 삶에 때로 고난이 찾아올지라도, 우리의 죄로 말미암아 징계가 올지라도 그 목적이 하나님을 아는 것일 때 우리에게는 헤세드의 하나님이 다가오실 것입니다. 하나님의 헤세드 사랑을 체험하게 될 것입니다.

종교 생활에 머무르지 말고 변함없는 하나님의 사랑을 깊이 알아 가십시오. 신실하신 하나님의 사랑을 체험하고, 견고한 하나님의 사랑을 깊이 경험하십시오. 우리가 하나님에게로 돌아가면 하나님은 헤세드의 사랑으로 우리를 맞이해 주십니다. 집 나간 아들이 돌아왔을 때 아버지가 헤세드의 사랑으로 품었듯이 하나님의 품은 넓고, 깊고, 커서 우리 모두를 안아 주십니다. 우리 모두 아버지의 품에 안기며 하나님을 알아 가는 복을 받기를 소망합니다.

요 엘

/

“여호와의 날이 가까이 다가왔다.”

브두엘의 아들인 요엘은 ‘여호와는 하나님이시다’라는 뜻의 이름을 가졌다(욜 1:1). 브두엘이 ‘하나님의 설득자’ 또는 ‘하나님의 성실성’을 뜻하는 것으로 보아 그의 가문은 하나님 앞에 경건한 가정이었음을 짐작할 수 있다.

요엘은 다른 구약의 선지자들과 마찬가지로 오직 회개만이 하나님의 심판을 면할 수 있다고 여겼다(욜 2:12-14). 요엘은 하나님의 이름으로 “이제라도” 그리고 “너희의 온 마음을 다해 내게 돌아오라”(욜 2:12)고 외치면서 “그때 여호와께서 … 그분의 백성들을 불쌍히 여기셨다”(욜 2:18)라고 선언했다.

동시대의 선지자로는 호세아로서, 요엘은 호세아가 북 왕국에서 예언하기 얼마 전에 남 유다 왕국에서 활동했다.

관련 성경 구절 욜 1:15, 2:1-2, 10-11, 30-31, 3:14-16; 행 2:17-21

마음을 찢고
돌아오라

욜 2:11-14

~으로부터의 구원

믿지 않는 사람들에게 "당신은 구원받았습니까?"라고 질문할 때 우리가 당연히 예상해야 하는 질문 혹은 대답은 무엇일까요? 아마도 그들은 "무슨 구원을 말하는 것입니까?"라고 말할 것입니다. 이는 진정한 믿음을 받아들이지 않아 구원을 깨닫지 못한 사람들이 말한 지극히 정상적인 대답입니다. 만약 "아니요. 저는 구원을 못 받았습니다"라고 말하는 사람이 있다면 그는 이미 믿는 사람일 수도 있을 것입니다.

우리가 받은 구원이 무엇인지 설명할 수 있습니까? 만약 설명할 수 없다면 우리에게 구원이란 막연한 종교적 환상, 이념적 구원, 이 세상 제도가 가져다주는 일시적 해방감 등을 의미할 수 있습니다. 그러므로 우리는 하나님의 말씀을 통해 하나님이 예수 그리스도 안에서 우리에게 주시는 구원이 무엇인지 명확히 깨닫고 설명할 수 있어야 합니다. 우리가 예언서를 읽을 때 분명히 깨닫게 되는 내용이 바로 이 부분입니다.

구원은 두 가지 차원의 구원이 하나 되어야 합니다. 첫째는 '~으로부터의 구원'입니다. 어떤 절박한 상황이나 심각한 상태로부터 건짐을 받았을 때 구원받았다고 말할 수 있습니다. 사람들이 "구원받으십시오!"라는 말을 아무리 많이 들어도 반응하지 않는 이유는 스스로가 얼마나 심각하며 위험한 상태에 처해 있는지를 알지 못하기 때문입니다. 매일의 삶 속에서 자신들이 처한 영적 위기와 시대의 심각한 상황 그리고 역사의 위험성을 깨닫지 못하기 때문에 구원의 필요성을 전혀 느끼지 못하는 것입니다.

우리가 받은 구원은 하나님의 심판으로부터의 구원입니다. 구원이란 '~으로부터의 구원'이 전제되어야 합니다. 그러므로 믿지 않는 사람들이 "무슨 구원을 말하는 것입니까?"라고 질문하면 "하나님의 심판으로부터의 구원을 말하는 것입니다"라고 대답할 수 있어야 합니다.

여호와의 날이 가까이 다가왔다

모든 예언서가 하나님의 심판과 구원을 이야기하지만 특별히 요엘서는 하나님의 심판과 동시에 구원이 주어질 것을 예언한 책입니다.

먼저는 하나님의 심판을 예언합니다. 이런 이유에서 요엘서 전체를 보면 반복해서 나오는 중요한 하나님의 말씀이 있습니다. "여호와의 날이 가까이 다가왔다." 요엘 선지자는 심판의 날, 여호와의 날이 올 것이라고 예언했습니다.

아, 그날이여! 여호와의 날이 가까이 다가왔다. 전능자께서 보내신 파멸이 다가온다(욜 1:15).

시온에서 나팔을 불라. 내 거룩한 산에서 경보의 소리를 울리라. 이 땅에 사는 모든 사람들이 공포로 떨게 하라. 여호와의 날이 오고 있다. 확실히 가까이 다가와 있다. 어둡고 암담한 날, 구름과 짙은 어둠의 날, 새벽빛이 산 위에 퍼지는 것처럼 수가 많고 강한 사람들이 오고 있다. 이와 같은 일이 옛날에도 없었고 이후 여러 세대가 지나도 다시는 없을 것이다(욜 2:1-2).

여호와께서 그분의 군대 앞에서 호령하신다. 그분의 군대는 헤아릴 수 없이 많고 그분의 명령을 수행하는 사람들은 강력하다. 여호와의 날은 크고 심히 두렵다. 누가 견뎌 낼 수 있는가?(욜 2:11)

많은 사람들이, 정말 많은 사람들이 심판의 골짜기에 모여 있다! 심판의 골짜기에 여호와의 날이 가까이 왔다(욜 3:14).

이처럼 심판의 날, 곧 여호와의 날, 혹은 주의 날이라고 부르는 날이 가까이 왔다는 것이 바로 요엘서의 첫 번째 주제입니다.

당시 역사적 상황으로도 예견된 심판이 다가오고 있었습니다. 그것은 이스라엘에 대한 역사적 심판이었습니다. 역사를 보면 수많은 재앙과 기근 그리고 전쟁이 있었습니다. 세속 역사관에서는 한 민족이 타민족을 욕심으로 침범하고 자기 세력을 과시한 것으로 보지만, 하나님의 역사라는 시각에서 보면 모든 것이 하나님이 그분의 섭리 가운데 허락하신 것입니다.

물론 역사적 심판이 궁극적인 하나님의 뜻은 아니지만 인간이 죄로 말미암아 스스로 선택한 결과가 하나님이 허용하시는 섭리 가운데서 역사 속에 이루어진 것입니다. 즉 하나님이 악을 행하시거나 방임하신 것이 아니라 인간의 자유의지와 선택과 같은 악함으로 인한 것이었습니다.

이 땅에는 이로 인해 수많은 잔혹한 역사가 있었습니다. 많은 사람이 "하나님이 선하시면 어떻게 이런 일들이 있을 수 있습니까?"라고 묻곤 합니다. 그때 우리는 정반대로 대답할 수 있어야 합니다. "하나님이 선하시니까 그나마 우리가 이 정도로 사는 것입니다." 선하신 하나님이 우리에게 은혜를 베풀어 주시기 때문에 그래도 역사가 진행되는 것입니다

북 이스라엘이 앗시리아에 의해서, 남 유다가 바벨론에 의해서 침공당해 멸망한 것은 이스라엘에 대한 하나님의 심판이었습니다. 그러나 성경의 예언은 한 민족이나 나라의 멸망을 예언하면서 동시에 그것과 비교할 수 없을 만큼 두렵고 놀라운 심판이 다가오고 있음을

말해 줍니다. 그것은 바로 장차 다가올 여호와의 날에 임할 심판입니다. 한 나라의 멸망은 힘을 다해 재건할 수 있지만, 다시는 회복할 수 없는, 아무도 견딜 수 없는 두려운 심판이 다가오고 있었습니다. 요엘 선지자는 이 사실을 반복해서 예언한 것입니다.

당시 사람들은 앗시리아에 의해서 북 이스라엘이 멸망당했을 때 '아, 여호와의 날이 바로 이날인가 보구나'라고 생각했을 수 있습니다. 그러나 성경을 보면 그날만이 아니라는 사실을 깨닫게 됩니다. 이것은 마치 우리가 산을 바라보는 것과 같은 원리입니다. 멀리서 바라보면 큰 산 하나가 있는 것처럼 보이지만, 가까이 다가갈수록 사실은 거리를 두고 떨어져 있는 여러 개의 봉우리들이 중첩되어 보인 것이라는 점을 알게 됩니다.

구약의 심판에 관한 예언이 바로 그와 같습니다. "여호와의 날이 가까이 다가왔다"는 말은 단순히 한 가지 사건을 의미하는 것 같지만 사실은 이중적 예언이요, 때로는 삼중적 예언인 것입니다. 요엘서에 기록된 예언은 당시 사람들에게 심판을 예언했지만, 동시에 그 너머에 있는 다가올 심판까지도 예언한 것입니다. 여호와의 날, 마지막 날에 임할 심판은 아직도 오지 않았습니다.

간혹 심판의 날이 가까이 다가왔다고 예언하는데 아직도 오지 않았으니 하나님의 말씀이 틀린 것이 아니냐고 따지는 사람들이 종종 있습니다. 신약 시대에도 예수님이 다시 오신다고 말씀하셨는데 왜 아직도 오시지 않느냐고 따지는 사람들이 있었습니다. 그런 그들에게 베드로는 이렇게 설명했습니다.

그러나 사랑하는 사람들이여, 이 한 가지를 잊지 마십시오. 주께는 하루
가 1000년 같고 1000년이 하루 같습니다(벧후 3:8).

우리에게 주어진 천 년이라는 긴 시간이 하나님에게는 하루 같다
고 말했습니다. 이 말은 하나님의 인내의 길이와 깊이를 설명한 것입
니다. 여기서 하나님의 시간법은 우리의 시간법과 다르다는 것을 알
수 있습니다. 우리에게 가까운 것과 하나님에게 가까운 것은 다릅니
다. 문자적으로 해석하면 천 년이 하루 같으므로 이 계산법에 대입하
면 2017년인 지금은 예수님이 오신 지 이틀이 조금 지났을 뿐입니다.
하나님이 은혜를 베푸셔서 '하루만 더 참자' 하시면 천 년이 우리에
게 주어지는 것입니다. 하나님이 또다시 '하루만 더 참자' 하시면 2천
년이 주어지는 것입니다. 하나님은 우리에게 은혜와 구원의 기회를
허락하시기 위해서 참고 계시는 것입니다.

세상 역사는 복잡한 것 같지만 사실 간단합니다. 박사 학위를 받아
야만 역사를 아는 것이 아닙니다. 오히려 그들의 말을 들어 보면 머
리가 더 복잡해집니다. 성경을 읽으면 역사에 대한 안목이 생깁니다.
'하나님이 세상을 창조하셨고, 인간이 창조주 하나님에게 반역했으
며, 그로 인해 죄의 역사가 시작되었고, 하나님이 그 가운데 은혜의
역사를 베푸셨고, 마지막 날 여호와의 날에 하나님이 세상을 심판하
실 것이다. 그러나 하나님은 심판이 목적이 아니라 심판으로부터 구
원하기를 원하신다. 하나님은 심판 너머에 새 하늘과 새 땅을 준비해
놓으셨다.' 이것이 역사의 전부이며, 우리는 그 사이에 있는 것입니

다. 그러므로 세상 사람들의 역사관을 두려워하지 마십시오. "역사는 돌고 도는 거야"라는 말에 헛되이 휩쓸리지 않기를 바랍니다.

세상을 심판하는 선하신 하나님

하나님이 세상을 심판하시는 이유는 세상을 창조하신 분으로서 소유권이 있기 때문입니다. 세상을 만드셨고, 인간을 조성하셨으며, 이 땅을 존재하게 한 소유자이신 하나님에게 그 처분권이 있는 것입니다. 따라서 하나님의 뜻에 합당하지 않게 존재하는 것을 버리는 일은 그분의 마땅한 권리요, 주권입니다. 창조하신 분이 자신을 배반하고 악으로 치우치는 자들을 심판하시는 것은 너무나 당연한 일입니다.

앞서 언급했지만 어떤 사람들은 선하시고 사랑이 많으신 하나님이 어떻게 세상을 심판하실 수 있으며 지옥을 만드셨냐고 따집니다. 그러나 말 그대로 하나님은 선하신 분이기 때문에 심판하시는 것입니다. 인간이 생각하는 선은 모든 것을 용납하고 눈감아 주는 것이지만 진정한 선은 악을 허용하지 않는 것이요, 죄를 견디지 못하는 것이요, 거짓을 허락하지 않는 것입니다. 만약 하나님이 선하신 분이 아니라면 지옥을 만들거나 심판하지 않으셨을 것입니다.

우리는 진리를 외면하고 무너뜨리는 것을 은혜라고 생각합니다. 그러나 정반대입니다. 진리가 없으면 은혜는 존재하지 않습니다. 진리라는 절대 기준이 존재하는데 우리가 그에 부합하지 못하기 때문에 은혜가 존재하는 것입니다. 은혜라는 단어 자체가 진리를 전제로 하는 것입니다. 그러므로 은혜는 진리를 드러내고, 진리가 진리 되게 합니다.

절대 진리이신 하나님은 진리를 벗어난 인간을 심판하시고, 정죄하시고, 진노하셔야 마땅하지만 그 진리에 대한 요구를 길이요, 진리요, 생명이신 예수 그리스도를 통해 이루셨습니다. 그로써 우리에게 은혜가 베풀어진 것입니다. 진리가 있기에 은혜가 존재하듯 하나님이 우리를 심판하시는 까닭은 그분이 선하시기 때문입니다.

성경의 역사가 보여 주는 것은 세상을 심판하는 선하신 하나님입니다. 이스라엘 백성만을 향한 심판이 아니라, 간헐적으로 역사적인 죄로 말미암아 주어지는 심판만이 아니라, 모든 사람과 모든 역사에 대한 심판인 여호와의 날이 다가오고 있는 것입니다. 역사 속에서는 어떤 대적과 원수와 때로는 가난과 질병으로부터의 구원이 존재하지만 궁극적인 구원은 여호와의 날에 이루어질 심판으로부터의 구원입니다.

죽음은 끝이 아닙니다. 죽음으로 모든 것이 소멸되어 끝나면 얼마나 속이 편하겠습니까? 그러나 그것은 진실이 아닙니다. 악한 일을 행하며 살다가 죽으면 끝이 아니라, 악인을 포함한 모든 영혼은 장차 다가올 여호와의 날에 하나님의 심판대 앞에 서게 됩니다. 의인의 부활이 있고, 악인의 부활이 있습니다. 영원한 생명의 길이 있고, 영원한 고통의 길이 있습니다. 모든 영혼은 자신이 행한 선택과 죄의 결과에 대한 심판을 받아야 합니다.

우리는 그 심판으로부터 구원받아야 합니다. 그 심판은 우리의 힘으로 통과할 수 없습니다. 우리의 공로나 수양, 지식이나 선행으로도 불가능합니다. 우리는 오직 예수 그리스도의 십자가의 은혜를 붙잡아야만 심판을 통과할 수 있습니다.

출애굽 당시 이스라엘 백성은 집집마다 좌우 인방과 문설주에 어린 양의 피를 발랐습니다. 하나님이 어린 양의 피를 바른 집은 그 피를 보고 넘어가겠다고 말씀하셨기 때문입니다.

내가 이집트 땅을 칠 때 너희 사는 집에 피를 발랐으면 그것이 표시가 돼 내가 그 피를 볼 때 너희를 그냥 지나칠 것이다. 그러므로 재앙이 너희에게 내려 너희를 멸망시키는 일이 없을 것이다(출 12:13).

어린 양의 피가 구원의 식별 표시였습니다. 이것이 유월절(Passover)의 유래입니다. 하나님은 첫 유월절 날 심판으로부터 이스라엘 백성을 구원하셨듯이 예수 그리스도의 보혈의 피가 뿌려진 모든 백성을 여호와의 심판의 날로부터 구원해 주십니다.

그런데 첫 유월절 날 두 집이 있었습니다. 한 집은 하나님의 약속의 말씀대로 좌우 인방과 문설주에 어린 양의 피를 발랐습니다. 그들은 하나님이 구원하실 것이라는 믿음을 가지고 평안함 가운데 잠을 잘 잤습니다. 그런데 그 옆집은 좌우 인방과 문설주에 어린 양의 피를 얼마나 발라야 하는지 몰라서 난감해했습니다. 혹시 심판의 사자가 어린 양의 피가 발린 것을 보지 못하면 어쩌나 불안해 빨간 피로 집을 도배했습니다. 그러고도 두려워 벌벌 떨면서 밤새 잠을 이루지 못했습니다.

심판의 사자가 두 집 사이를 지나갈 때 어느 집으로 들어갔을까요? 당연히 첫 번째 집은 들어가지 않았을 것입니다. 그렇다면 두 번째 집에 들어갔을까요? 제가 주일학교 소년부를 지도할 때 아이들에게 물어보았더니 모두 두 번째라고 외쳤습니다. 그러나 심판의 사자는 두 집 모두 피했습니다. 둘 다 하나님의 약속대로 어린 양의 피를 발랐기 때문입니다.

구원의 확신은 지금 나의 믿음의 상태가 어떠하냐, 즉 평안 가운데 굳게 서 있냐 아니냐에 달려 있지 않습니다. 약속대로 어린 양의 피를 바르되, 과하게 발라 놓고도 불안해서 떨 필요가 없습니다. 하나님은 우리가 두려워 떨면 죽음의 사자가 들어올 것이라고 말씀하시지 않았습니다. "내가 그 피를 볼 때 너희를 그냥 지나칠 것이다"라고 말씀하셨습니다. 그러므로 예수 그리스도의 십자가 보혈을 의지하는 자가 받게 되는 심판으로부터의 구원은 하나님의 약속이지 우리의 결심으로 이루어지는 일이 아닙니다.

구원의 확신을 체험하지 못한 사람들은 자기의 감정과 믿음의 상태를 보며 불안해 떱니다. 그러나 어린 양의 피를 약속대로 발라 놓고도 잠을 이루지 못하는 사람은 자기 손해일 뿐입니다. 만약 우리가 불안해한다고 해서 하나님이 심판으로부터 우리를 구원하지 않으신다면 그것은 하나님의 약속에 문제가 있는 것입니다. 우리가 선하신 하나님이라고 할 때는 세상을 심판하시지만 심판으로부터 한 사람이라도 더 구원하기를 원하시는 하나님을 의미합니다. 선하신 하나님은 한 사람이라도 더 심판하기를 원하시는 분이 아니라 한 사람이라도 더 구원하기를 원하시는 분입니다.

만약 하나님이 우리 믿음의 확신의 단계를 기준으로 구원을 측정하신다면 우리 모두는 우열반으로 나뉠 것이고, 그러면 구원받지 못하는 사람들이 생길 것입니다. 그러나 하나님이 아브라함을 의롭다 하신 때가 언제인지 생각해 보아야 합니다. 하나님은 창세기 22장에서 아브라함이 이삭을 바칠 때 그의 믿음을 보시고 그를 구원하셨습니까, 아니면 창세기 15장에서 아브라함이 믿음의 삶을 시작할 때를 기준으로 하셨습니까? 창세기 15장에서 아브라함은 자녀를 주시겠다는 하나님의 약속을 믿지 못했습니다. 그때 하나님이 그를 밖으로 데리고 나와서 "하늘을 올려다보고 별을 세어 보아라. 과연 셀 수 있겠느냐. … 네 자손도 이와 같이 될 것이다"(창 15:5)라고 말씀하셨습니다. 이어지는 6절은 다음과 같습니다.

아브람이 여호와를 믿었습니다. 그래서 여호와께서 아브람의 그런 믿음 때문에 그를 의롭게 여기셨습니다.

여기에서 '믿음으로 의롭게 된다'는 말씀이 나온 것입니다. 종교개혁의 위대한 모토는 "오직 믿음으로 말미암아 구원을 받는다"입니다. 하박국 2장 4절에는 "그러나 의인은 그의 믿음으로 살 것이다"라고 기록되어 있습니다. 아브라함은 믿음을 확신한 상태가 아니라 믿음이 시작된 상태, 즉 믿음의 초기 단계에 구원받은 것입니다.

여기서 주의할 점이 있습니다. 이 말을 '믿음이 그만큼만 있어도 된다'는 뜻으로 생각해 이용하면 믿음 생활이 잘못됩니다. 하나님의 선하신 은혜로 생각해야지 '창세기 15장까지만 믿어도 된다'라고 생각해서는 곤란합니다. 우리의 목표는 창세기 22장의 온전한 확신과 헌신의 믿음입니다. 구원받았으면 됐다고 생각해서는 안 됩니다. 구원의 두 번째 차원이 있기 때문입니다.

~으로의 구원

첫 번째가 '~으로부터의 구원'이었다면, 두 번째는 '~으로의(from to) 구원'입니다. 이스라엘 백성은 애굽으로부터 구원받았지만 출애굽 자체가 목적은 아니었습니다. 그들의 목적은 가나안으로 가는 것이었습니다. 우리는 죄와 하나님의 심판으로부터 구원을 받았지만 그것이 전부가 아니라 하나님으로의 구원으로 가야 합니다. 구원의 핵심은 하나님의 임재 가운데 하나님을 알고 하나님과의 친밀한 관계 속으로 들어가는 것입니다.

하나님은 당시 이스라엘 백성에게 구원을 약속하셨습니다. 그 구원은 타민족의 압제로부터의 구원이요, 가난과 질병으로부터의 구원이었습니다. 이것은 일시적인 구원에 불과했습니다.

시온의 자녀들아, 너희 하나님 여호와 안에서 즐거워하고 기뻐하라. 그분

께서는 너희에게 가을비를 적절히 주실 것이다. 그분께서 너희에게 비를
보내실 것이다. 전처럼 가을비와 봄비를 보내 주실 것이다. 타작마당에는
곡식이 가득하고 새 포도주와 새 기름이 큰 통에 넘칠 것이다(욜 2:23-24).

진정한 구원은 번성과 회복만을 말하지 않습니다. 앞서 비유한 멀
리서 볼 때 여러 봉우리가 중첩되어 하나같았던 산처럼 구원도 하
나처럼 보이지만 여러 개의 구원이 중첩되어 있는 것입니다. 요엘
서에서 하나님이 약속하신 구원은 이것이 다가 아닙니다. 이어지는
27-28절을 보십시오.

내가 이스라엘 가운데 있고 내가 너희 하나님 여호와이며 나 외에는 다른
신이 없음을 너희가 알게 될 것이다. 내 백성들이 영원히 수치를 당하지
않을 것이다. 그러고 난 후에 내가 모든 사람 위에 내 영을 부어 주겠다.
너희 아들들과 딸들이 예언할 것이고 너희 늙은이들은 꿈을 꾸며 너희 젊
은이들이 환상을 보게 될 것이다.

이것이 하나님이 주신 구원의 약속입니다. 구원은 심판으로부터
의 구원만이 아니라 하나님을 아는 구원, 하나님과의 친밀한 관계 속
으로 들어가는 구원을 포함하는 것입니다. 우리가 하나님을 아는 구
원에 이르도록 하기 위해 오신 분이 바로 성령이십니다. 말씀을 보
면, 아들들과 딸들이 예언하고, 늙은이들은 꿈을 꾸며, 젊은이들은
환상을 보게 될 것이라고 합니다. 이것은 단지 성령의 은사와 신비한

체험만을 말하는 것이 아니라 삼위일체 하나님과의 연합으로 들어가 그분을 친밀히 아는 것을 의미합니다. 앞 장에서 호세아 선지자가 말한 '여호와 하나님을 아는 지식', '삼위일체 하나님을 친밀히 아는 구원'인 것입니다.

하나님의 임재 속에 들어가는 것, 하나님과의 연합으로 들어가는 것이 구원입니다. 하나님이 주신 어떤 것이 구원이 아니라 하나님이 친히 우리 가운데 임재하시는 것이 바로 구원인 것입니다. 구원은 이성만으로는 이해할 수 없는 신비입니다. 많은 사람이 이성으로 설명할 수 없는 것은 사실이 아니라고 말합니다. 그러나 이 세상은 우리가 이해할 수 없는 신비로 가득 차 있습니다. 하나님은 신비의 하나님입니다.

신비로운 현상 자체를 추구하는 것을 '신비주의'라고 말합니다. 무엇이든 '주의'가 붙으면 주의해야 합니다. 세상은 '권위주의'와 '권위'를 혼동해서 무슨 권위든 부정하려고 합니다. 부모의 권위를 무시하고, 지도자를 무너뜨리고, 권위를 땅에 떨어뜨리는 것은 나쁜 것입니다. 권위주의는 나쁘지만 권위는 존중해야 합니다. 신비주의는 배격해야 하지만 신비는 받아들여야 합니다. 우리의 신앙은 신비입니다. 신비는 존중되어야 합니다. 우리가 왜 하나님을 믿습니까? 신비이기 때문에 믿는 것입니다. 이성적으로 다 설명할 수 있는 것은 믿는다고 말하지 않습니다. 믿음이 요구되는 이유는 우리가 볼 수 없고, 경험할 수 없고, 때로는 이해할 수 없기 때문입니다.

영국에 G. K. 체스터턴이라는 유명한 문학비평가가 있었습니다.

C. S. 루이스를 비롯한 유명한 기독 문학가와 사상가들이 그의 영향을 받았습니다. 그는 '내가 왜 그리스도인이 되었는가?'를 설명하기 위해 《정통》(*Orthodoxy*, 상상북스 역간)이라는 책을 저술했습니다. 저는 그 책을 읽어 가는 중에 이해할 수 없는 부분을 만났습니다. 그 내용은 동화의 세계에 대해 설명하는 부분이었습니다. 그의 신앙 간증서인 줄 알았는데 그는 동화가 얼마나 중요한지를 계속해서 이야기했습니다. 그런데 한 문장에서 왜 그가 동화 이야기를 꺼냈는지 알게 되었습니다. 그는 어렸을 때 동화를 많이 읽었다고 합니다. 동화 속에서는 동물들이 변신도 잘하고, 하늘을 날기도 하고, 이성의 세계나 과학의 세계에서는 이루어지지 않는 일들이 일어납니다. 동화를 읽다 보니 상상력이 풍성해진 것입니다.

그가 어릴 때 동화를 많이 읽고 자라서 문학비평가가 된 것인지는 모르겠지만, 그것이 예수 그리스도를 믿는 믿음을 받아들이는 데 도움이 되었다고 했습니다. 하나님의 신비는 이성으로 다 설명할 수 없기 때문입니다. 이성으로 설명할 수 있는 것만 받아들이는 사람은 결국 미친다고 했습니다. 그런데 신비를 받아들일 줄 알고 동화의 세계에서나 일어날 법한 일들도 가능하다는 것을 알고 있는 사람, 즉 동화의 세계를 상상할 만큼 열려 있는 사람은 절대로 미치지 않는다고 했습니다. 상상이 열려 있는 사람만이 온전하게 살 수 있다는 것입니다. 세상에는 이성으로 해결되지 않는 일들이 많기 때문입니다.

언제 머리가 답답하고, 가슴이 터질 것 같고, 속이 울렁거립니까? 내 머리로 다 이해되지 않을 때입니다. 그런데 그것을 하나님의 신비한 섭리에 맡겨 버리면 놀랍게도 우리의 심령이 치유됩니다. 성경의 모든 것이 동화라는 의미가 아니라 신비와 상상에 마음을 열어야 한다는 것입니다. 이성을 뛰어넘는 신비의 세계를 의탁하고 살아야 한다는 뜻입니다. 그러면 신비하신 하나님이 우리의 삶을 신비롭게 인도하십니다.

정말 놀라운 사실은 우리가 하나님의 음성을 듣는다는 것입니다. 그것도 사람이 말하는 것보다 더 생생하게 듣는다는 것입니다. 또한 우리가 하나님에게 기도할 수 있다는 것입니다. 이것이 신비가 아니고 무엇이겠습니까? 우리는 하나님의 보좌 우편에 계신 주님의 임재하심이 깨달아져 신비 속에서 하나님을 만납니다. 때로는 실제의 상상으로 주님을 만납니다. 주님이 우리 곁에 계시는 것입니다. 이것은 거짓된 상상이 아니라 실제의 상상입니다.

상상에는 두 가지가 있습니다. 내가 만들어 내는 거짓 상상과 실제의 상상입니다. 주님의 임재하심은 신비로운 임재입니다. 주님은 우리 실제의 상상 속에 임재하십니다. 눈을 감고 주님의 임재하심을 구하면 주님이 우리 가운데 임재하십니다. 주님은 신비로운 상상의 세계인 동화가 우리에게 가져다주지 못하는 매우 엄청난 실제의 삶을 우리에게 허락하시는 것입니다.

우리의 구원은 하나님이 자기 백성을 그분의 임재로 회복시켜 주시는 것입니다. 그리고 이 일을 위해서 성령이 오시는 것입니다. 하나님은 "내가 모든 사람 위에 내 영을 부어 주겠다"라고 말씀하셨습니다. 이것이 신약 시대 오순절 날 이루어진 사건입니다.

마음을 돌이켜 하나님에게로 돌아가라

그러면 하나님의 심판으로부터의 구원과 하나님의 임재 안으로 들어가는 구원을 어떻게 체험할 수 있을까요? 이를 위해 우리에게 요구되는 것이 본문 말씀입니다.

여호와의 말씀이다. "이제라도 너희가 금식하고 슬퍼하며 통곡하면서 너희의 온 마음을 다해 내게 돌아오라." 너희의 옷이 아닌 너희의 마음을 찢고 너희 하나님 여호와께 돌아오라. 그분은 은혜롭고 긍휼이 많은 분이시며 화를 내는 데는 더디시고 사랑은 풍부하신 분이시며 마음을 돌이켜 재앙을 내리지 않기도 하시는 분이시다(욜 2:12-13).

우리는 옷이 아닌 마음을 찢어야 합니다. 이것은 회개, 즉 하나님에게로 돌이키는 것을 의미합니다. 우리가 집착했던 모든 것을 내려놓고 하나님 아버지 앞에 나아가는 것입니다. 우리가 회개할 수 있는 이유는 우리의 회개를 기다리시고 맞이해 주시는 하나님의 성품 때문입니다. 집 나간 아들이 아무리 정신 차리고 돌아와 봐야 문이 닫혀 있으면 아무런 의미가 없습니다. 아들이 돌아왔을 때 그의 회개가 역사할 수 있었던 것은 아버지가 문을 열어 놓고 기다리고 있다가 달려나가 포옹해 주고 축복해 주었기 때문이었습니다. 아버지의 성품 때문에 아들의 돌아옴이 의미가 있었던 것입니다.

우리가 마음을 찢고 돌아간들 심판자이신 하나님이 용납하지 않으시면 아무 의미가 없습니다. 그러나 아버지 하나님은 뜻을 돌이켜 은혜와 긍휼 베풀기를 기뻐하시는 분이기에 우리는 마음을 찢고 그 분에게 돌아갈 수 있습니다. 이렇게 하나님에게로 돌아갈 때 우리에게 구원이 임합니다.

> 그러나 여호와의 이름을 부르는 사람은 누구나 구원받을 것이다. 나 여호와가 말한 대로 시온 산과 예루살렘에는 살아남은 사람이 있고 내 부름을 받을 이들도 있을 것이다(욜 2:32).

누구든지 여호와의 이름을 부르는 사람은 구원받을 것입니다. 로마서 10장에서 바울은 "사람이 마음으로 믿어 의에 이르고 입으로 고백해 구원에 이릅니다"라고 말했습니다. 바울은 요엘 2장 32절 말씀을 인용했던 것입니다. 여기서 '부른다'는 말은 의지한다는 뜻입니다. 하나님의 은혜를 받아들이고 돌이킬 때 하나님이 십자가의 은총 가운데 우리에게 구원을 주시는 것입니다.

하나님의 심판으로부터의 구원, 하나님의 임재 가운데 들어가 그 분과 연합되는 신비로운 구원이 우리에게 허락되었습니다. 우리는 주의 이름을 불러야 합니다. 그분의 이름과 십자가를 의지해 나아가야 합니다. 심판받아 마땅한 우리를 건져 주신 하나님의 은혜에 감사해야 합니다. 당신에게 구원받은 자다운 합당한 모습이 없다면 마음을 찢고 하나님 앞에 전심으로 돌아가십시오. 그리고 구원의 은혜를 충만하게 누릴 수 있기를 간절히 바라십시오.

심판의 사자가 두 집 사이를 지나갈 때

어느 집으로 들어갔을까요?

당연히 첫 번째 집은 들어가지 않았을 것입니다.

그렇다면 두 번째 집에 들어갔을까요?

제가 주일학교 소년부를 지도할 때 아이들에게 물어보았더니

모두 두 번째라고 외쳤습니다.

그러나 심판의 사자는 두 집 모두 피했습니다.

둘 다 하나님의 약속대로 어린 양의 피를 발랐기 때문입니다.

아 모 스

"악한 일을 버리고 선한 일을 구하라."

아모스는 남 유다 드고아 태생으로 B.C. 8세기 중엽 북 이스라엘에서 활동했다(암 1:1). 아모스가 하나님으로부터 부름을 받았을 당시 그는 목자이자(암 1:1) 뽕나무를 재배하는 사람이었다(암 7:14-15).

아모스는 영적 타락으로 인한 사회적, 도덕적인 죄를 지적하며(암 5:4-6) 하나님이 원하시는 것은 오직 공의를 행하는 것이라고 선포했다(암 5:14-15, 24). 공의로운 하나님의 법을 순종하지 못하는 이스라엘과 열방을 향해 심판(암 1:1-2:16)이 임할 것을 예언했다. 이스라엘 멸망에 대한 다섯 가지 환상을 보았으며 이스라엘을 위해 중보기도를 드렸다(암 7:1-9:10). 이스라엘 멸망에 대한 아모스의 예언은 60여 년이 지난 후에 성취되었다(B.C. 722년). 아모스는 이스라엘에 심판만을 선포한 것이 아니라 회복에 대한 약속도 전했다(암 9:11-15).

동시대의 선지자로는 호세아가 있으며, 아모스의 활동이 마무리되는 무렵에 이사야와 미가의 활동이 시작되었다.

관련 성경 구절 암 1-9장; 행 7:42, 15:16

정의를 강물처럼
흐르게 하라

암 5:21-27

풍요로운 시대, 메마른 정의

아모스 선지자는 남 왕국 유다의 드고아라는 지역 출신의 선지자였습니다. 남 왕국 유다 출신인 뜻밖의 인물이 북 왕국 이스라엘이라는 뜻밖의 지역에서 사역하게 되었습니다. 또한 아모스는 에스겔이나 다니엘처럼 왕족 또는 귀족 출신이거나 선지자의 아들도 아니었습니다. 뽕나무를 재배하던 농부가 예언자로서 한 시대에 하나님의 말씀을 증거하는 종으로 택함을 받았습니다. 의외의 인물이 하나님 앞에 쓰임 받은 것은 하나님의 부르심에는 제한이 없고, 하나님의 택하심의 기준은 우리가 생각하는 어떤 인간적인 조건, 외적인 자격과는 전혀 다르다는 것을 우리에게 알려 줍니다.

하나님은 뜻밖의 인물로 부르심을 받은 아모스 선지자를 통해서 북 왕국 이스라엘의 타락에 대한 심판을 예언하셨습니다. 아모스 선지자가 사역하던 당시는 북 왕국 이스라엘 역사상 가장 번영하고 부요한 시대였습니다. 가장 풍요로웠으나 정의가 메말라 버린 시대였습니다. 하나님의 심판을 눈앞에 둔 지경에 이르기까지 하나님의 정의가 사라진 시대였습니다. 가장 풍요로운 시대에 정의가 메마를 수 있다는 사실이 바로 아모스 시대의 사람들이 우리에게 가르쳐 주는 역사입니다.

우리는 풍요가 우리 삶을 지켜 줄 것이라고 생각해 더 큰 풍요를 추구합니다. 그러나 풍요가 아니라 정의가 우리를 지켜 줍니다. 만일 풍요와 함께 정의가 지켜지지 않으면 풍요는 우리를 무너뜨리고, 망하게 하고, 하나님의 심판을 초래할 뿐입니다.

우리나라는 이제 가난은 어느 정도 이겨냈습니다. 전 세계를 둘러보아도 이처럼 극심한 가난과 절망 속에서 부요해진 나라가 없습니다. 그래서 '한강의 기적'이라고 말합니다. 제3세계에서는 한국을 모델로 삼아 배우러 오기도 합니다. 그들은 우리를 부러워합니다. 그런데 풍요는 이기지 못했습니다. 오늘 이 시대의 모든 위기는 가난이 아니라 풍요를 이기지 못해서 찾아온 것입니다.

배고픈 사람이 죄가 있고 배부른 사람이 죄가 있습니다. 어느 죄가 더 중할까요? 물론 죄의 경중을 따지는 것 자체가 무리지만 굳이 비교해 보자면 이렇습니다. 배고픈 사람은 자기의 배고픔을 해결하기 위해서 때로 부정과 도둑질을 행합니다. 배부른 사람은 자기의 이기심을 채우기 위해 죄를 짓습니다. 이는 동일한 죄요, 나쁜 죄입니다.

하나님의 심판 아래 있는 죄입니다. 그러나 그 영향력과 부정적인 효과를 생각해 보면 배고픈 사람의 죄보다 배부른 사람의 죄가 훨씬 더 클 것입니다. 배고픈 사람이 범하는 죄는 배고픔이 해결되면 끝날 수 있지만 배부른 사람의 죄는 또 다른 죄를 계속해서 양산해 내기 때문입니다. 배부른 사람의 죄는 사회구조악을 만들며, 무너뜨릴 수 없는 악의 축을 조성하기도 합니다. 그 안에는 엄청난 교만과 자만심이 숨어 있습니다. 심지어 또 다른 사람들을 끌어들여 죄의 확산을 가져오기도 합니다.

이 나라와 민족의 위기가 어디에서 비롯됐습니까? 배고픈 사람보다는 배부른 사람의 죄가 이 나라를 이처럼 힘들게 하는 것이 아닙니까? 배고픈 사람이 범한 죄였다면 온 나라가 이처럼 힘들지는 않을 것입니다. 정의와 함께하지 않으면 풍요는 우리를 망하게 할 수 있습니다. 사람들은 더 큰 풍요가 풍요를 지켜 준다고 말하지만 진정 풍요를 지켜 주는 것은 정의요, 공의입니다. 그러나 정의와 공의를 지키는 것은 쉬운 일이 아닙니다.

타락한 북 이스라엘과 남 유다

북 왕국 이스라엘이 가장 풍요로울 때 아모스 선지자를 통해 하나님의 책망과 심판이 이르렀습니다. 풍요로 인해 부패, 부정, 탐욕, 음란, 착취가 난무하고, 가난한 자들을 멸시하는 시대가 되어 버렸기 때문입니다. 이방 민족과 이스라엘 백성을 심판하시는 하나님의 말씀을 보십시오. 정의가 메말라 버린 당시의 시대상입니다.

여호와께서 이렇게 말씀하셨다. "유다의 서너 가지 죄 때문에 내가 그들을 처벌하는 것을 돌이키지 않겠다. 그들은 여호와의 율법을 거부하고 여호와의 계명을 지키지 않으며 자기 조상들이 따라가던 거짓 신을 좇아 헤매기 때문이다"(암 2:4).

"유다의 서너 가지 죄"라는 말은 죄가 3-4개라는 뜻이 아니라 반복적인 죄, 습관화된 죄, 제도와 문화 속에 고착된 죄 그리고 스스로의 힘으로 씻을 수 없는 죄를 의미합니다. 유다 백성의 삶 속에 하나님의 말씀을 거부하는 것이 습관화되어 있고, 하나님의 계명을 지키지 않는 것이 깊이 뿌리내려 있다는 것입니다. 그로써 그들 앞에 심판이 주어진 것입니다.

이제 북 왕국 이스라엘의 죄에 대한 지적입니다.

여호와께서 이렇게 말씀하셨다. "이스라엘의 서너 가지 죄 때문에 내가 그들을 처벌하는 일을 돌이키지 않겠다. 그들이 은을 받고 의인을 팔고 신발 한 켤레를 받고 가난한 사람들을 팔았기 때문이다. 그들은 가난한 사람들의 머리를 땅에 짓밟고 연약한 사람들의 정의를 부정했다. 또 아버지와 아들이 한 젊은 여인에게 다니며 욕보여서 여호와의 거룩한 이름을 더럽혔다. 그들은 모든 제단 옆에서 저당 잡은 옷을 깔고 누워 행음하며 그들의 신전에서 벌금으로 거둔 포도주를 마시고 있다"(암 2:6-8).

아모스서 곳곳에서 이스라엘 당시의 죄악을 지적합니다. 그러나 이 세 구절에 압축적으로 나와 있습니다. 당시 사람들은 소중한 이웃의 생명과 인권과 삶의 가치를 신발 한 켤레, 은이라는 물질을 받고 팔아 버렸습니다. 가난한 사람들의 머리를 땅에 짓밟았고, 연약한 사람들의 정의를 부정했습니다. 아버지와 아들이 여인에게 다니며 욕보여서 여호와의 거룩한 이름을 더럽혔으며, 모든 제단 옆에서 저당 잡은 옷을 깔고 누워 있었습니다.

여기서 "저당 잡은 옷"은 구약의 율법에서 아주 심각하게 금한 것이었습니다. 당시 이스라엘에서 겉옷은 이불과도 같은 역할을 했습니다. 가난한 사람들의 마지막 재산으로서, 먹을 것이 없을 때 저당 잡히는 것이 겉옷이었습니다. 그러나 출애굽기와 신명기에 기록된 율법을 보면 저당 잡은 옷은 절대로 빼앗지 말고 돌려주라고 말합니다. 그들의 생명을 지키는 마지막 보호 장치이기 때문입니다. 그러나 당시 이스라엘 백성은 저당 잡은 옷을 깔고 누웠습니다. 신전에서 벌금으로 거둔 포도주를 마셨습니다. 이것이 바로 북 왕국 이스라엘의 타락한 모습입니다.

포효하는 사자처럼 심판을 외치시는 하나님

하나님은 최고의 풍요 속에서 타락해 가는, 정의가 메말라 버린 이스라엘 백성의 삶을 심판하셨습니다. 아모스서에 나타난 하나님의 심판자로서의 모습은 포효하는 사자처럼 부르짖으시는 것입니다.

아모스가 말했습니다. "여호와께서 시온에서 크게 소리치시고 예루살렘에서 그 음성을 발하시리니 목자의 풀밭이 시들고 갈멜 산 꼭대기가 마를 것이다"(암 1:2).

하나님은 소리치시고 음성을 발하셨습니다. 그 소리와 음성은 마치 사자와 같았습니다.

사자가 부르짖는데 누가 두려워하지 않겠는가? 주 여호와께서 말씀하시는데 누가 예언하지 않겠는가?(암 3:8)

부르짖는 사자의 소리를 들어 본 적이 있습니까? 동영상 자료를 통해 야생에서 살고 있는 사자가 포효하는 소리를 실제로 들어 보면 공포에 질릴 정도입니다. 사자의 울부짖음을 들은 동물들은 꼼짝도 못 한다고 합니다. 소리로 벌써 제압한 것입니다. 그래서 베드로전서는 "정신을 차리고 깨어 있으십시오. 여러분의 원수 마귀는 우는 사자처럼 두루 다니며 삼킬 사람을 찾습니다"(벧전 5:8)라고 경고합니다.

하나님은 이 땅을 심판하시기 직전에 심판을 경고하는 음성을 사자의 소리와 같이 우리에게 들려주십니다. 부인할 수 없는 소리, 듣지 않을 수 없는 소리로 들려주십니다. 야생 사자의 포효는 해치려는 소리지만 하나님의 음성은 돌이키라는 메시지입니다. 하나님은 비록 사자처럼 부르짖으며 심판하시지만 회개하며 용서를 구하는 자들은 돌이켜 주십니다.

아모스 7장 2절에서 하나님은 아모스에게 메뚜기 떼가 그 땅을 휩쓸어 버리는 환상을 보여 주셨습니다. 이에 아모스는 용서를 구했습니다.

메뚜기 떼가 땅의 풀을 모두 다 갉아먹어 버렸다. 내가 주께 말씀드렸다. "주 여호와여, 부디 용서해 주십시오. 야곱이 아직 어리고 약하니 어떻게 이 일을 견딜 수 있겠습니까?"

그러자 하나님이 용서해 주셨습니다.

그러자 여호와께서 이에 대해서 마음을 돌이키셨다. "이 일이 일어나지 않을 것이다." 여호와께서 말씀하셨다(암 7:3).

이어서 하나님은 아모스에게 불로 심판하시는 또 다른 환상을 보여 주셨습니다. 이에 아모스는 또다시 하나님에게 용서를 구했고, 하나님은 돌이켜 회개하고 용서를 구하는 자에 대해 마음을 돌이켜 주셨습니다.

또 주 여호와께서 내게 이렇게 보여 주셨다. 주 여호와께서 불로 심판하기를 명령하셨다. 불이 바다 깊숙한 곳까지 마르게 삼키고 땅까지 살라 버려 황폐하게 했다. 그때 내가 말씀드렸다. "주 여호와여, 멈춰 주십시오. 야곱이 아직 어리고 약하니 어떻게 이 일을 견딜 수 있겠습니까?" 그러자 여호와께서 이에 대해서 마음을 돌이키셨다. "이 일도 일어나지 않을 것이다." 여호와께서 말씀하셨다(암 7:4-6).

그런데 세 번째 환상 가운데서 하나님은 다림줄을 보여 주시며 더이상 용서하지 않겠다고 말씀하셨습니다. 다림줄이란 건축할 때 수직인지를 확인하기 위한 도구입니다.

또 주께서 내게 이것을 보여 주셨다. 주께서 손에 다림줄을 들고 수직으로 쌓은 담 옆에서 담이 반듯한지 살피며 서 계셨다. 여호와께서 내게 물으셨다. "아모스야 무엇이 보이느냐?" 내가 대답했다. "다림줄이 보입니다." 그러자 주께서 말씀하셨다. "내가 내 백성 이스라엘 가운데 다림줄을 세워서 그들을 살필 것이다. 내가 더 이상 그들을 용서하지 않을 것이다"(암 7:7-8).

하나님은 앞선 두 차례의 환상에서는 돌이키면 용서해 주시고, 또 용서해 주셨는데, 세 번째 환상에서 다림줄이 등장했을 때는 더 이상 용서하지 않을 것이라고 말씀하셨습니다. 이것은 용서의 기회가 반복적으로 주어지지만, 마지막으로 하나님이 용서하지 않으실 때가 올 것이라는 뜻입니다. 마지막 다림줄이 주어지는 그때, 하나님의 용서가 끝나는 때가 올 것이라는 의미입니다.

하나님은 사랑이시지만 무한정 용서하지는 않으십니다. 만일 무한정 용서하신다면 정의의 하나님이 아니십니다. 하나님은 정의의 하나님이시기 때문에 심판하시는 것입니다. 하나님의 정의를 완전히 무너뜨리는 사랑은 사랑이 아닙니다. 하나님은 정의로우시지만 사랑의 하나님이십니다. 그러나 하나님이 사랑의 하나님이실 수 있는 것은 하나님의 정의가 있기 때문입니다. 그래서 메뚜기의 재앙에서도 돌이켜 용서하시고 불의 심판에서도 용서하시지만, 마지막에는 더 이상 용서하지 않을 것이라고 말씀하시는 때가 올 것입니다. 그때는 여호와의 날이 임하는 때입니다.

지금은 하나님이 돌이켜 용서하시는 때

그러면 지금은 어떠한 때입니까? 마지막 다림줄 심판이 주어지지 않은 때입니다. 지금은 하나님이 돌이켜 용서하시는 시대입니다.

보십시오. 지금은 은혜 받을 만한 때요, 지금은 구원의 날입니다(고후 6:2).

하나님은 우리가 회개하면 마음을 돌이켜 우리에게 임할 진노와 심판을 거두어 주십니다. 지금은 은혜의 때요, 돌이켜 하나님의 은혜를 받을 수 있는 시기입니다. 아직 회복의 기회가 있습니다. 회개하면 하나님이 심판으로부터 자유롭게 해 주십니다.

그러나 마지막 다림줄이 주어지는 그때에는 더 이상 용서하지 않으실 것입니다. 끝까지 돌이키지 않는 자들이 가는 곳이 지옥입니다. 하나님은 '어떻게 하면 더 많은 사람을 지옥에 보낼까?' 고민하다가

지옥으로 몰아가시는 분이 결코 아닙니다. 오래 참으시고, 또 참으시고, 길이 참으셔서 돌이키는 자를 용서하시고, 그 마음을 돌이키시는 하나님이십니다. 그러나 끝까지 돌이키기를 거부하는 자들은 사탄이 가기로 예정된 지옥에 함께 들어가게 되는 것입니다.

성경에서 하나님은 종말의 때가 오기 전에 마지막 큰 환난이 있을 것이라고 예언하셨습니다. 그 환난이 존재하는 이유는 마지막으로 돌이키게 하시려는 것입니다. 회개를 보류하지 말라는 것입니다. 하나님은 하나님이 주시는 은혜와 축복의 때에 돌이키기를 원하십니다.

본문을 보면, 하나님이 우리에게 원하시는 것과 원하시지 않는 것이 무엇인지 알 수 있습니다.

"나는 너희 명절 축제를 미워하고 싫어한다. 너희 종교적인 모임을 내가 기뻐하지 않는다. 너희가 내게 번제와 곡식제사를 드려도 내가 그것들을 받지 않을 것이다. 너희가 살진 짐승으로 화목제를 드려도 내가 돌아보지 않을 것이다. 너희는 내 앞에서 노래 부르기를 그치라! 너희가 켜는 하프 소리도 내가 듣지 않겠다"(암 5:21-23).

하나님은 친히 제정하신 수많은 절기, 제사, 성회, 아름다운 노래 등 모든 것을 받지 않고, 듣지 않고, 기뻐하지 않는다고 말씀하셨습니다. 이는 앞서 1장에서 살펴본 이사야 1장의 말씀, 즉 하나님이 정하신 절기를 미워하고 싫어한다고 말씀하신 것과 같습니다. 그 이유는 그것 자체가 싫으신 것이 아니라 성소에서 드려지는 행위는 잘 지키는 것 같지만 성소 밖에서는 불의하고, 부정하고, 부패하고, 사치와 안일을 추구하고, 하나님의 법을 떠나고, 하나님의 공의와 정의를 무너뜨리는 삶을 살기 때문입니다. 하나님이 주목하시는 것은 함께 모여 지키는 절기와 성회와 노래가 아니라 성소 밖에서의 삶입니다.

우리는 주일성수를 일주일에 한 번 교회에 모여 예배드리는 것으로 생각합니다. 그리고 나머지의 삶은 마음대로 살아도 된다고 생각합니다. 이것은 착각입니다. 주일을 온전히 거룩하게 지키는 것에는 주일 이외의 6일 동안 하나님의 거룩을 추구하는 삶을 사는 것이 포함됩니다.

십일조를 온전히 지키는 것도 마찬가지입니다. 말라기서 마지막을 보면 하나님이 십일조에 대해 말씀하시는 내용이 나옵니다. 그런데 당시 사람들이 하나님의 심판을 받은 이유는 정확하게 십의 일조를 드리지 않아서가 아니었습니다. 그들은 오히려 십일조를 잘 지켰습니다. 중요한 키는 '온전히'라는 단어에 있습니다. 산술적으로 십의 일을 정확하게 잘라 바치는 것이 십일조가 아니라 십의 구를 어떻게 쓰느냐가 십일조를 온전히 드렸느냐 아니냐를 결정하는 것입니다. 십의 구를 세상의 탐욕을 위해서 쓰고 십의 일을 교회에 바쳤다면 온전한 십일조가 아니라는 뜻입니다. 이처럼 성소 안에서의 절기와 성회 및 제사와 이 모든 것을 하나님이 받으시느냐, 받지 않으시느냐는 성소 밖에서의 우리의 삶을 하나님이 받으시는가가 결정합니다.

정의를 강물처럼 흐르게 하라

하나님이 아모스서를 통해 우리에게 주시는 명령은 핵심 구절이라고 할 수 있는 5장 24절입니다.

오직 정의를 강물처럼 흐르게 하고 의를 시냇물이 마르지 않고 흐르는 것처럼 항상 흐르게 하라.

사람들은 정의를 강물처럼 흐르게 하라는 말씀을 오해해 데모하는 사람들이 외치는 구절로 여기며 소홀히 하는 경향이 있습니다. 흐르는 강물의 이미지는 에너지를 떠올리게 합니다. 때로 물은 발전소를 돌릴 정도의 힘을 가지고 있습니다. 이처럼 정의는 역동적으로 흐르는 힘이 있는 것입니다. 올바른 것을 주장하는 것이 바로 정의입니다.

그런데 사람들이 올바른 주장을 성토한다고 해서 세상이 정의로워집니까? 그렇지 않습니다. 그 정의를 흐르게 하는 것은 바로 사랑입니다. 세상의 가난하고 연약한 사람들을 위해서 부르짖고 외치는 것도 정의입니다. 그런데 그것을 흐르게 하는 것이 사랑입니다. 상처와 미움에서 부르짖는 정의가 있고, 사랑에서 부르짖는 정의가 있습니다. 분노에서 나오는 정의는 흐르지 않으며, 사람을 살리지 못합니다. 그러나 사랑에서 나오는 정의는 흐르며, 강물처럼 수많은 사람을 살립니다.

하나님의 정의가 세상에 흐르는 이유는 그것이 사랑에서 나왔기 때문입니다. 하나님의 심판은 우리를 향한 미움에서 비롯한 진노가 아니라 우리를 향한 하나님의 사랑에서 나온 진노입니다. 하나님의 경고와 심판은 우리를 사랑하시는 하나님의 사랑에서 나온 정의인 것입니다.

또한 하나님은 의를 시냇물이 마르지 않고 흐르는 것처럼 항상 흐르게 하라고 말씀하셨습니다. 흐르지 않는 물은 썩기 때문에 생명이 살 수 없습니다. 말라 버린 시냇물은 아무도 찾지 않습니다. 그러나 시냇물이 흐르면 주변 나무는 풍성한 열매를 맺게 됩니다. 의가 흐르는 시냇물처럼 메마르지 않는 이유 역시 사랑 때문입니다. 사랑이 의를 흐르게 하는 것입니다.

벌 받을까 봐 두려워서 지키는 정의와 공의는 흐르지 못합니다. 그것은 정체된 정의일 뿐 사람을 살리거나 생명을 전하지 못합니다. 다른 사람을 사랑하기 때문에 지키는 정의만이 흐를 수 있습니다. 정의란 배부른 사람이 법의 심판을 의식해 지키는 것이 아니라 배고픈 사람의 아픔을 기억하고 그들의 연약함을 긍휼히 여겨 사랑으로 담당해 주는 것을 의미합니다. 그러한 정의는 흘러가며, 다른 사람을 살리고 풍성하게 합니다. 따라서 진정한 정의는 나누는 것이요, 연약한 이웃을 섬기는 것입니다. 공의로운 제도를 만드는 것도 중요하지만 우리 각자의 삶에서 정의가 흐르게 해야 합니다. 그 힘은 바로 사랑입니다.

하나님에게 벌 받을까 봐 지키는 것도 일부 정의라고 할 수 있지만 그것은 아주 소극적인 정의일 뿐, 그러한 정의는 흐르지 못합니다. 그러나 하나님을 사랑하고 이웃을 사랑하기에, 하나님이 사랑하시는 가난하고 연약한 지체들을 사랑하기에 지키는 정의는 흘러갑니다. 우리는 정의를 마르지 않는 시냇물처럼 계속 흐르게 해야 합니다. 흐르는 시냇물은 바로 하나님의 사랑의 물줄기입니다. 하나님의 사랑이 흘러야 정의가 지켜지는 것입니다.

하나님은 공평하신 분입니다. 배부른 사람이 자기가 받은 하나님의 은혜를 잊어버리고 탐욕과 더 큰 풍요만을 추구할 때 정의는 메말라 버리고 맙니다. 오히려 내가 받은 것이 어느 정도든 하나님의 정의가 자신을 통해 흘러갈 수 있도록 축복의 통로가 되고 정의의 물줄기가 될 때 하나님의 사랑이 흘러갈 수 있습니다.

의를 부르짖지만 그것이 미움과 상처와 분노에서 비롯했거나 이기심에서 부르짖는 것일 때 그 의는 흐르지 못합니다. 그것은 정의로운 이름으로 위장된 또 하나의 불의에 불과할 수 있습니다. 때로 세상에서 수많은 정의를 부르짖는 사람들의 소리를 들어 보면 그 깊숙한 곳에는 진정한 사랑이 아닌 또 다른 이기심과 불의가 숨어 있음을 발견하게 됩니다. 진정 하나님을 사랑하고 영혼을 사랑하는 나눔에서 나온 정의만이 강물처럼 흐릅니다. 다른 사람을 살립니다. 흐르는 시냇물처럼 주변에 많은 열매를 맺게 합니다.

예수님은 정의가 강물처럼 이 땅에 흐르게 하는 축복의 통로로 오셨습니다. 자신을 희생하심으로 우리에게 생명을 주신 사건, 하나님의 정의가 이루어진 사건이 바로 십자가 사건입니다. 예수님은 우리에게 생명을 주심으로 사랑을 주셨습니다. 그 사랑이 우리를 회개하게 했고, 정의롭게 살도록 만들었습니다. 이기적이 아니라 이타적으로 살 수 있는 힘은 바로 우리 주님의 사랑에서 나온 것입니다.

정의가 강물처럼 흐르는 삶이 우리 모두에게 그리고 이 나라와 민족 위에 임하게 하십시오. 이것은 먼저 사랑을 경험하고 풍요를 누린 자들에게 주어진 책임입니다. 예수 믿는 우리로부터 정의가 강물처럼 흘러넘칠 수 있어야 합니다.

오 바 댜

"그 나라는 여호와의 것이 될 것이다."

오바댜는 구약의 예언서 중에서 가장 짧은 책인 오바댜서를 쓴 저자로서 그의 이름은 '여호와의 종'이라는 뜻을 가지고 있다.

바벨론에 의해서 유다 왕국이 침공 받았을 때 에돔 사람들이 바벨론을 도와 예루살렘을 약탈했는데, 하나님이 그런 에돔을 크게 응징하실 것이라고 선포했다. 그리고 언젠가는 이스라엘이 약속의 땅으로 다시 귀환할 것을 예언했다.

동시대의 선지자로는 예레미야, 다니엘, 에스겔 등이 있다.

관련 성경 구절 왕상 18:3; 대상 3:21, 7:3, 8:38, 9:16, 44, 12:9, 27:19; 대하 17:7, 34:12; 스 8:9; 느 10:5

—— 12 ——

교만은 심판을
자초합니다

욥 1:10-16

회개, 또 회개

이사야 1장에서 하나님은 "비록 너희 죄가 주홍빛 같더라도 눈처럼 희게 될 것이다"(사 1:18)라고 말씀하셨습니다. 하늘에서 내리는 눈을 보면 우리를 값없이 의롭다 하시는 하나님의 은혜가 묵상됩니다. 흰 눈이 내리면 모든 곳이 하얗게 변해 버립니다. 죄를 은혜로 덮어 주시는 것, 이것이 하나님이 우리에게 주시는 거룩입니다. 거룩은 우리가 만드는 것이 아니라 하나님이 회개하는 자에게 덮어 주시는 것입니다. 회개하는 자에게 주시는 하나님의 회복이요, 은혜인 것입니다. 흰 눈같이 우리를 덮어 주시는 아버지의 은혜가 우리 모두에게 임해야 합니다.

어떤 분이 "회개한 이후에는 어떻게 되는 것입니까?"라고 물었습니다. 회개한 이후에는 다시 회개해야 합니다. 회개는 끊임없이 해야 하는 것입니다. 죄는 천국 문에 들어가기 직전까지 우리를 따라오기 때문입니다.

하나님의 심판은 피할 수 없다

오바댜서는 성경에서 제일 찾기 힘든 책입니다. 아모스서와 요나서 사이에 있는데 한 장밖에 되지 않아서 성경을 여러 번 뒤척여야 찾을 수 있습니다. 오바댜라는 이름은 구약에 여러 차례 기록되어 있지만 오바댜서의 저자가 정확히 누구인지는 학자들도 찾기 어려워합니다. 분명한 것은 오바댜라는 예언자가 예언한 대상이 에돔 족속이라는 사실입니다. 에돔 족속은 이삭의 아들인 에서와 야곱 가운데 에서의 후예들을 말합니다. '에돔'이란 '붉다'는 뜻입니다.

에서는 호전적인 성격을 지닌 사람으로서 사냥하기를 좋아했고, 동물적이고, 때로는 배고픔을 참지 못해 가치 있는 것을 보지 못했으며, 순간적인 본능을 만족시키려고 했던 사람입니다. 성경을 보면 에서의 이러한 DNA가 에돔 족속에 퍼져 있다는 것을 알게 됩니다. 에돔을 향해서 주어진 하나님의 심판 예언이 바로 오바댜서입니다.

여기서 우리는 한 사람의 인성과 죄성이 그로 인해 파생된 족속과 국가에까지 확장되어 나타난다는 중요한 사실을 알게 됩니다. 이것이 바로 죄의 전염성이요, 영향력이요, 무서운 힘입니다. 한 국가 전체가 마치 동일한 사람인 것처럼 그의 죄의 모습을 보여 주며, 그로 인해 하나님의 심판이 초래된 것을 볼 수 있습니다.

특별히 에돔 족속은 에서와 야곱 사이처럼 이스라엘 족속과 늘 긴장 관계에 있었습니다. 에돔은 일찌감치 강대국이 되었습니다. 그래서 이스라엘 백성이 출애굽할 때 그 길을 막아서고는 열어 주지 않았습니다. 그 후에도 에돔 족속은 계속해서 이스라엘과 적대 관계를 맺었습니다. 거슬러 올라가면 형제 관계였던 에서와 야곱 사이의 갈등이 두 나라의 갈등으로 확산되었던 것입니다. 이처럼 죄는 언제나 머물러 있지 않고 확산됩니다. 회개하지 않는 죄는 언제나 더 큰 죄를 만들고, 후손들에게까지 영향을 미치고, 이웃 간의 관계에 끼어듭니다. 어떤 관계든 적대적으로 바꾸고 분열시켜 버리는 것이 죄의 무서운 영향력입니다.

세상이 점점 살기 좋아지는 것 같지만 사실은 그렇지 않습니다. 어떤 부분은 문명의 이기와 과학이 발전해서 편리해졌지만 세상을 전체적으로 보면 예전보다 훨씬 무서워졌고, 나라와 나라, 민족과 민족 간에 전쟁과 위협과 테러가 더 심해지고 있습니다. 자연재해, 환경오염뿐만이 아니라 인종과 인종 간의 갈등도 극대화되고 있습니다.

또한 최근 세계정세의 뚜렷한 특징은 자국우선주의입니다. 미국의 대통령도 자국우선주의를 내걸고 대통령에 당선되지 않았습니까? 러시아, 중국 등 거대한 나라뿐 아니라 아주 작은 나라에 이르기까지 전부 자국우선주의를 내걸고 있습니다. 자국우선주의의 배경은 이기심입니다. 결국 한 국가의 정책과 방향은 한 인간의 이기심을 확장한 것에 불과한, 확장된 자아라는 말도 있습니다. 한 자아의 마

음속에 숨어 있는 이기심을 확장시켜 놓은 것과 같은 현상이 한 국가
에서 나타난 것입니다. 이것은 국가적 죄요, 집단적 죄의 현상이 나
타난 것입니다. 이러한 현상이 에돔이라는 나라에 뚜렷하게 나타났
고, 이에 대한 하나님의 심판을 예언한 책이 오바댜서입니다.

한 장밖에 되지 않는 오바댜서를 전체적으로 요약하면, '하나님의
심판은 피할 수 없다'입니다. 당시 에돔 족속은 이스라엘보다 훨씬
더 지형이 높은 곳에서 바위산들을 요새같이 파 놓고 살았습니다. 그
들이 사는 바위 굴까지 가는 길은 꼬불꼬불 굽이치기에 외부 민족들
이 침략해 들어왔다가는 다 소멸되어 버릴 수밖에 없었습니다. 이처
럼 그들은 천혜의 요새에 살고 있었기에 아무도 공격해 올 수 없다는
안전감을 가졌습니다. 그래서 오바댜 1장 3절에는 이렇게 기록되어
있습니다.

높은 평원의 바위 굴 은신처에 살며 '누가 나를 땅바닥으로 끌어낼 것인
가?'라고 스스로 말하는 사람들아, 네 교만한 마음이 너를 속였다.

그러나 우리의 안전은 하나님의 손안에 있는 것이지, 높은 평원의
바위 굴 은신처에 달려 있는 것이 아닙니다.

프랑스와 독일 국경에는 프랑스가 독일의 공격을 막기 위해 만들
었던 유명한 '마지노선'이 있습니다. 프랑스 장군 앙드레 마지노라는
사람이 기안해 접경 지역에 1929년부터 1938년까지 10년에 걸쳐서
만들어 놓은 것입니다. 그는 콘크리트 장벽을 세우고, 대포를 설치하

고, 지하 통로를 만들어 요새를 구축한 후 어떤 적도 자신들을 해칠수 없다고 굳게 믿었습니다. 그러나 마지노선은 독일의 히틀러 군대에 의해서 무참하게 무너지고 말았습니다. 그래서 우리는 최후의 안전장치를 가리켜 마지노선이라고 말합니다. 또한 '마지노선이 무너졌다'는 말은 완전히 멸망했다는 것을 일컫는 표현이 되었습니다.

당신이 믿는 마지노선은 무엇입니까? 에돔 족속은 바위 굴 속 은신처에 있는 자신들을 누구도 해칠 수 없을 것이라고 생각해 의지했지만 하나님은 그들을 그곳에서부터 끌어내셨습니다. 하나님의 섭리 가운데서는 어떤 마지노선도 무너지고 마는 것입니다. 아무리 많은 시간과 에너지를 들여 우리를 보호하는 장벽을 쌓아도 하나님의 심판은 견딜 수 없다는 뜻입니다.

하나님이 에돔을 심판하시는 이유

오바댜 1장 10-14절은 하나님이 에돔을 심판하시는 이유를 설명합니다. 하나님의 심판은 결코 이유 없이 이루어지지 않습니다. 하나님은 무차별적으로 파괴하는 변덕스러운 신이 아니십니다. 하나님의 심판은 철저히 공의롭고, 정의와 진리에 근거합니다. 하나님은 오래 참으시고 풍성한 자비를 베푸시다가 더 이상 용납할 수 없는 지경에 이르렀을 때 역사를 심판하십니다. 그러므로 하나님의 심판은 지극히 공정하고 당연한 심판이라고 할 수 있습니다.

오바댜서에 나타난 에돔에 대한 하나님의 심판은 단지 그들이 이스라엘을 괴롭혔기 때문에 보복 차원에서 이루어진 것이 아닙니다. 이스라엘의 민족 신이 이스라엘을 괴롭힌 에돔이라는 족속에 대해 앙갚음하는 내용이 아니라는 뜻입니다. 에돔이 심판받게 된 두 가지 중요한 이유는 무엇일까요?

네 동생 야곱에게 행한 폭력 때문에 네가 수치를 뒤집어쓸 것이고 네가 영원히 멸망하게 될 것이다(옵 1:10).

첫 번째로, 하나님은 동생 야곱에 대해 잔인한 폭력을 행했기 때문이라고 지적하셨습니다. 에돔 족속은 이스라엘을 동생이라고 생각하지 않았습니다. 어쩌면 에서도 '야곱은 내 동생이 아니야'라고 생각했을 수 있습니다. 하나님은 오랜 역사가 흘러서 에돔 족속과 이스라엘 족속이 에서와 야곱이라는 형제지간이었다는 사실도 잊어버리고 전혀 인식하지 못할 때 "네 동생 야곱"이라고 말씀하셨습니다. 이것이 역사를 보는 하나님과 우리 시각의 차이점입니다.

두 번째로, 하나님은 동생 야곱의 재난을 조롱하고, 기뻐하고, 함께 이방인들의 약탈에 참여했던 죄를 물으셨습니다.

네가 수수방관하고 서 있던 그날, 곧 낯선 사람들이 야곱의 재산을 가져가고 이방 사람들이 그의 문으로 쳐들어가 예루살렘을 두고서 제비뽑기하던 그날에 너도 그들 가운데 한 사람과 같았다. 네 동생의 날, 곧 불행의 날에 너는 방관하지 말았어야 했다. 유다 자손들이 멸망하는 날에 그들을 보고 너는 즐거워하지 말았어야 했다. 그들의 고난의 날에 너는 입을 크게 벌리지 말았어야 했다. 내 백성들의 재앙의 날에 네가 그들의 성문으로 행진하지 말았어야 했다. 그들의 재앙의 날에 너만은 그의 재앙을 방관하지 말았어야 했다. 그들의 재앙의 날에 너는 그들의 재산에 손대지 말았어야 했다(옵 1:11-13).

이스라엘이 멸망한 것은 하나님의 정당한 심판이었습니다. 심판 받아 마땅하기 때문에 심판하신 것입니다. 그러나 아무리 벌 받아 마땅한 사람이라도 우리에게는 조롱하거나 입을 벌리며 즐거워할 자격이 없습니다. 우리는 간혹 선인이 억울하게 벌을 받으면 안타까워합니다. 하지만 때로 악인이 벌을 받을지라도 결코 조롱하거나 기뻐해서는 안 됩니다. 우리 또한 죄를 지어 하나님의 심판의 대상이 될 수 있기 때문입니다. 우리는 아무리 악한 사람이라 할지라도 그가 하나님의 심판을 받고 있을 때 함께 슬퍼하는 아버지의 마음을 가져야 합니다. 이것이 하나님이 원하시는 삶입니다.

에돔의 교만, 우리의 모습은?
오바댜서의 마지막 구절인 1장 15-21절은 에돔에 대한 하나님의 보응과 이스라엘의 회복을 말합니다. 하나님은 악한 자들에 대해서 즉시 문책해 심판하지 않으시며 하나님의 때를 기다리십니다. 여기에는 공통점이 있습니다. 악한 자들이 하나님의 심판을 받게 되는 그때는 언제나 '나는 안전하다'라고 여기는 때라는 것입니다. 에돔 족속처럼 자신에 대한 자만에 완전히 빠져 있을 때 하나님은 무너뜨리십니다.

우리는 오바댜서를 통해서 몇 가지 중요한 교훈을 얻을 수 있습니다. 에돔이 멸망한 원인은 참을 수 없는 그들의 가벼운 교만입니다. 오바댜 1장 3절을 끝까지 읽어 보면 원인이 나옵니다.

높은 평원의 바위 굴 은신처에 살며 '누가 나를 땅바닥으로 끌어낼 것인가?'라고 스스로 말하는 사람들아, 네 교만한 마음이 너를 속였다(옵 1:3).

교만은 우리를 가볍게 하며, 우리 자신을 속게 합니다. 자신을 속이기 때문에 심지어 옆 사람도 볼 수 있는 것을 자신만은 보지 못하게 가립니다. 자기가 처한 위험을 보지 못하게 해 '나는 안전하다'라고 생각하며 자신을 속이게 되는 것입니다.

그런데 교만은 개인적인 위험과 교만에 머무르는 것이 아니라 에돔이라는 나라 전체에 퍼져 있었습니다. 그들은 집단적 교만, 국가적 교만에 빠져 있었던 것입니다. 에돔은 아주 작은 나라였습니다. 그런데도 자신들이 가진, 하나님이 손가락 하나만 움직이시면 무너지는 아무것도 아닌 바위 굴 하나를 믿고 교만했습니다.

우리나라가 얼마나 작은 땅입니까? 지하자원도 부족하고, 삼면이 바다로 되어 있어 고립된 이 나라와 민족은 자랑할 것이 없어 교만할 것도 없습니다. 우리는 정말 겸손해야 살 수 있는 민족입니다. 그런데 가끔 우리나라나 우리 자신이 국가적 교만과 집단적 교만에 빠져 있는 것이 아닌가 하는 생각이 들곤 합니다. 조금 잘살게 되었다고, 몇 십 년 만에 나라를 일으켰다고 국가적 자만에 빠지면 같이 망하는 것입니다. '나는 괜찮겠지'라고 생각해서는 안 됩니다. 역사는 언제나 한 국가와 공동체가 집단적으로 망했음을 보여 줍니다. 우리는 국가적 교만을 회개해야 합니다. 우리 조상의 교만도 회개해야 합니다. 회개하지 않으면 이 나라에 미래는 없습니다.

역사는 긍정적인 사고방식만으로는 바뀌지 않습니다. 철저한 돌이킴이 있을 때 하나님은 회복을 주시지, 무조건 잘될 것이라고 말하는 것은 결코 신앙이 아닙니다. 예루살렘의 멸망을 목전에 둔 시절에도 "평안하다! 평안하다!"라고 외치는 선지자들이 있었던 것처럼 말입니다.

적극적인 사고방식을 가진 사람이 지옥에 가서는 "여기는 지옥이 아니야! 여기는 지옥이 아니야!"라고 말하며 자기 최면을 걸고 있더라는 말이 있습니다. 그렇게 해 보았자 그곳은 지옥일 뿐입니다. 긍정적인 사고방식만으로는 역사를 바꿀 수 없습니다. 단지 조금 개선될 뿐입니다. 긍정적인 사고방식을 뒤집으면 오히려 교만이 될 수 있습니다. 우리의 긍정은 철저한 자기 부정에서 비롯한 회개에 대해 하나님의 긍정을 받는 것이지, 우리가 만들어 낸 자기 긍정은 우리를 교만에 빠뜨립니다.

'우리는 할 수 있다'는 생각이 국가적 교만으로 이끌었을지 모릅니다. 에돔 역시 국가적이고 집단적 교만에 물들어 속고 있었습니다. 교만이라는 쇠사슬은 적극적 사고방식이나 주문을 외우는 등 어떤 주술 행위로도 풀리지 않습니다. 이는 오직 회개를 통해서만 풀립니다.

교만한 자는 다른 사람을 쉽게 무시하고, 조롱하고, 다른 사람의 멸망을 기뻐합니다. 마땅히 멸망 받을 사람이라 할지라도 조롱하거나 기뻐하지 마십시오. 슬퍼하고, 안타까워하고, 같이 회개하는 것만이 우리가 어려움에서 벗어날 수 있는 길입니다. 혹시라도 누군가를 조롱하거나 누군가의 불행을 즐거워하고 있다면 교만한 것이요, 심판의 대상이 될 것입니다. 희한하게도 인간은 좋은 이야기를 하면서는 친구가 잘 되지 않습니다. 그런데 누군가를 함께 험담하려고 모이면 10분 안에 금방 동지가 되어 버립니다. 무서운 교만의 전염력이요, 죄의 영향력입니다. 우리는 험담하는 데 함께 친구가 되지 말고 선한 뜻으로 회개하는 데 하나 되어야 합니다.

에돔은 이스라엘을 형제라고 생각하지 않았지만 하나님은 이스라엘을 "네 동생"이라고 말씀하셨습니다. 누가복음에서 집 나간 둘째 아들이 돌아오자 큰아들은 그가 자기 동생이라고 말하지 않았습니다.

그런데 창녀와 함께 아버지의 재산을 탕진한 아들이 집에 돌아오니까 아버지는 그를 위해 살진 송아지를 잡으셨습니다(눅 15:30).

큰아들은 동생을 가리켜 "아버지의 재산을 탕진한 아들"이라고 말했습니다. 그러자 아버지는 "그러나 네 동생은 죽었다가 다시 살아났고 내가 그를 잃었다가 찾았으니 우리가 잔치를 벌이며 기뻐하는 것이 당연하다"(눅 15:32)라고 말했습니다. 아버지는 계속 '네 동생'이라고 말하고, 큰아들은 '아버지의 아들'이라고 말한 것입니다. 우리의 이웃 나라들을 형제로 생각해 본 적이 있습니까? 하나님은 그들이 그저 더 뺏기지 않으려고, 더 가지려고 싸우는 대상이 아니라 우리의 동생이라고 말씀하십니다.

네 동생의 날, 곧 불행의 날에 너는 방관하지 말았어야 했다. 유다 자손들이 멸망하는 날에 그들을 보고 너는 즐거워하지 말았어야 했다. 그들의 고난의 날에 너는 입을 크게 벌리지 말았어야 했다(옵 1:12).

동생의 날에 방관하고, 즐거워하고, 입을 크게 벌리는 것은 교만한 자의 모습입니다. 벌린 입으로 교만의 죄가 쏟아져 나오는 것입니다. 국가 간의 깊은 증오심도 결국 죄의 확장일 뿐입니다. 건강한 애국심을 발휘해야지 애국심도 잘못되면 국가적 교만이 될 수 있습니다. 영원히 안전한 나라는 이 세상에 없습니다. 여호와의 날이 오면 하나님은 에돔을 심판하셨듯이 열국도 심판하실 것입니다. 모든 열방은 하나님의 재앙과 진노의 잔을 한 방울도 남기지 않고 마시게 될 것입니다.

그 심판의 원인은 교만입니다. 우리 안에, 국가 안에, 민족 안에 교만이 많이 퍼져 있을수록 하나님의 심판을 자초하게 될 것입니다. 더 강한 심판이 있을 것입니다. 우리는 우리나라와 민족이 하나님 앞에 겸손하게 해 달라고 간절히 기도해야 합니다. 에돔이 하나님의 심판의 대상이 되었던 것처럼 죄를 기뻐하고, 즐거워하고, 교만에 빠지지 않게 해 달라고 기도해야 합니다.

그리스도인에게 심판은 힘이 된다

여호와의 날에 임할 하나님의 심판은 그리스도인인 우리에게 단지 두려움이 아니라 힘이 되어야 합니다. 부당한 고난을 당할 때, 어려운 인생의 길을 걸을 때, 핍박받을 때, 억울한 누명을 쓰고 모함 받을 때 하나님의 심판은 우리에게 힘이 됩니다. 이 사실을 오바댜서 후반부에서 이스라엘과 에돔의 운명이 역전되는 내용을 통해 확인할 수 있습니다.

"그러나 시온 산에는 피할 사람이 있고 그곳은 거룩한 곳이 될 것이다. 야곱 족속은 자기 유업을 차지하게 될 것이다. 야곱 족속은 불이 되고 요셉 족속은 불꽃이 될 것이다. 그러나 에서 족속은 그루터기가 돼 그들이 그것들을 태우며 삼킬 것이다. 에서 족속은 살아남은 사람이 하나도 없을 것이다." 여호와께서 분명히 말씀하셨다(옵 1:17-18).

하나님이 시온 산을 다시 성산으로 만드시고 그곳에 하나님의 백성을 다시 거하게 하실 것이라는 이 예언은 포로 귀환을 통해 1차적으로 이루어졌습니다. 그러나 요셉 족속은 이미 120년 전에 흩어진 족속이었습니다. 그들 또한 회복시키겠다고 하신 것은 하나님이 단지 이스라엘뿐 아니라 그리스도 안에서 하나님의 백성을 회복시킬 것을 예언하신 것입니다.

그러면 에돔에는 구원의 기회가 주어지지 않는 것일까요? 그렇지 않습니다. 택하신 이스라엘 백성을 돌아오게 하시고 구원하시는 하나님의 자비는 에돔에게도 해당되었습니다.

에서의 산을 다스리기 위해 구원자들이 시온 산으로 올라갈 것이다. 그리고 그 나라는 여호와의 것이 될 것이다(옵 1:21).

"에서의 산을 다스리기 위해 구원자들이 시온 산으로 올라갈 것이다"라는 말은 시온 산에 임하시는 통치자가 에서의 산들도 통치하신다는 의미입니다. 그들에게도 구원이 임하고 하나님 나라가 허용되었다는 말씀입니다. 결국 하나님은 심판의 과정을 통해 우리를, 더 나아가 에돔도 구원하기를 원하시는 것입니다. 이스라엘을 구원하시고 온 열방을 다 구원에 이르게 하시는 하나님은 우리가 교만을 회개하며 나아갈 때 우리를 구원하기를 기뻐하십니다.

개인적인 교만을 회개하며 이 나라와 민족 가운데 깊이 뿌리내린 국가적이고 집단적인 교만을 회개합시다. 버려진 땅과 같은 이 작은 나라를 하나님이 축복해 주셨는데 그것이 우리의 힘과 능으로 된 줄 알고 교만했던 이 나라와 민족의 교만을 회개합시다. 다른 이들의 멸망을 즐거워하고, 조롱하고, 때로 참여했던 우리의 죄를 회개합시다. 우리는 회개를 통해 오직 하나님 앞에 겸손한 사람이 되어야 합니다.

요 나

"구원은 여호와께로부터 옵니다."

가드헤벨 사람 아밋대의 아들(왕하 14:25)로 그의 이름은 '비둘기'라는 뜻을 가졌다. 여로보암 2세의 통치 기간 중에 살았으며, 여로보암 2세가 북방 수리아를 정복해서 이스라엘 북쪽 지역을 회복할 것이라고 예언했다(왕하 14:25).

요나는 하나님으로부터 앗시리아의 수도 니느웨에 대한 심판을 외치라는 명령을 받았다(욘 1:2). 당시 앗시리아는 말할 수 없이 이스라엘 백성을 괴롭혔으므로 요나는 니느웨 사람들이 회개해서 화를 면하는 것을 원하지 않았다. 오히려 이방 신(느보신)을 섬기는 니느웨가 철저히 타락해서 멸망하는 모습을 보고 싶었다. 그래서 하나님의 명령을 거역하고 다시스로 가는 배를 탔다가 풍랑을 만나서 바다에 던져졌다(욘 1:4-15). 그 뒤 요나는 큰 물고기의 배 속에서 철저히 회개한 다음 니느웨로 가서 하나님의 심판을 외쳤으며 니느웨를 향한 하나님의 사랑을 알게 되었다(욘 4:11).

동시대의 선지자로는 아모스가 있다.

관련 성경 구절 욘 1-; 왕하 14:25; 마 12:38-41; 눅 11:29-32

내가 아끼지
않을 수 있겠느냐

용 4:1-11

요나의 잘못, 알면서도 불순종한 죄

요나서는 예언서이지만 사실 예언은 "40일 후에 니느웨는 무너질 것이다"라는 단 한 문장밖에 나오지 않습니다. 그 밖의 모든 내용은 요나 개인의 연약함을 고백하는 참회록과 같은 성격을 띠고 있습니다. 니느웨에 대한 심판 예언과 니느웨가 회개하고 하나님 앞에 돌아오는 내용이 주된 것 같지만, 요나 선지자 한 사람이 하나님 앞에 어떤 마음을 가지고 있었고, 그 마음으로 인해 하나님이 어떤 마음을 가지고 계신지를 보여 준 자서전적인 내용을 더 많이 담고 있습니다.

요나는 자신의 연약함을 고백하며 참회했습니다. 물론 그 회개조차도 불완진한 회개였습니다. 그는 회개 후에도 하나님의 마음을 품지 못해서 분노했고, 차라리 죽었으면 좋겠다고 여겼습니다. 우리는 이러한 요나의 모습에서 우리의 모습을 발견하고 돌이켜야 합니다. 요나의 이야기는 먼 이야기가 아니라 우리 삶 속에서 일어나는 나의 모습인 것입니다.

요나는 하나님의 뜻을 알지 못해서 불순종하고 분노한 것이 아니었습니다. 그는 하나님의 뜻을 매우 잘 알았기에 불순종하고 분노했습니다. 하나님은 요나에게 니느웨로 가라고 명령하셨습니다. 그러나 요나는 니느웨로 가지 않고 다시스로 갔습니다. 하나님은 동쪽으로 가라고 말씀하셨는데 요나는 서쪽으로 갔습니다. 하나님은 육지로 가라고 하셨는데 요나는 바다로 갔습니다. 겉으로 볼 때는 요나가 하나님의 뜻을 모르기 때문에 불순종한 것 같습니다. 하지만 요나 4장 1-3절에 기록된 요나의 고백을 보면 하나님의 말씀을 매우 정확하게 알고 있었기에 불순종했던 것임을 알 수 있습니다.

그러나 요나는 몹시 기분이 상했습니다. 그는 화가 났습니다. 그는 여호와께 기도했습니다. "여호와여, 이것이 내가 고향에 있을 때 내가 말씀드린 것이 아닙니까? 이래서 내가 서둘러 다시스로 도망간 것입니다. 주께서는 은혜롭고 동정심이 많은 하나님이시고 진노하는 데 더디시고 사랑은 충만하시며 재앙을 내리는 것을 주저하신다는 것을 내가 알고 있었습니다. 여호와여, 이제 제발 내 목숨을 가져가십시오. 내가 사는 것보다 죽는 편이 낫겠습니다."

요나는 북 왕국 이스라엘의 선지자로서 그전에도 활동하고 있었습니다. 여로보암 2세 때 하나님이 그로 승리하게 하실 것이라는 예언을 몇 차례 한 예언자였습니다. 즉 하나님의 뜻을 하나님의 백성에게 전하는 일에 여러 번 쓰임 받았다는 것입니다. 그런 그가 니느웨 같은 민족은 멸망 받아 마땅하다고 생각했습니다. 당시 니느웨는 '동방의 망나니'라고 불렸던 민족이기 때문입니다. 당시 북 왕국 이스라엘도 다른 민족들을 약탈하고 침략하는 것을 당연하게 생각한 잔인한 민족인 니느웨로부터 큰 피해를 입고 있었습니다. '저 니느웨 사람들만 없다면 우리나라가 평안할 텐데'라는 생각이 요나의 마음속에도 있었던 것입니다.

요나는 몹시 기분이 상해서 분노하며 하나님에게 화를 냈습니다. 그 이유는 하나님이 "은혜롭고 동정심이 많은 하나님이시고 진노하는 데 더디시고 사랑은 충만하시며 재앙을 내리는 것을 주저하신다는 것"을 알았기 때문이었습니다. 그래서 요나는 니느웨로 가지 않으려고 했습니다. 하나님의 말씀에 순종해 니느웨로 가서 심판을 예언했다가 혹 그들이 돌이켜 회개하면 하나님이 용서하실 것을 너무나 잘 알았기 때문입니다.

예수님을 알지 못하거나 예수님을 통해 주어지는 하나님의 사랑을 모를 때는 정말 몰라서 불순종하게 됩니다. 그러나 요나는 하나님의 뜻을 잘 알고도 불순종할 수 있음을 보여 주었고, 이는 우리가 요나를 통해 배울 수 있는 회개의 제목이 됩니다.

돌이키면 회복시키시는 하나님

제가 지도하던 한 여학생이 수련회 중에 집회가 끝난 뒤 맨 앞에 앉아 펑펑 운 적이 있었습니다. 저는 당연히 은혜를 많이 받아서 운다고 생각해 말씀에 은혜를 받았냐고 물었습니다. 그런데 여학생이 운 이유는 다른 데 있었습니다. 원수 같은 친구가 그 예배에 참석했기 때문이었습니다. 자신이 다른 친구들은 다 수련회에 초청했지만 그 친구만큼은 이야기하지 않았는데 다른 친구를 통해서 집회에 오게 되었던 것입니다. 그 여학생은 '저 친구가 은혜를 받으면 변화될 텐데' 하고 생각하니 마음이 불편하고 불안했던 것입니다. 다른 친구는 다 예수님을 만나도 그 친구만큼은 만나지 않기를 원했던 것입니다.

사실 그녀는 자신도 변화를 맛보았기에 하나님이 얼마나 놀라운 분이신지, 복음의 능력이 얼마나 대단한지 잘 알고 있는 학생이었습니다. 그런데 그 친구에게만은 복음이 전해지지 않기를 바랄 정도로 미움이 가득 차 있었던 것입니다. 아니나 다를까, 그 친구는 말씀을 받아들인 후 예수님을 믿고 변화되었고, 그 여학생은 견딜 수 없을 정도로 힘들어했습니다. 그렇다고 해서 아주 못된 사람은 아니었습니다. 아주 선하고, 예수님을 잘 믿었고, 하나님이 어떤 분이신지 아는 학생이었습니다.

우리는 '하나님은 선은 축복하시고 악은 벌하신다'는 인과응보 및 권선징악 사상이나 '심은 대로 거둔다는 말씀을 이루시는 하나님'만을 믿고 싶어 합니다. 물론 하나님은 심은 대로 거두게 하시는 분입니다. 갈라디아서 6장 7절은 "사람이 무엇을 심든지 그대로 거둘 것입니다"라고 말합니다. 그런데 신명기를 보면 하나님은 심지 않은 데서도 거두게 하시는 분입니다. 씨를 뿌리지 않고 거두면 위험해질 수 있기 때문에 경계하기 위해 주어진 말씀이 신명기입니다.

너희가 채우지 않은 여러 종류의 좋은 것들로 가득 찬 집들과 너희가 파지 않은 우물과 너희가 심지 않은 포도나무와 올리브 나무가 있는 땅에서 너희가 먹고 배부를 때 스스로 삼가서 너희를 이집트에서, 그 종살이하던 땅에서 이끌어 내신 여호와를 잊지 않도록 하라. 너희 하나님 여호와를 경외하고 그분만을 섬기고 그 이름을 두고 맹세하라(신 6:11-13).

인생을 살다 보면 다 내가 심고 거두는 것 같지만 사실 그렇지 않습니다. 하나님은 우리가 심지 않은 것도 거두게 하십니다. 또한 하나님은 우리가 심었어도 거두지 못하게 하실 수 있습니다. 분명히 죄를 심어서 죄에 대한 대가를 거두어야 하지만 중간에 변수를 두시기도 합니다.

인과응보, 권선징악, 카르마(업보) 사상이 도달하지 못하는 영역이 바로 은혜입니다. 카르마 사상이란 모든 것이 자신이 행한 대로 이루어진다는 것입니다. 그러한 사상은 돌이키면 살아나게 하시는 하나님의 은혜의 개입을 용납하지 않습니다. '선한 일을 하면 축복이 온다', '나쁜 일을 하면 재앙이 온다', '이생에서 선한 일을 하면 다음 생에 축복이 온다', '이생에 재앙이 오는 이유는 전생에 죄를 지었기 때문이다' 등 끊임없이 돌고 도는 업보는 진리가 아닙니다. 그곳에는 회개하고 돌이키는 자에게 회복과 새 삶을 주시는 은혜의 하나님이 계시지 않기 때문입니다. 일리는 있지만 진리는 아닙니다. 이는 진리의 단편에 불과할 뿐입니다.

물론 그렇다고 해서 심은 대로 거두게 하시는 하나님을 무시해서는 안 됩니다. 하나님의 일반 법칙은 심은 대로 거두는 것입니다. 놀라운 것은, 내가 잘못 행했어도 돌이키면 하나님이 회복시켜 주시며, 십자가의 보혈로 구속하시고 다시 살게 하시는 하나님의 놀라운 은혜의 진리가 우리에게 허락되었다는 것입니다.

요나는 하나님을 매우 잘 알고 있었습니다. 하나님은 은혜롭고, 동정심이 많으시며, 진노하는 데 더디시고, 사랑은 충만하시며, 재앙을 내리는 것을 주저하신다는 것을 그는 알고 있었습니다. 그러나 중요한 것은 그가 머릿속으로 아는 하나님이 그의 마음에는 임재하시지 못했다는 것입니다. 우리의 지식과 마음이 분리되었다는 것, 머리로는 하나님의 사랑을 알지만 마음에는 하나님의 사랑이 없다는 것, 이것이 바로 우리가 회개해야 할 문제입니다. 하나님의 은혜를 지식으로는 알지만 우리의 마음이 아버지의 마음과 같지 않은 것을 회개해야 합니다,

요나는 '저 니느웨 백성은 죽어 마땅하며 멸망 받아야 한다'고 생각했습니다. 그러나 하나님은 그들에게 가서 심판을 예언하라고 말씀하셨습니다. 요나는 벌써 계산을 마쳤습니다. 하나님이 심판으로 끝내지 않으시고 40일이라는 시간을 주신 것은 니느웨 백성에게 회

개할 기회를 주신 것이고, 하나님은 아무리 미약한 자가 가서 예언할지라도 그 예언을 사용해 역사하실 수 있다는 사실을 알았기에 그는 니느웨에 가려 하지 않았습니다. 그는 몰라서가 아니라 알면서도 불순종한, 즉 고차원적인 불순종을 행했던 것입니다.

간혹 하나님의 뜻을 알기 때문에 불순종하는 사람들이 있습니다. 그들은 예배드리면 은혜 받아 변화되리라는 것을 알기에 교회에 나오기를 꺼려합니다. 하나님의 말씀에 순종해 회개해서 변화되면 더 이상 죄악을 즐기는 기쁨을 누리지 못할까 봐 고차원적으로 불순종합니다. 그들은 몰라서 기도하지 않는 것이 아니라 악하기 때문에 기도하지 않습니다. 은혜 받지 않으려고 발버둥치는 사람들은 다 알고 불순종하는 죄를 짓는 것입니다.

그런데 하나님은 요나를 포기하지 않으셨습니다. 그렇게 가지 않겠다는 사람을 '네 갈 길 가라' 하며 끝내시지 않고 추적하셨습니다. 큰 물고기를 통해서 쫓으시고, 폭풍을 불러 추적하셔서 기어코 요나를 니느웨로 가게 하셨습니다. 이로써 요나는 원하지 않은 길, 곧 니느웨로 가서 심판을 예언했습니다.

당시 니느웨의 도시는 사흘 길을 다녀야 다 다닐 수 있을 만큼의 크기였습니다. 계산해 보면, 사흘 길을 다니면 다 다닐 수 있는 도시에 40일이라는 시간이 주어졌으므로 10회 이상 다니며 예언의 말씀을 전할 수 있었습니다. 그런데 요나는 하룻길을 다녔습니다. 아마도 단 하루 지름길을 이용해 도시를 관통하듯이 지나가면서 니느웨 사람들에게 "40일이 지나면 무너진답니다"라고 이야기했을 것입니다.

분명히 간절하게 부르짖지도 않았을 것입니다. '들었으면 되었고, 못 들었으면 말고' 하는 심정으로 전했을 것입니다.

요나는 하나님이 무서워서 어쩔 수 없이 지나가면서 예언의 말씀을 전했는데 그 이야기를 듣고 사람들이 변화되기 시작했습니다. 그리고 마침내 니느웨 왕에게까지 그 소식이 전파되었습니다. 성령이 역사하시자 온 도시가 금식하며 회개했습니다. 이에 요나는 화가 나서 "이래서 내가 서둘러 다시스로 도망간 것입니다" 하면서 하나님 앞에 분노를 터뜨렸습니다. 이것이 본문인 요나 4장입니다. 그의 마음속에는 니느웨는 멸망 받아야 한다는 생각이 있었기 때문입니다.

하나님은 우리가 정말 멸망 받아 마땅하다고 생각하는 원수까지도 돌이키면 받아 주시는 분입니다. "저 사람만큼은 내가 가는 천국에 와서는 안 된다"라고 말할 수 있는 사람조차도 돌이키면 받아 주십니다. 그 마음을 우리가 진짜 품고 있느냐가 중요하며, 이 부분에 대해 우리는 회개해야 합니다.

하나님은 니느웨도 돌이키면 회복시키시는 분입니다. 어느 누구도, 어느 민족도, 어떤 사람에게라도 회복의 기회가 주어집니다. 하나님은 우리가 하나님 아버지의 마음을 더 많이 품기를 원하시며, 그들이 돌이키기를 바라십니다. 그런데 요나는 그렇지 못했습니다. 물론 이 일은 결코 쉬운 일이 아닙니다. 단지 요나만의 문제가 아닌 것입니다. 그래서 우리에게는 끊임없는 회개가 필요합니다.

하나님이 세 번의 질문으로 요나를 깨우치시다

요나가 하나님 앞에 화를 내자 하나님은 세 번의 질문에 걸쳐서 교훈하셨습니다.

첫 번째로, 하나님은 요나에게 "네가 화내는 것이 옳으냐?"(욘 4:4)라고 질문하셨습니다. 우리 마음속에 어떤 종류의 분노가 일어나든지 그것이 옳은지 질문해 보아야 합니다. 때로 우리의 분노는 진정 의로운 분노가 아닐 수 있습니다. 의를 부르짖는 분노일지라도 사실은 미움에서 비롯한 것일 수 있습니다. 세상에서 부르짖는 정의도 사실 그 마음속을 들여다보면 상처와 미움으로 가득한 분노에서 나온 것일 수 있습니다. 요나에게는 옳지 않은 감정이 있었습니다. 하나님의 첫 번째 질문에 요나는 대답하지 못했습니다.

"네가 화내는 것이 옳으냐?"라는 하나님의 음성은 마태복음 20장에 나오는 포도원 품꾼 비유를 연상시킵니다. 포도원 주인은 품꾼들을 불러 모아서 일을 시킨 후 품삯을 주었습니다. 그런데 그는 제일 나중에 와서 1시간 일한 사람에게도 한 데나리온을 주었고, 하루 종일 일한 사람에게도 한 데나리온을 주었습니다. 그러자 하루 종일 일한 종이 어떻게 1시간 일한 사람과 하루 종일 일한 자신에게 동일한 품삯을 주느냐며 불평했습니다.

그런데 말씀을 자세히 읽어 보면, 포도원 주인은 하루 종일 일한 사람을 이른 아침 데려올 때 한 데나리온을 주기로 약속했습니다. 그는 약속대로 품삯을 주었던 것입니다. 당시 한 데나리온은 4인 가족의 하루 생활비였습니다. 표준 임금을 주었던 것입니다. 그런데 어떤 사람은 오전 9시에 오고, 또 어떤 사람은 오후 12시에, 3시에, 5시에 와서 일을 했습니다. 주인이 그들에게도 한 데나리온씩 동일하게 주자 불공평하다고 따진 것입니다. 그러자 주인은 이렇게 말했습니다.

'여보게 친구, 나는 자네에게 불의한 것이 없네. 자네가 처음에 1데나리온을 받고 일하겠다고 하지 않았나? 그러니 자네 일당이나 받아 가게. 나중에 온 일꾼에게 자네와 똑같이 주는 것이 내 뜻이네. 내가 내 것을 내 뜻대로 하는 것이 정당하지 않은가? 아니면 내가 선한 것이 자네 눈에 거슬리는가?'(마 20:13-15)

주인은 줄 것을 주지 않은 것이 아니라 주지 않을 것을 더 주었을 뿐입니다. 주인은 불공평한 것이 아니라 지극히 선한 것이었습니다. 하루 종일 일한 사람이 받은 한 데나리온은 정당한 품삯이었습니다. 그리고 1시간 일한 사람이 한 데나리온을 받은 것은 부정한 것이 아니라 은혜로 베풀어진 자비입니다.

우리는 내가 받는 은혜는 언제나 받아들이지만 다른 사람이 받는 은혜는 인정하지 못합니다. 나에게는 언제나 은혜의 하나님으로 다가오시기를 원하지만 내가 미워하는 사람에게는 언제나 권선징악의 하나님으로 다가가시기를 바랍니다. 그리고 진리의 기준을 더 엄격하게 제시하시기를 원합니다. 나에게는 한없는 은혜를, 다른 사람에게는 항상 진리를 적용하시기를 원합니다. "모든 일에 네가 대접받고 싶은 만큼 남을 대접하여라"(마 7:12)라는 황금률의 원리는 이 상황에도 적용됩니다. 내가 은혜로 회복되기를 원한다면 다른 사람도 은혜로 회복되기를 원해야 합니다. 그러나 요나는 하나님의 선하심에 대해 분노했습니다.

두 번째로, 하나님은 언덕에 올라간 요나가 니느웨가 어떻게 되나 구경하고 있을 때 박 넝쿨을 준비해 그의 머리를 시원하게 해 주셨습니다. 요나는 박 넝쿨 때문에 기분이 아주 좋아졌습니다. 이 장면에서 니느웨 백성이 회개하고 돌아오는 것은 싫어하면서 자기가 박 넝쿨로 잠깐 시원해진 것은 좋아하는 요나의 태도가 대조됩니다. 자기 육신의 잠시 동안의 평안함은 심히 즐거워하면서 악한 영혼이 하나님에게 돌아오는 것은 심히 즐거워하지 않는 모순을 하나님이 보여 주신 것입니다.

이때 하나님은 벌레를 준비해 박 넝쿨을 다 갉아먹게 하셨습니다. 그리고 화가 난 요나에게 "네가 그 넝쿨 때문에 화내는 게 옳으냐?"라고 질문하셨습니다. 그러자 요나는 분노하면서 "그렇습니다. 화가 나서 죽을 지경입니다"(욘 4:9)라고 말했습니다.

세 번째로, 하나님은 요나에게 "네가 가꾸지도 않고 기르지도 않은 넝쿨도 너는 아꼈다. 하룻밤 사이에 자라나 하룻밤 사이에 죽어 버렸는데도 말이다. 그런데 오른손과 왼손도 구별하지 못하는 사람들이 12만 명이나 있고 가축도 많이 있는 이 큰 성읍 니느웨를 내가 아끼지 않을 수 있겠느냐?"(욘 4:10-11)라고 질문하셨습니다.

요나는 세 번째 질문에 대답하지 못했습니다. 요나서는 요나의 침묵으로 끝납니다. 이 침묵 뒤에 요나가 순종했는지 불순종했는지 우리는 알 길이 없습니다. 요나서가 "내가 아끼지 않을 수 있겠느냐?"라는 하나님의 질문을 받은 요나의 침묵으로 끝나는 것은 오늘 우리에게 대답하라는 하나님의 말씀입니다. "오른손과 왼손도 구별하지 못하는 수많은 민족을 하나님에게로 돌아오게 하시는 아버지의 마음이 마땅하지 않느냐?"라는 하나님의 질문인 것입니다. 이 질문에 우리는 어떻게 대답해야 할까요? 요나에게 있었던 편협한 민족주의는 어느 나라에나 존재합니다. 그러나 하나님은 우리 민족, 우리만 잘살게 하시는 하나님이 아닙니다.

오늘 이 시대의 니느웨, 하나님을 알지 못하며 오른손과 왼손을 구별하지 못하는 사람들을 아끼시는 아버지의 마음을 품는 것이 아버지의 자녀다운 자녀가 되는 길입니다. 아버지의 뜻을 몰라서 행하는 불순종이 아니라 매우 잘 알기 때문에 행하는 우리의 불순종의 죄를 회개해야 합니다. 머리로는 하나님을 알지만 마음으로는 알지 못하는 죄를 회개해야 합니다. 우리의 마음이 좁고 좁은 요나의 마음인 것을 회개해야 합니다.

니느웨를 아끼고 돌이키기 원하시는 아버지의 마음을 품고 기도하십시오. "내가 아끼지 않을 수 있겠느냐?"라는 질문 앞에 "그렇습니다. 아버지가 그들을 아끼시듯 저도 아끼기를 원합니다. 그저 우리 가족, 우리나라, 우리 민족만을 아끼지 않고 우리 민족에게 해를 끼쳤던 민족이라 할지라도 아끼기를 원합니다. 하나님, 우리의 마음을 넓혀 주옵소서. 원수 같은 이도 돌이키면 살아나게 하시는 아버지의

거룩한 마음을 우리가 함께 품기를 간절히 원합니다"라고 기도해야
합니다.

미　가

“나는 여호와를 바라보고
내 구원이신 하나님을 기다릴 것이다.”

미가의 이름은 ‘여호와와 같은 이가 어디 있는가’라는 뜻으로 요담, 아하스, 히스기야 시대에 남 유다와 북 이스라엘을 향해 예언 사역을 했다(미 1:1). 그는 이스라엘의 도덕적, 사회적 부패와 지도자들의 부정, 형식적인 종교 생활, 제사장과 선지자들의 타락, 극심한 빈부의 격차 등 이스라엘의 전반적인 죄악을 지적하며 이로 인해 심판받을 것을 예언했다(미 3:12).

한편 미가는 공의와 이웃에 대한 사랑을 행하며 하나님을 참되게 섬기라고 촉구했다(미 6:8). 심판에도 불구하고 남은 자를 구원하시고 죄악을 사하시며 자비를 베푸실 하나님을 찬양했다(미 7:18-20).

미가는 장차 오실 예수 그리스도가 베들레헴에서 탄생할 것을 정확히 예언했으며(미 5:2), 그로 인해 형성될 하나님 나라에 대해서도 예언했다(미 4:1-5, 5:3-15).

동시대의 선지자로는 호세아와 이사야가 있다.

관련 성경 구절　미 1-7장; 마 2:5-6, 10:35-36

여호와께서
원하시는 것

미 6:6-8

하나님은 의로우시기에 위대하시다

'미가'의 이름 뜻은 '여호와와 같은 이가 어디 있는가'입니다. 미가는 이스라엘이 심판받는 역사 속에서 오직 여호와 하나님만이 그분의 의로우심으로 인해 위대하시다는 사실을 증거한 선지자였습니다. 그런데 하나님의 의로우심이 어디에서 나타납니까? 하나님이 모든 죄에 대해 철저히 심판하시는 데서 비롯합니다.

우리는 시간이 흘러가면 죄가 저절로 소멸될 것이라고 생각합니다. 혹은 우리가 지은 죄에 대해 선한 삶을 삶으로써 그 죄를 상쇄시킬 수 있다고 착각하곤 합니다. 그러나 시간이 흘러도, 어떠한 선한 삶을 성실히 살아가도 과거에 지은 죄는 절대로 씻기지 않습니다. 엎질러진 물처럼 죄는 결코 우리 스스로의 힘으로 씻을 수 없습니다.

만약 그 일이 가능하다면 세상에 공의란 존재하지 않게 됩니다.

안타깝게도 인간은 끊임없이 스스로 죄를 씻을 수 있다고 생각합니다. 그러나 하나님은 우리의 죄에 대해 반드시 진노하시고 심판하십니다. 이것이 인간이 처한 근본적이고 존재적인 위기입니다. 여기서 하나님의 의로우심이 나타납니다. 하나님이 의로우신 이유는 우리의 죄에 대해 심판하시기에 앞서 반드시 회복의 기회를 주시고, 인내하시며, 돌이킬 수 있는 시간을 충분히 주신다는 데서 찾을 수 있습니다. 우리는 우리의 작은 잘못에 대해 즉각적으로 보응하시고, 우리가 잘못 행할 때마다 그때그때 처벌하시는 하나님을 떠올리며 그것을 하나님의 의로 여깁니다. 그러나 하나님의 의는 우리와의 깊은 관계 속에서 하나님이 심판을 행하신다는 것입니다.

하지만 인간은 악하기에 그것마저도 이용합니다. 전도서 8장 11절은 "악한 일에 대해 판결이 빠르게 집행되지 않으면 사람들은 악한 짓을 저지르려는 마음으로 가득 차게 된다"라고 말합니다. 몇 번 악을 행해도 하나님의 심판이 즉각적으로 나타나지 않으므로 악을 행하는 데 더욱 담대해지는 것입니다. 하나님이 없다고 생각하는 것입니다. 그러나 사실 그것은 하나님이 의로우시므로 심판을 연기하신 것입니다. 하나님은 우리에게 돌아올 기회를 충분히 주신 이후에 심판하십니다.

세상 사람들이 생각하는 의는 잘못에 대해 조금도 용납하지 않고 심판하는 것이지만 하나님의 의는 다릅니다. 하나님의 의는 깊은 인내와 사랑이 있는 의로움입니다. 하나님은 하나님의 성품에 합당한 모습으로 의를 이루고자 하시며, 우리에게 회복의 기회를 주십니다. 구약에 기록된 수많은 예언도 하나님이 이미 오랫동안 참으시고, 용납하시고, 돌이킬 기회를 주신 후 심판하신 것입니다. 돌이키는 자가 돌아올 수 있도록 충분한 기회를 주신 것입니다. 그래서 하나님의 심판은 의로운 심판입니다.

심판은 더 이상 돌이키지 않는 자에 대해서 주어지는 것이지, 하나님의 경고를 듣고 돌이킬 수 있는 자에게는 해당되지 않습니다. 그런 심판은 하나님에게는 불의한 심판입니다. 이처럼 회복의 기회를 주시기 때문에 하나님의 심판은 의로운 것입니다. 만일 잘못된 선택을 할 때마다 하나님이 우리를 징벌하신다고 생각해 보십시오. 오른손이 잘못하면 오른손이 날아가고, 왼손이 잘못하면 왼손이 날아간다면 하루의 삶을 살면서 우리의 몸이 성한 데가 없을 것입니다. 그러나 하나님은 우리를 그처럼 모질게 심판하지 않으시며, 우리에게 돌이킬 기회를 주십니다. 이 얼마나 의로우신 하나님입니까?

하나님은 선하시기에 위대하시다

또한 하나님은 선하시기 때문에 위대하십니다. 하나님의 선하심이 어디에서 나타납니까? 우리는 심판을 면제해 주시고 눈감아 주시는 것을 하나님의 선이라고 생각합니다. 그러나 심판이 있는 이유는 하나님이 지극히 선하신 분이기 때문입니다. 하나님이 선하시지 않으면 지옥도 없고 심판도 없습니다. "선하신 하나님이 왜 심판하십니까?"라는 말은 틀린 것입니다. 하나님은 죄를 용납할 수 없는 지극히 선하신 분이기 때문에 심판하실 수밖에 없는 것입니다.

그런데 하나님의 선하심은 심판으로 끝나는 것이 아니라 언제나 심판 속에서 구원을 행하시는 것으로 나타납니다. 우리가 받은 구원은 심판을 눈감아 주는 것이 아니요, 심판 속에서의 구원입니다. 출애굽한 이스라엘 백성은 첫 유월절 날 좌우 인방과 문설주에 어린 양의 피를 발랐습니다. 하나님은 심판의 사자가 그 피를 보고 넘어갈 것이라고 말씀하셨습니다. 어린 양의 피는 단순한 식별 표시가 아니었습니다. 그날 장자의 죽음이라는 심판은 애굽 전 지역에 임했습니다. 그러나 하나님의 약속대로 어린 양의 피를 좌우 인방과 문설주에 바른 집만 죽음이 피해 갔던 것입니다. 즉 하나님이 그들이 받을 심판을 눈감아 주신 것이 아니라 그곳에도 심판이 동일하게 임했으나 어린 양이 대신 심판을 받았던 것입니다.

우리가 예수 그리스도를 믿고 구원받은 것은 하나님이 우리가 받을 심판을 눈감아 주셨기 때문이 아닙니다. 만약 그렇다면 하나님은 선하신 분이 아닙니다. 예수님을 믿을 때 우리는 이미 그리스도 안에서 심판을 받은 것입니다. 예수님이 받으신 심판으로 인해 구원을 받은 것입니다. 결코 죄를 묵인해 주신 것이 아닙니다. 하나님은 눈감아 주는 선하심이 아니라 불의를 조금도 용납하지 않으시고 죄를 반드시 심판하시는 가운데서 우리를 구원하십니다. 그래서 하나님은 선하신 하나님입니다.

우리는 의를 말할 때는 추호의 용납도 없는 의를 말하고, 선을 말할 때는 어떤 잘못이라 할지라도 눈감아 주는 선을 말하는데 하나님은 그러한 분이 아니십니다. 하나님의 성품은 의와 선이 하나 되어 있는 것입니다. 지극히 의로운 삶을 살기 원합니까? 그러면 용납하고 인내하고, 쉽게 분노하지 마십시오. 지극히 선한 삶을 살기 원합니까? 그러면 악을 용납하지 말고 단호하게 대하십시오. 그때 하나님의 구원이 나타납니다. 우리에게는 지극히 어려운 이 일을 하나님은 행하십니다. 그래서 하나님은 위대하신 분입니다.

진노를 싫어하시고 용서와 긍휼이 넘치시는 하나님

세상에는 분노와 관련해 네 부류의 사람이 있습니다. 첫 번째는 화를 쉽게 내고 쉽게 푸는 사람입니다. 두 번째는 화를 좀처럼 내지 않지만 한 번 화내면 쉽게 풀지 않는 사람입니다. 세 번째는 화를 잘 내지 않지만 간혹 화를 내더라도 쉽게 푸는 사람입니다. 네 번째는 화를 쉽게 내고 절대 풀지 않는 사람입니다. 이런 사람은 성품이 악한 사람이라고 할 수 있습니다.

당신은 어떤 부류의 사람입니까? 또한 이 중에서 경건한 사람은 몇 번째 사람일까요? 정답은 세 번째 사람입니다. 그렇다면 하나님은 어떤 분이실까요?

의로우시고 선하신 하나님은 노하기를 더디 하시며 화를 쉽게 푸시는 분입니다. 우리는 자신이 화를 쉽게 풀지 않기 때문에 하나님도 그러실 것이라고 굳게 믿고 살아갑니다. 간혹 자주 분노하고 한 번 분노하면 잘 풀지 않는 부모 밑에서 자란 자녀는 하나님도 자신의 부모와 똑같이 행하실 거라고 오해하곤 합니다. 그러나 우리가 생각하고, 경험하고, 추측하고, 믿는 하나님과 전혀 다르게 그분은 노하기는 더디 하시고, 매우 쉽게 화를 푸시며, 뒤끝이 없는 분이십니다. 미가서는 바로 이러한 하나님을 고백합니다.

> 주와 같은 하나님이 어디 있겠습니까? 주는 주의 소유, 주의 백성 가운데 남은 사람들의 허물을 너그럽게 대하시며 죄악을 용서하십니다. 오래토록 진노하지 않으시니 이는 긍휼 베풀기를 기뻐하시기 때문입니다. 다시 우리를 불쌍히 여기시고 우리의 죄악을 밟아서 우리의 모든 죄를 바닷속 깊은 곳에 던져 주소서(미 7:18-19).

하나님은 허물을 너그럽게 대하시고, 죄악을 용서하시고, 오래토록 진노하지 않으시고, 긍휼을 베풀기를 기뻐하시는 분입니다. 한마디로 그분은 진노하는 것은 싫어하시고 용서와 긍휼은 기뻐하십니다. 우리는 노하기가 아주 더뎌 어지간해서는 화를 내지 않고, 혹시 화가 났더라도 쉽게 푸는 사람이 되어야 합니다. 그렇게 세상을 살다기 무시당하지 않을까 걱정될 수 있겠지만, 우리의 성품은 미가 선지자가 고백한 하나님의 성품을 닮아 가야 합니다.

하나님은 우리의 죄악을 바닷속 깊은 곳에 던져 버리시고는 찾지 못하게 하시는 분입니다. 언젠가 미국인이 그린 카툰 중에서 하나님이 우리의 죄악을 바닷속 깊은 곳에 던지시고는 '낚시 금지'라고 쓴 푯말을 붙여 놓은 장면을 본 적이 있습니다. '바닷속 깊은 곳에 죄악을 던지셨다'는 말은 하나님이 잊으셨으니 다시는 건지지 말라는 뜻입니다. 이사야서에서 하나님은 "네 죄를 더 이상 기억하지 않겠다"(사 43:25)라고 말씀하셨습니다. 하나님이 우리의 죄를 용서하시고 기억하지 않으신다는 것입니다. 우리는 다른 사람이 나에게 지은 죄를 용서하고 기억하지 않는 일이 너무 어렵기 때문에 하나님도 못 하실 것이라고 오해하곤 합니다.

우리는 죄를 많이 지어서 부끄러운 삶을 살았으나 그리스도 안에서 용서받았습니다. 하지만 우리의 기억 속에는 죄가 남아 있어서 하나님에게 늘 죄송한 마음입니다. 저는 천국에서 주님을 만나는 상상을 해 보았습니다. 저는 너무 부끄러워 몸을 비비고 얼굴을 마주 뵙지 못할 정도였습니다. 그런데 가만히 하나님의 얼굴을 뵈니 제가 저지른 죄를 전혀 모르시는 것 같았습니다. 하나님이 성경에서 "네 죄를 더 이상 기억하지 않겠다"라고 말씀하셨으니 그대로 이루어질 것입니다. 하나님이 우리의 죄를 기억하지 않으시기에 그곳이 천국이 될 수 있는 것입니다.

무엇을 가지고 여호와 앞에 나아갈까?

이처럼 하나님은 우리의 죄악을 용서하기를 기뻐하시는 분입니다. 미가 선지자는 그 하나님이 의로우시고, 선하시며, 위대하신 분이라고 찬양했습니다. 그런데 미가서에서는 하나님의 심판 속에 있는 하나님의 백성이 하나님과의 관계를 회복하기 위해 질문을 던지는 내용이 나옵니다. 그들은 "내가 무엇을 가지고 여호와 앞에 나아가며 높으신 하나님께 경배할까? 내가 번제물을 가지고 나아갈까? 1년 된 송아지를 가지고 그분께 나아갈까?"라고 미가 선지자에게 질문했습니다.

그런데 그럴듯해 보이는 이 질문은 사실 모순입니다. 이 질문은 우리의 마음에도 언제나 존재합니다. "내가 무엇을 가지고 여호와 앞에 나아갈까?"라는 질문이 합당할 수 있는 단 한 가지 조건은 전적으로 하나님의 은혜에 감사하는 마음입니다. 감사의 동기 외에 모든 질문은 하나님 앞에 합당하지 않습니다. 이것이 바로 종교의 원리입니다. 우리가 무엇을 가지고 죄 문제를 해결할 수 있다는 생각 자체가 근본적인 문제입니다. 종교는 내가 믿는 신에게 무엇인가를 드림으로 죄와 인생의 문제를 해결할 수 있다고 생각합니다. 하지만 인간이 주는 그 무엇을 받는 신은 참된 신이 아닙니다. 우리가 믿는 하나님은 우리가 드리는 그 무엇을 받으시는, 즉 그 무엇이 필요한 분이 아니십니다.

천지 만물이 다 하나님의 소유요, 만물을 통치하시는 분이 하나님이신데, 우리가 무엇을 드림으로 그분과의 관계를 회복할 수 있겠습니까? 우리가 하나님에게 아무리 많은 것을 드린다 할지라도 그것은 하나님에게 드린 것이 아닙니다. 하나님을 받으시는 분으로 만드는 것은 진정한 신앙이 아닙니다.

우리는 간혹 신앙생활을 하다가 자신이 돌이켰다고 표현하곤 합니다. 또한 "나는 이제부터 하나님을 위해 일해야겠다"는 말은 그 자체로 틀리지는 않은 것 같습니다. 그러나 이 말은 굉장히 위험한 생각에서 비롯한 것입니다. 우리가 하나님을 위해 일한다는 것 자체가 말이 되지 않기 때문입니다. 의도는 알겠지만 틀린 말입니다. 하나님은 우리의 도움이 필요하지 않으시기 때문입니다.

'나는 하나님의 영광을 위해 산다'는 말과 '나는 하나님을 위해서 일한다'는 말은 전혀 다른 개념입니다. 우리의 삶 전체가 하나님에게 영광이 되게 한다는 개념을 떠나 우리가 하나님을 위해 무엇을 드린다 한들 하나님은 받지 않으십니다. 다윗은 자신은 백향목 궁에 있고 하나님의 법궤는 장막 안에 있는 것을 죄송스럽게 여겨서 나단 선지자에게 하나님의 전을 지어 드리겠다고 말했습니다. 그 말을 들은 나단 선지자는 기뻐하며 "여호와께서 왕과 함께하시니 왕께서 마음에 두신 일이 있다면 무엇이든 그대로 하십시오"(삼하 7:3)라고 말했습니다. 그런데 그날 밤 하나님이 나단 선지자를 책망하셨습니다.

네가 나를 위해 내가 있을 집을 지어 주겠느냐? 내가 이스라엘 자손들을 이집트에서 이끌어 낸 그날부터 오늘까지 나는 집에 있은 적이 없고 장막이나 회막을 거처 삼아 이리저리 옮겨 다녔다. … 누구에게든 왜 내게 백향목 집을 지어 주지 않느냐고 말한 적이 있느냐? … 나 여호와가 직접 너를 위해 왕조를 세울 것을 선포한다. 네 날들이 끝나고 네가 네 조상들과 함께 잠들 때 내가 네 몸에서 나올 네 자손을 일으켜 네 뒤를 잇게 하고 내가 그의 나라를 든든히 세울 것이다(삼하 7:5-12).

히브리어로 '집'이라는 단어와 '왕조'라는 단어는 같습니다. 하나님은 워드플레이(wordplay)를 통해서 다윗이 하나님을 위해서 무엇인가를 해 보겠다고 하자 "내가 너를 위해 왕조를 세울 것을 선포한다"라고 말씀하신 것입니다. 이는 다윗의 후손을 통해 예수 그리스도의 나라를 세우시겠다고 하신 것입니다. 하나님이 그 상황에서 기가 막힌 메시아 예언을 하신 것입니다.

우리가 하나님을 위해 무엇인가를 드리겠다는 것 자체가 모순입니다. 우리가 드리는 어떤 것도 우리의 죄를 용서할 수 없으며, 그로써 우리가 하나님을 도와드리는 것도 아닙니다. 어떤 것을 드림으로써 하나님과의 관계를 회복하기란 불가능하다는 뜻입니다. 이것이 종교의 원리입니다. 그런 의미에서 우리가 믿는 진리는 종교가 아닙니다. 사회적으로는 기독교를 종교라고 말하지만 엄밀한 의미에서 기독교는 종교라고 할 수 없습니다. 신에게 무엇인가를 드림으로 신과 관계를 맺어 가는 종교의 원리와 전혀 다르기 때문입니다.

그리스도인들은 하나님이 우리를 위해 행하신 일에 기초해 그분과 관계를 맺습니다. 인간이 만들어 낸 어떤 것, '내가 무엇을 가지고 하나님과 교제할까?'를 생각하다가 고안해 낸 방법과 제도를 통해 하나님과 교통하는 것이 아닙니다. 우리는 하나님이 우리에게 보여 주신 길, 계시해 주신 진리를 따라 그분과 교제합니다. 그래서 기독교는 종교가 아닙니다. 만약 혼란을 피하기 위해 '종교'라는 단어를 써야만 한다면 '참된 종교'라고 말할 수 있을 것입니다.

다른 종교인들은 "너희만 참되냐? 교만하다"라고 반박할 것입니다. 그러나 모든 종교는 "무엇인가 하라(Do). 그러면 신이 용납할 것이다"라고 말하지만, 하나님은 "다 이루어졌다"(Done)라고 말씀하십니다. 이처럼 우리는 하나님이 이루신 일을 받아들이는 것 외에 우리 힘으로 하는 무엇으로도 의로워질 수 없다는 것을 인정해야 합니다.

미가서에 기록된 이스라엘 백성의 고백들을 보면 그들은 번제물, 1년 된 송아지, 수천 마리의 숫양, 수만의 강 같은 기름 등 양으로 승부하려고 했습니다. 많은 양의 봉사, 많은 양의 헌금, 많은 날의 노력 등 양적인 것으로는 결코 우리의 죄 문제를 해결할 수 없습니다. 심지어 그들은 질적으로도 시도했습니다. 만약 동물의 양이 충분하지 않다면 맏아들을 드리고 몸의 열매를 드리겠다고 했습니다. 실제로 암몬 족속은 몰렉이라는 그들의 신에게 자기 자녀들을 바쳤습니다. 그리고 놀랍게도 유다의 아하스 왕도 자신의 아들을 제물로 바쳤습니다. 이것은 이방인의 습관으로서, 율법에 분명히 금지되어 있었습니다.

우리가 무엇을 가지고 인간의 근본적인 죄 문제를 해결하려고 했던 최고 절정은 바로 중세의 면죄부였습니다. 당시 로마가톨릭은 면죄부를 통해 죄를 용서받을 수 있다고 가르쳤습니다. 그들은 면죄부를 팔아서 십자군 전쟁 비용을 마련했고, 성 베드로 성당 건축 기금을 모았으며, 교황의 모든 활동비를 조달했습니다. 종교라는 이름으로 면죄부를 만들었던 것입니다.

요한 테젤이라는 사람이 당시 면죄부 판매 책임자였습니다. 그는 면죄부에 죄를 용서하는 능력이 있어 현재의 죄뿐만이 아니라 과거의 죄, 자신의 죄뿐만이 아니라 조상의 죄도 용서받을 수 있다고 설교했습니다. 그러면서 지금 연옥에서 신음하는 부모들을 위해 면죄부 헌금을 내면 동전이 동전 궤에 떨어지는 순간 연옥에서 천국으로 옮겨 간다며 면죄부 구입을 독려했습니다. 그러자 수많은 사람이 "아멘" 하고는 동전을 넣었다고 합니다.

과연 인간이 하나님에게 무엇을 드림으로 여러 죄를 용서받을 수 있겠습니까? 헌금을 많이 하면 죄가 상쇄되어 하나님과의 관계를 회복시킬 수 있을 것이라고 생각해서는 안 됩니다. 면죄부 헌금을 해서는 안 됩니다. 그런 의도라면 차라리 헌금하지 않는 편이 좋습니다. 오직 하나님의 은혜에 대해 감사하는 마음에서 우러나온 것이 아니라면 헌금하지 마십시오.

주보에 헌금 목록이 나오는 교회가 종종 있습니다. 제가 미국에서 목회할 때 담임목사가 되자마자 헌금 목록을 지우자는 의견을 냈습니다. 그러자 재정부를 담당하시는 분이 그러면 헌금이 15-20퍼센트 줄어들 것이라고 말씀하셨습니다. 오히려 줄어드는 편이 좋습니다. 헌금 목록을 적게 된 유례는 한국 교회 초기에 헌금이 잘 입금되었다는 확인을 위한 것으로서, 일종의 영수증과도 같았습니다. 동기 자체는 선했습니다. 그런데 시간이 흐르면서 변질되어 사람을 의식하게 하는 도구가 된 것입니다.

헌금이든 봉사든, 그 어떤 것도, 그 무엇으로도 죄의 문제를 상쇄시킬 수는 없습니다. 그렇게 생각하는 순간 또 하나의 면죄부를 만들게 됩니다. 내 죄를 해결하기 위해서 무엇을 가지고 하나님 앞에 나아갈까 고민하는 것이 바로 종교개혁이 필요한 이유입니다. 인간 스스로 만들어 낸 것은 그 무엇도 하나님과의 회복을 만들어 주지 못합니다.

하나님이 우리에게 원하시는 세 가지

하나님은 진정한 경배가 무엇인지, 하나님이 원하시는 선한 것이 무엇인지를 이미 보여 주셨습니다. 우리는 우리가 고안해 낸 무엇인가가 아니라 하나님이 우리에게 알려 주신 것을 따라야 합니다. 그것은 무엇입니까?

> 오 사람아, 무엇이 좋은지 이미 그분께서 네게 말씀하셨다. 여호와께서 네게 원하시는 것은 공의에 맞게 행동하고 긍휼을 사랑하며 겸손히 네 하나님과 함께 행하는 것이다(미 6:8).

하나님이 원하시는 그 무엇이란 사실 그 무엇이 아닙니다. 바로 우리입니다. 하나님은 무엇(what)이 아니라 누구(who)를 원하시는 것입니다. 하나님은 사람에게서 무엇을 원하시지 않고 그 사람 자신, 그 사람의 심령, 그 사람의 마음속에 하나님의 성품이 심어지기를 원하십니다. 미가서에서 하나님은 우리에게 원하시는 세 가지를 말씀하셨습니다.

첫 번째로, 하나님은 공의로 행하시는 분이시기에 하나님의 자녀

의 삶 속에 동일하게 공의로운 삶이 이루어지기를 원하십니다. 하나
님이 빛이시기에 하나님의 자녀는 빛 가운데 행하며, 그에게는 어둠
이 없습니다. 하나님의 백성의 삶 속에서는 공의가 이루어져야 하는
것입니다. 그러나 미가 선지자와 동시대에 활동했던 이사야 선지자
는 다음과 같이 말하며 안타까워했습니다.

그렇다. 만군의 여호와의 포도원은 이스라엘의 집이며 그분의 기쁨이 되
는 식물은 유다 사람들이다. 그분은 공의를 기대하셨는데 오히려 피 흘
림만 있다니. 정의를 기대하셨는데 오히려 아우성만 있다니(사 5:7).

솔로몬 왕국 시대에 예물을 들고 솔로몬을 찾아온 스바 여왕은 감
탄하며 이렇게 고백했습니다. 그녀의 고백의 내용은 왕이 공의와 정
의로 통치한다는 것이었습니다.

왕의 하나님 여호와를 찬양합니다. 그분이 왕을 기뻐해 왕을 이스라엘의
왕좌에 앉히셨으니 말입니다. 여호와께서 이스라엘을 영원히 사랑하셔
서 당신을 왕으로 삼아 공평과 의를 지속하게 하신 것입니다(왕상 10:9).

이처럼 솔로몬이 타락하기 이전인 그의 삶의 전반부에 주어진 평
가는 공평과 정의로 통치했다는 것이었습니다. 이스라엘에는 오직
두 명의 왕만이 공의로운 왕으로서 성적표에 A+를 받았습니다. 한
사람은 여호사밧 왕이고, 또 한 사람은 요시야 왕입니다. 여호사밧은

이름 뜻이 '여호와가 재판장이시다'로서 자기 이름대로 나라를 다스렸습니다. 교육, 경제, 사법 등 사회의 모든 영역에서 공평과 정의를 이루었습니다. 한편 예레미야는 요시야의 아들 여호야김을 책망할 때 그의 아버지를 예로 들면서 꾸짖었습니다.

네가 백향목을 더 많이 썼기 때문에 네가 왕이 되는 것이냐? 네 아버지는 먹고 마시는 것으로 만족하고 정의와 의를 행하지 않았느냐? 그때 모든 것이 그에게 잘됐다. 그가 가난한 사람과 궁핍한 사람의 주장을 변호했고 그래서 모든 것이 잘됐다. 바로 이것이 나를 아는 것 아니냐? 여호와의 말이다(렘 22:15-16).

백향목을 더 많이 썼기 때문에 왕이 되는 것은 위험한 일입니다. 이 나라와 민족이 잘되려면 백향목을 많이 썼기 때문이 아니라 정의와 공의를 행했기 때문이어야 합니다. 경제 우선주의 정책보다 공평과 정의가 실행되는 나라가 되는 것이 우선입니다. 그때 모든 것이 잘될 것입니다. 이것은 요시야 왕과 여호사밧 왕의 시대관이 아니라 정의롭고 공의로우신 하나님이 당신의 뜻에 순종하는 자를 잘되게 해 주시는 것입니다. 그래서 하나님은 "바로 이것이 나를 아는 것 아니냐?", 즉 "이것이 내가 원하는 것이다"라고 말씀하셨습니다.

두 번째로 하나님이 우리에게 원하시는 것은 긍휼을 사랑하는 것입니다. '긍휼'이란 헤세드의 사랑을 의미합니다. 첫 번째인 공의롭게 행하는 것은 앞서 11장에서 살펴본 아모스서에 기록된 메시지를 요약한 것이고, 긍휼을 사랑하는 것은 앞서 9장에서 살펴본 호세아서에 나온 메시지를 요약한 것입니다. 하나님의 성품을 닮으면 공의뿐만 아니라 헤세드의 성품이 나타납니다. 헤세드의 성품이란 무조건적인 사랑, 실패하지 않는 견고한 사랑을 의미합니다. 예수님은 마태복음 5장 산상수훈에서 헤세드의 사랑을 말씀하셨습니다.

'네 이웃을 사랑하고 네 원수를 미워하라'는 말도 너희가 들었다. 그러나 나는 너희에게 말한다. 너희 원수를 사랑하고 너희를 핍박하는 사람을 위해 기도하라. 그리하면 너희가 하늘에 계신 너희 아버지의 아들들이 될 것이다. 하나님께서는 악한 사람이나 선한 사람이나 똑같이 햇빛을 비춰 주시고 의로운 사람이나 불의한 사람이나 똑같이 비를 내려 주신다. 너희를 사랑해 주는 사람만 사랑한다면 무슨 상이 있겠느냐? 세리라도 그 정도는 하지 않느냐? 형제에게만 인사한다면 남보다 나을 것이 무엇이겠느냐? 이방 사람도 그 정도는 하지 않느냐? 그러므로 하늘에 계신 너희 아버지가 온전하신 것같이 너희도 온전해야 한다(마 5:43-48).

예수님은 원수를 사랑하고 핍박하는 자를 위해 기도해야 아버지의 아들들이 될 것이라고 말씀하셨습니다. 이는 아버지를 가장 닮은 자녀가 된다는 의미입니다. 하나님은 선한 사람들에게만 햇빛을 주시지 않습니다. 예수님을 잘 믿는 농부에게만 비가 내리는 것이 아닙니다. 하나님은 악인들에게도 햇빛과 단비를 내려 주십니다. 이 한 가지만으로도 원수 같은 이를 사랑하시는 하나님의 사랑, 긍휼, 헤세드를 느낄 수 있습니다.

하나님이 우리에게 원하시는 것은 우리를 사랑하는 사람만 사랑하는 것이 아니라 긍휼의 마음으로 원수까지도 사랑하는 것입니다. 하나님에게 무엇을 드릴까 생각하지 말고 내면에 이와 같은 하나님의 성품이 빚어지기를 기도하라는 것입니다.

세 번째로 하나님이 원하시는 것은 겸손히 하나님과 함께 행하는 것입니다. '겸손'이란 하나님의 주권을 인정하는 태도입니다. "내가 무엇인가 했다"라고 말하는 것이 아니라 하나님이 해 주신 일을 날마다 인정하는 것으로서, 마음 깊숙한 곳에 하나님이 임재해 계신 것입니다. 우리는 하나님의 살아 계심을 인정할 때 하나님의 눈앞에서 행하게 됩니다. 이것이 바로 겸손입니다. 가끔 대화를 나눌 때 상대방이 가까이 있을 때는 존칭을 쓰고 존중하다가도 그가 자리에 없으면 그에 대해 함부로 말하는 경우가 있습니다. 그것은 결코 겸손한 태도가 아닙니다. 사람을 그처럼 대하면 하나님도 마찬가지로 대하게 됩니다. 예배드릴 때는 하나님을 높이지만 일상생활에서는 하나님 없이 사는 것과 같습니다. 겉과 속이 다른 것입니다.

겸손이란 늘 하나님의 임재 가운데 머물러 있는 모습이요, 겸손하신 하나님과 동행하는 것입니다. 하나님이 우리에게 원하시는 것은 그 무엇이 아니라 우리가 진정 하나님 안에 있는 것, 즉 겸손한 성품을 갖는 것입니다. 그때 하나님의 공의로운 성품과 하나님의 사랑이 우리 가운데 심어집니다.

우리는 무엇인가를 하려고 하지 말고 어떤 사람이 되어 가고 있는

지 날마다 성찰해야 합니다. 때로 무엇인가를 열심히 하다 보면 자신이 어떤 사람이 되어 가고 있는지 모를 때가 있습니다. 하나님은 내가 하는 그 무엇이 아니라 내가 어떤 사람인가에 더 큰 관심을 갖고 계십니다. 하나님의 관심은 그 무엇이 아니라 누구에게 있는 것입니다. 하나님이 진정 원하시는 예배는 바로 우리가 돌이켜 하나님의 성품을 닮아 그 성품으로 살아가는 것입니다.

하나님이 우리에게 율법을 주신 목적

이런 이유로 미가서 6장 8절은 구약의 율법 전체를 한 구절로 요약한 것이라고 할 수 있습니다. 공의에 맞게 행동하고, 긍휼을 사랑하며, 겸손히 하나님과 함께 행하는 것이 바로 하나님이 우리에게 율법을 주신 목적입니다.

사람들은 율법 제도를 지키고, 제사를 지내고, 제물을 바치는 등 무엇인가를 함으로써 하나님과 관계를 맺는다고 생각하지만 그렇지 않습니다. 하나님이 율법을 주신 목적은 그 무엇을 받으시려는 것이 아니라 그 과정을 통해서 하나님의 공의로우심을 깨닫게 하시려는 것이었습니다. 하나님이 죄를 얼마나 미워하시는지를 알게 하시려는 것이었습니다. 하나님에게 바치는 제물을 통해서 용서하시는 하나님의 사랑을 느끼고, 겸손히 하나님과 행하기를 원하셨습니다. 이 사실을 잊어버리면 '내가 이렇게 많은 일을 했으니 내 죄는 해결되었다. 하나님은 나를 용납하실 것이다'라고 생각하며 스스로 종교를 만들어 가는 모순에 빠지고 맙니다.

우리의 삶은 참된 겸손과 참된 사랑과 참된 공의가 열매를 맺음으로 주님이 기뻐하시는 예배의 삶이 되어야 합니다. 모든 것은 아버지가 주신 것이므로 그 무엇을 드렸다고 교만하거나 자랑하지 않고, 자기 공로와 권리를 내세우는 어리석음에 빠지지 않으며, 하나님과 동행하는 삶을 종교 생활로 만들지 않아야 합니다. 스스로를 의롭게 만들고 높임으로써 나 자신의 왕국을 만들지 않도록 주의하십시오.

하나님은 인간이 만든 그 어떤 것도 그분 앞에 세울 수 없는 거룩한 분이십니다. 교회 생활에 익숙할수록 교회에서 봉사해 온 많은 양의 일은 아무것도 아님을 깨달아야 합니다. 어떤 성품, 어떤 열매, 어떤 인격, 어떤 마음이냐가 하나님에게는 더 중요합니다. 오직 하나님이 내신 길을 받아들이고, 믿음으로 행하며, 하나님과 겸손하게 행하는 것이 진정으로 하나님이 원하시는 것입니다. 우리는 우리가 만들어 내는 모든 것으로부터 돌이켜 하나님이 우리에게 이미 말씀하신 것을 따라 하나님이 원하시는 공의와 사랑과 겸손을 우리 성품에 빚어 가는 삶을 살아야 합니다.

나 훔

"여호와께서는 선하시다. 환난 날에 피난처가 되신다."

나훔의 이름은 '위로', '하나님의 위로'라는 뜻이다. 니느웨의 하나님의 심판에 관한 나훔의 기록은 유다 백성에게 위로가 되었다. 나훔은 유다 요시야 왕 때 활동한 선지자로서, 이스라엘의 북 왕국은 이미 앗시리아에 의해서 포로로 잡혀간 후였다. 요나의 메시지를 들은 니느웨의 백성은 회개했으나 세월이 흐른 후 다시 사악하고 잔혹해졌다. 나훔은 이러한 사악한 니느웨 백성에 대한 심판을 예고했다.

　　동시대의 선지자로는 스바냐와 하박국, 젊은 예레미야가 있다.

관련 성경 구절　나 1-3장

—— 15 ——

질투하시는
하나님

나 1:1-9

요나서, 그 후 150년

나훔은 니느웨의 멸망에 대해 예언한 선지자입니다. 요나서는 선지자 요나가 니느웨가 멸망할 것이라는 예언을 선포해 니느웨가 돌이켜 회개한 내용을 기록한 책입니다. 이때는 나훔서가 기록되기 150년 전이었습니다. 요나서와 대조적으로 150년이 지난 후 나훔 선지자는 이제는 회개할 수 없고, 돌이켜 달아날 수 없는 정해진 심판이 실행될 것을 예언한 것입니다. 150년 만에 니느웨는 완전한 멸망에 이를 수밖에 없는 상황에 처했습니다. 만일 나훔 선지자 시대에 살았던 니느웨 사람들이 그들의 조상들이 하나님 앞에 회개하고 돌이켜 살아났던 요나서의 기록을 읽거나 듣거나 기억했다면 멸망은 오지 않았을지 모릅니다.

150년이라는 기간은 어쩌면 우리가 기억을 잃어버리기에 참 좋은 시기인 것 같습니다. 한 100년, 혹은 150년이 지나가면 과거의 역사에 대해 관심이 없을 뿐만 아니라 역사책에 기록되어 있을지라도 글자로만 보거나 역사 시험을 볼 때 필요한 정보로만 보게 되지 지금 살아 있는 역사와 연결되어 있다는 생각은 하지 못하게 됩니다.

전쟁 전후를 경험하신 우리 할아버님, 할머님 세대는 후손에게 당시 얼마나 어려웠는지 이야기하기를 좋아하십니다. 마음에서 우러나오는 진솔한 이야기가 끝도 없이 되풀이됩니다. 그러면 자녀들이나 후손들은 맨날 같은 말이라며 듣지 않으려 합니다. 그러나 끝까지 이야기해야 합니다. 지금은 듣지 않는 것 같아도 나중에 성인이 되면 기억나게 되어 있습니다. 듣든지 아니 듣든지, 때를 얻든지 못 얻든지 어르신들은 이 나라와 민족이 얼마나 어려웠는지, 60-80년 전에 얼마나 먹을 것이 없고 입을 것이 없었는지 틈나는 대로 살아 있는 경험을 이야기해 주어야 합니다. 학교에서 배우는 역사 교육은 시험을 치르기 위한 일개 정보에 불과할 뿐이므로 살아 있는 역사를 어르신들을 통해서 체험할 수 있어야 합니다.

요나서가 기록되고 150년 후 니느웨는 멸망했습니다. 서부 아시아의 많은 나라를 괴롭혀 '동방의 맞나니'라고 불렸던 니느웨는 한때 회개하며 돌이켜 살아났지만 이제는 더 이상 멸망 외에는 길이 없는 지경으로 떨어지고 말았습니다. 지옥은 누가 갑니까? 지옥에 가서도 회개하지 않을 사람들이 모여 있는 곳이 바로 지옥입니다. 지옥에서 조차 자기가 지옥에 온 것을 불평하고, 원망하고, 비난하고, 다른 사람을 탓하는 사람들이 가는 곳이 지옥인 것입니다. 이처럼 인간에게는 멸망 외에는 해답이 없는 무서운 악함이 존재합니다.

그러므로 회개하며 돌이킬 수 있는 것도 하나님의 은혜입니다. 돌이키고자 하는 마음이 있다는 것은 곧 하나님의 선한 은총이 함께하고 있다는 증거인 것입니다. 나훔서는 총 세 장으로 되어 있는데, 2-3장은 하나님의 심판이 니느웨에 실행되는 무서운 장면들을 신랄하게 묘사합니다. 아마도 이 말씀을 읽으면 정신이 번쩍 날 것입니다. 본문인 나훔 1장은 심판을 행하시는 하나님이 어떤 하나님이신지, 왜 니느웨를 그처럼 철저하게 심판하시는지 그 이유를 설명합니다.

질투하시고 복수하시는 하나님

여호와께서는 질투가 많으시고 복수하시는 하나님이시다. 여호와께서는 복수하시고 진노하시는데 그분의 대적들에게 복수하시고 그분의 원수에게 진노하신다(나 1:2).

하나님의 심판은 하나님의 진노 때문이고, 하나님의 진노는 하나님의 대적에 대한 복수이며, 하나님의 복수는 하나님의 질투에서 나온 것입니다. 그런데 하나님이 질투하신다는 표현이 어떻게 가능합니까? 하나님은 십계명 교훈을 주실 때 스스로를 질투하는 하나님으로 소개하셨습니다.

너는 너 자신을 위해 하늘에 있는 것이나 땅에 있는 것이나 물속에 있는 것이나 무슨 형태로든 우상을 만들지 마라. 너는 그것들에게 절하거나 예배하지 마라. 네 하나님 나 여호와는 질투하는 하나님이니 나를 미워하는 자들에 대해서는 아버지의 죄를 그 자식에게 갚되 3, 4대까지 갚고 나를 사랑하고 내 계명을 지키는 자들에게는 1000대까지 사랑을 베푼다(출 20:4-6).

하나님은 "우상을 만들지 마라"는 명령을 주시면서 그 이유가 자신이 질투하는 하나님이기 때문이라고 말씀하셨습니다. 성경 전체를 보면 이 표현이 약 35회 정도 나옵니다. 하나님이 자신을 소개하실 때 가장 자주 사용하신 표현인 것입니다.

우리는 질투가 악한 것이라고 생각합니다. 가인이 아벨을 죽인 것도 질투 때문이었고, 사울이 다윗을 죽이려 한 것도, 유대 지도자들이 예수님을 죽이려 한 것도 모두 질투 때문이었습니다. 이처럼 질투에는 사람을 죽일 수 있는 무서운 악함이 숨어 있습니다. 그런데 하나님은 왜 질투라는 표현을 사용하심으로 자신의 성품을 말씀하신 것일까요?

10여 년 전, 미국의 유명 여성 앵커인 오프라 윈프리는 "내가 믿는 하나님은 질투하는 하나님이 아니시다. 나는 그런 하나님을 믿지 않는다. 나는 내가 어떤 생각을 하든, 심지어 다른 신을 섬겨도 포용해 주시는 하나님을 믿지, 구약에 나오는 질투하시는 하나님은 믿지 않는다. 그런 하나님은 믿을 필요가 없다"라고 말했습니다. 그녀의 말에 많은 사람이 열광했습니다. 무서운 독이었습니다.

오프라 윈프리가 깨닫지 못한 것은 질투하시는 하나님입니다. 그러나 그 사실을 알지 못하면 하나님의 진노를 깨닫지 못하고, 하나님의 심판 역시 무지하게 됩니다. 그녀의 말은 세상을 뒤덮고 있는 포스트모더니즘 사상의 흐름에 있어서 대표적인 현상을 보여 줍니다. 요즘 시대는 포용과 관용이 가장 중요한 진리가 되어 버렸습니다. "내가 믿는 진리와 당신이 믿는 진리가 있을 수는 있어도 우리 모두가 순종해야 할 절대적인 진리는 존재하지 않는다"라고 주장합니다. 그들은 "예수님만 믿어야 구원을 얻는다"는 진리를 배타적으로 받아들입니다.

그러나 이처럼 다 포용해야 한다는 사상은 놀라울 정도로 무서운 모순을 내포하고 있습니다. "절대 진리는 존재하지 않는다"라고 말하면서 그 주장만은 절대적이라는 사실입니다. 그들의 주장대로라면 그 주장도 결코 절대화해서는 안 됩니다. 여기에 인간의 사상과 이념의 엄청난 모순이 존재하는 것입니다.

오프라 윈프리는 자신이 믿는 하나님은 내가 어떤 신을 섬겨도 괜찮다고 생각하신다고 말했습니다. 만일 아내가 남편이 아닌 다른 남자를 사랑하게 되었는데, 남편이 그 사실을 알게 되었다고 가정해 봅시다. 이때 남편이 "나는 괜찮아. 나는 포용력이 있는 남자거든. 당신이 나 아닌 다른 사람을 사랑해도 다 이해해. 나는 당신이 행복하니까 괜찮아" 하고 반응한다면 어떻겠습니까? 그는 정말 포용력 있는 남자요, 관용이 넘치는 사람이라고 할 수 있습니다. 하지만 그런 그에게는 없는 것이 있습니다. 그것은 바로 아내에 대한 사랑입니다. 남편이 아내를 사랑한다면 아마도 하늘에서 불이 떨어졌을 것입니다. 그래서 하나님은 자신을 다음과 같이 소개하셨습니다.

> 너희 하나님 여호와께서는 살라 버리는 불이시요 질투하시는 하나님이시다(신 4:24).

하나님은 질투하는 자신을 표현하시기 위해 "살라 버리는 불"이라고 말씀하셨습니다. 여기서 '질투'라는 단어는 히브리어로 '칸나'인데, 긍정적인 면과 부정적인 면 등 두 가지 의미로 해석될 수 있습니다.

긍정적인 면에서 질투는 열정, 헌신, 열심 등으로 번역할 수 있습니다. 즉 나훔서 본문에서 "여호와께서는 질투가 많으시고"라는 말씀은 "여호와께서는 열정적이시고"라고 번역할 수도 있는 것입니다. 그런데 여기서 질투라는 단어는 부정적인 의미로 번역될 수밖에 없습니다. "여호와께서는 열정이 많으시고 복수하시는 하나님이시다"라고 해석할 수 없기 때문입니다. 이처럼 부정적인 뉘앙스가 분명히 있지만 정당한 관계 가운데 의로운 사랑에서 비롯된 분노이기 때문에 질투라는 단어를 그냥 쓸 수밖에 없습니다. 영어 성경에도 'passion'(열정)이라고 번역할 수 있지만 'jealousy'(질투)라고 번역되어 있습니다. 이 질투는 살라 버릴 듯 강렬한 열정을 말하며, 자신의 소유 등 자신과 올바른 관계를 맺어야 하는 대상에게 쏟아붓는 사랑에서 비롯한 분노를 의미합니다.

사랑이 없으면 질투도 없습니다. 물론 그렇다고 해서 우리의 질투
가 다 사랑이라고 할 수는 없습니다. 우리는 모두 타락하고 왜곡되었
기 때문입니다. 하나님의 질투는 하나님의 소유 된 백성에 대한 하나
님의 열정, 불이 종이를 불살라 버릴 듯이 타오르는 것처럼 온 마음
을 다해 우리를 사랑하시는 하나님의 사랑에서 나오는 것입니다. 그
래서 오직 하나님만을 섬기고, 예배하고, 따르지 않으면, 만약 우리
가 하나님 아닌 다른 대상을 찾으면 불살라 버릴 거라고 말씀하신 것
입니다.

질투하시는 하나님은 선하신 분이다

하나님은 왜 이처럼 무섭게 말씀하시는 것일까요? 만일 하나님이 십
계명을 주시면서 "너희는 우상을 만들지 마라. 나만 섬겨라. 그런데
너희가 굳이 그렇게 하겠다면 말리지는 않겠다"라고 말씀하셨다면
하나님은 우리가 진정 섬기고 예배할 가치가 있는 분이실까요? 그런
하나님은 진정한 하나님이 아니십니다. 하나님은 진정 만왕의 왕이
시고 홀로 영광 받기에 합당한 분이시기에 무섭고 단호하게 말씀하
신 것입니다. 여호수아 24장에서 여호수아는 이스라엘 백성에게 이
렇게 말했습니다.

여호수아가 백성들에게 말했습니다. "니희는 여호와를 섬길 수 없다. 그
분은 거룩하신 하나님이시며 질투하는 하나님이시니 너희의 허물이나

죄를 용서하지 않으실 것이다. 만약 너희가 여호와를 버리고 이방의 신들을 섬기면 그분이 너희에게 잘해 주셨다 할지라도 돌이켜 너희에게 재앙을 내리고 너희를 죽일 것이다"(수 24:19-20).

여호수아는 조금이라도 우상을 섬기면 하나님이 벌을 내리실 것이라고 경고했습니다. 그가 이렇게까지 무섭게 말한 이유는 무엇입니까? 하나님의 인내심이 약하시기 때문도 아니고, 우리를 위협해서 억지로 끌고 가려고 하시기 때문도 아닙니다.

이슬람교도들이 하루에 다섯 번씩 정확하게 기도하고 규칙을 지키는 이유는 알라를 사랑해서가 아닙니다. 그렇게 하지 않으면 강한 형벌이 내려진다고 겁을 주었기 때문입니다. 하나님은 위협으로 통치하시는 분이 아닙니다. 자신의 나쁘고 부정하고 편협한 이기심을 만족시키기 위해서 자신을 따르지 않는 존재들을 쓸어버리는 독재자 하나님이 아니십니다.

그런데 왜 하나님은 우리를 불살라 버릴 듯한 열정으로 질투하시며, 복수하시며, 진노하실 것이라고 말씀하셨을까요? 그것은 하나님만을 섬기는 것이 우리에게 가장 큰 행복이요, 가장 좋은 길이기 때문입니다. 우리는 불행해지고 하나님만 기뻐하게 되시는 길이 아니라, 우리가 최고로 행복해지는 길이 우상을 내려놓고 하나님 한 분만을 진정 경배하고 섬기는 것이기 때문입니다.

유명한 청교도 신학자 조나단 에드워즈는 미국 대각성 운동을 일으킨 중요한 설교자이자 신학자입니다. 그의 모든 사상의 핵심은 '하

나님이 최고로 경배 받으시고 하나님 한 분만을 존중해야 한다는 것'
인데, 그렇게 행할 때 우리는 가장 행복해지며, 최고의 기쁨을 누리
게 된다는 것입니다. 이 사실을 깨닫고 받아들이자 미국에 놀라운 대
각성이 일어났습니다.

우리가 불행한 이유는 환경의 문제가 아니라, 심지어 나 자신의 문
제가 아니라 하나님 한 분만을 경배하지 않았기 때문입니다. 하나님
외에 다른 우상을 신처럼 모셨기 때문입니다. 하나님 한 분만 경배
받으시는 것, 그분만을 높여 드리는 것이 우리 삶의 가장 큰 행복이
요, 기쁨의 근원이요, 우리가 살길인 것입니다.

하나님의 질투는 하나님의 선하심에서 나옵니다. 하나님은 선하
시기 때문에 우리를 향해 질투하시는 것입니다. 하나님의 선하심이
질투로 변하면 하나님의 복수와 진노, 하나님의 심판이 나오는 것입
니다. 그러므로 하나님의 질투가 우리에게 쏟아지기 전에 하나님의
선하심을 바라보면서 그분을 온전히 예배해야 합니다. 우리는 하나
님을 높여 드리고, 하나님 한 분만을 경배해야 합니다. 모든 우상을
내려놓고 하나님에게로 돌아가야 합니다.

여호와께서는 선하시다. 환난 날에 피난처가 되신다. 그분은 그분께 피
하는 사람들을 아신다(나 1:7).

하나님은 자신이 심판하는 이유가 질투하기 때문이라고 설명하시
며 자신이 선하다고 말씀하셨습니다. 하나님은 환난 날에 피난처가

되실 만큼 선하신 분입니다. 피할 곳이 있는데 피하지 않는 모습을
보시니 얼마나 안타까우시겠습니까? 자신에게로 피하면 보호해 주
고 피난처가 되어 줄 텐데 멸망할 곳으로 자꾸만 도망가니 하나님에
게 불같은 질투가 솟아오르는 것입니다. 살길이 있는데 죽을 길로 가
니 발을 동동 구르며 불살라 버리는 불처럼 강력한 열정으로 우리를
향해 안타까워하시는 것입니다.

하나님은 피난처가 되시며, 환난 날에 부르짖는 자에게 귀를 기울
이십니다. 우리는 때로 '나 같은 사람의 부르짖음에 하나님이 귀를
기울이실까?'라고 생각합니다. 마음속에 우상이 가득한 사람이 그러
한 불신을 갖게 됩니다. 우상이 없는 사람, 하나님 한 분만이 나의 살
길이요, 모든 것이라고 고백하는 사람은 무슨 일이 생겨도 하나님에
게 피하고, 하나님을 의지합니다. 하나님이 피난처가 되시기 때문입
니다. 살길이 있는데도 하나님에게 오지 않을 때 하나님은 질투하십
니다.

성령도 시기하기까지 우리를 사모하신다
야고보서에서는 우리 안에 계신 성령이 시기하기까지 우리를 사모
하신다고 말합니다.

여러분은 여러분 안에 계신 성령께서 시기하기까지 사모하신다고 한 성
경 말씀을 헛된 것으로 생각합니까?(약 4:5)

우리 안에 계신 성령이 왜 시기하십니까? 성자 예수님이 우리를 구원하시기 위해 말씀으로서 육신이 되어 가장 낮고 천한 모습으로 이 땅에 오셔서 십자가에 피 흘리기까지 모욕과 고난과 죽음을 당하심으로 우리를 사랑하셨기 때문입니다. 그런데 만일 우리가 그 사랑을 알지 못하고 다른 데서 사랑을 얻으면 성령이 우리 안에서 시기하시는 것입니다. 때로 우리가 회개할 때 흘리는 눈물은 성령이 우리 안에서 시기하시기 때문에 나는 것입니다.

하나님이 피난처가 되시는데 왜 그분에게 피하지 않습니까? 열방과 강국이 우리나라를 살려 주는 것이 아닙니다. 사회적, 세상적으로는 외교를 잘해서 살아 나가야 할 것입니다. 성경을 보면 이스라엘 백성은 어떻게 하면 강대국 눈치를 보면서 살아남을 수 있을지를 고민했습니다. 하지만 갈수록 꼬이는 것을 보게 됩니다. 그들에게는 담대한 믿음이 없었기 때문입니다. 믿음이 있으면 부딪칠 때 부딪치고, 화해할 때 화해하게 됩니다. 강대국들의 힘센 모습을 보고 두려워하며 벌벌 떠는 것이 아니라 '이 나라는 하나님이 지켜 주시는 나라다'라는 중심이 있어야 합니다. 그러한 믿음에서 나오는 용기와 지혜가 지도자들을 비롯해 온 국민에게 필요합니다. 세상의 경제력이 우리나라를 지켜 주는 것이 결코 아닙니다. 하나님을 피난처로 삼고 그분을 의지할 때 하나님이 우리의 살길을 열어 주십니다.

그런데 그렇지 않을 때 성령 하나님이 시기하기까지 우리를 사모하십니다. 우리의 시간과 물질이 낭비되고 우리의 영혼이 다른 데 팔려 있을 때 성령 하나님이 시기하시는 것입니다. 하나님의 말씀을 묵상하는 일은 제쳐놓고 세상의 헛된 소문과 가십거리에 몰두해 있을 때 성령 하나님은 시기하십니다. 하나님은 질투하시는 분입니다. 베스트셀러는 나오는 족족 읽으면서 세계 최고의 베스트셀러인 성경을 읽지 않으면 '나도 책 한 권 썼는데 왜 안 읽어?' 하며 시기하십니다. 성령은 시기하기까지 우리를 사모하십니다.

하나님의 질투를 깨달은 사람은 마음속에 동일한 질투가 일어납니다. 그것은 바로 하나님의 영광에 대한 질투입니다. 하나님의 이름이 더럽혀지는 것이나 하나님을 기쁘시게 하지 못하는 일에 대해 거룩한 질투가 일어납니다. 그 질투는 열정과 열심이 됩니다. 우리 안에 신앙에 대한 열심이 일어나는 이유는 시기하기까지 우리를 사모하시는 성령의 역사하심 때문입니다. 우리 안에 성령의 시기심이 느껴질 때 열정이 회복되는 것입니다. 이것이 참된 신앙생활의 능력입니다.

하나님은 선하십니다. 하나님은 우리를 죽기까지 사랑하셨습니다. 그렇기에 하나님은 질투하십니다. 하나님이 우리에게 마음과 뜻과 힘을 다해 하나님을 사랑하라고 요구하시는 이유는 하나님이 그렇게 우리를 사랑하시기 때문입니다. 서로 사랑하지 않는 관계에서는 질투가 존재하지 않습니다. 무슨 일을 하든, 누구를 바라보든, 어떤 행동을 하든 아무 상관이 없습니다. 온전한 사랑이 있기에 질투가 일어나는 것입니다. 그 질투는 복수하는 진노와 심판으로 나아갑니다.

하나님의 심판 앞에서 우리 모두 하나님의 질투를 느끼며, 그로써 우리 안에 하나님을 향한 선한 열정이 가득해져야 합니다. 그래서 멸망 받은 니느웨와 같이 되지 않고 그 나라의 사례를 반면교사로 삼아 하나님 앞에 돌이켜 하나님 한 분만을 사랑하는 것이 행복임을 깨달 아야 합니다. 하나님의 부정적인 심판을 받지 않도록 하나님을 더 깊 이 사랑하십시오. 그리고 이것이 인생 최고의 행복이요, 기쁨의 삶임 을 기억하십시오.

하 박 국

"주 여호와께서는 내 힘이십니다."

하박국의 이름은 '껴안은 자'라는 뜻으로, 그는 이스라엘에 어떤 일이 일어나더라도 하나님만을 의지하기로 결심한 선지자였다(합 2:4). 그는 예루살렘이 바벨론의 공격을 받아 멸망의 위기 가운데 있을 때 활동했던 것으로 보인다(합 1:6). 대개는 B.C. 612-587년 사이로 추정하며 요시야 재위 말기에서 여호야김 통치 사이에 하나님의 묵시를 받아 선포했을 것으로 추측된다.

동시대의 선지자로는 예레미야와 스바냐와 다니엘이 있다.

관련 성경 구절 합 1-3장

하나님을 즐거워하라

합 3:16-19

하박국, 하나님의 공의로운 통치를 의심하다

구약의 예언자들에게 나타나는 공통점은 역사의 문제에 깊은 관심이 있었다는 것입니다. 그들은 불의와 악의 문제에 대해서 고민했을 뿐만 아니라 탄식했고, 또 하나님 앞에 그 문제를 들고 나아가 토로했습니다. 특별히 하박국 선지자는 이 문제에 대해 하나님과 깊은 대화를 나누는 가운데 우리에게 귀한 음성을 들려주었습니다. 하박국서는 예언서이지만 특정 나라나 민족, 또는 그 백성을 향한 예언보다는 하박국 선지자가 하나님과 나눈 대화로 구성되어 있습니다.

역사의 한복판에서 하박국은 하나님의 공의로운 통치를 의심했습니다. 불의한 자들이 의로운 자들을 지배하는 모습을 보면서 하나님이 역사에 불의하시고 무관심하신 것 같다며 의심했습니다. 이는 불신에서 나온 의심이 아니라 하나님의 살아 계심을 믿고, 하나님을 의지하고, 하나님과 동행하기 때문에 나온 의심이었습니다.

의심에는 두 가지 종류가 있습니다. 첫 번째는 의심 자체에서 나오는 의심입니다. 이러한 의심은 가만히 들어 보면 말이 되지 않고, 대답할 가치도 없으며, 사실 대답할 수도 없습니다. 두 번째는 믿고자 하는데 믿어지지 않아서 생기는 의심입니다. 이러한 의심은 믿음에 이르게 할 뿐 아니라 믿음의 비밀을 깨닫는 은혜를 가져다줍니다. 우리에게는 이 의심을 잘 구별해 내는 영적인 안목이 필요합니다. 때로 교회 경계선 밖에서 이러한 의심을 던지는 사람들이 있기 때문입니다. 마음에 믿음이 있기 때문에 그런 의심이 나온 것입니다. 그들은 추호의 의심도 없다면서 맹목적으로 믿는 척하는 사람들보다 오히려 더 깊은 신앙에 들어갈 수 있는 사람들입니다. 하박국 역시 믿음에서 나오는 의심을 품었던 것입니다.

오 여호와여, 제가 언제까지 부르짖어야 합니까? 주께서 듣지 않으시는데. "폭력입니다"라고 제가 주께 외쳐도 주께서는 구해 주지 않으십니다. 왜 저로 하여금 불의를 보게 하십니까? 왜 죄악을 쳐다보게 하십니까? 파괴와 폭력이 제 앞에 있습니다. 갈등이 있고 싸움이 일어납니다. 그러므로 율법을 지키지 않고 정의가 아주 실행되지 못합니다. 악인이 의인을 에워싸 버려서 정의가 왜곡됩니다(합 1:2-4).

하박국은 당시 사회에 가득한 불의와 폭력 그리고 정의가 왜곡되는 현실을 보면서 하나님에게 호소했습니다. 하나님의 선하신 통치에 대한 의심이었습니다. 그러나 하박국은 여기에서 그치지 않고 더나아가 하나님에게 분노하고 항의하기까지 했습니다. 사실 의심이전부인 줄 알았는데 알고 보니 그 안에 분노와 항의가 들어 있었던것입니다.

> 주의 눈은 정결해서 죄악을 보시지 못하시고 죄악을 그냥 바라보시지 못하십니다. 그런데 악한 사람이 자기보다 의로운 사람들을 파괴시키고 있는데 왜 반역자들을 조용히 바라보고만 계십니까?(합 1:13)

정결하고 거룩하며 의로우신 하나님이 왜 가만히 보고만 계시냐며 하나님에게 분노를 표출하고 항의했던 것입니다. 아마도 하박국의 말은 "하나님, 이러시면 안 됩니다"라는 것이었을 것입니다.

하나님의 답변, 잠잠하라

하나님은 하박국 선지자의 의심과 분노 및 항의에 아주 자상하게 답변해 주셨습니다. 하박국 2장 전체가 하나님의 답변입니다. 하나님은 "이 묵시를 기록하여라. 판에 똑똑히 새겨서 달리는 사람도 읽을수 있게 하여라"(합 2:2)라고 말씀하셨습니다. 결코 방관하지 않으며반드시 심판할 것이라고 하셨습니다. 그러나 하박국 선지자가 원하는 때, 원하는 방식, 정한 모습이 아니라 하나님의 때에, 하나님의 방법으로, 하나님이 반드시 심판할 것이라고 덧붙이셨습니다. 그리고 마지막에는 "그러나 여호와는 거룩한 성전에 있다. 온 땅은 그분 앞에서 잠잠하라"(합 2:20)라고 말씀하셨습니다. 하박국에게도 잠잠하라고 하신 것입니다.

하박국은 하나님이 그 땅에 가득한 불의를 반드시 심판할 것이라고 하신 말씀에 대해서는 별로 놀라지 않았을 것입니다. 하박국을 놀라게 한 말씀은 하나님이 그 땅의 죄악을 하박국이 생각하기에 이스라엘 백성보다 더 악하다고 여겨지는 바벨론 사람들을 통해서 심판하겠다고 하신 것이었습니다. 아마도 하박국의 내면에는 이러한 하나님의 말씀을 받아들이지 못해 '하나님, 그건 아닌 것 같은데요'라는 마음이 일어났을 것입니다.

하나님이 이러한 하박국의 마음을 통해서 우리에게 주시는 교훈은 무엇일까요? 하박국 1장에서 그가 던진 의심, 즉 하나님은 과연 살아 계신가에 대한 질문을 하나님은 인정하셨습니다. 아마도 그의 마음속에 일어난 분노는 거룩한 분노였을 것입니다. 그는 세상에 불의와 부정과 악이 판치는 모습을 보면서 "왜 반역자들을 조용히 바라보고만 계십니까?" 하고 울부짖었고, 하나님은 그것을 인정하셨습니다.

그러나 그러한 부르짖음은 의의 반쪽밖에 되지 못합니다. 하나님이 보실 때 하박국이 세상을 보면서 불의하다고 말한 것은 맞지만 하박국이 스스로를 의롭다고 말할 수는 없습니다. 우리는 흔히 올바른 이야기를 하면 자신이 옳은 사람인 줄 착각하곤 합니다. 그러나 의로운 주장을 하는 사람이 과연 의로운지는 별개의 문제입니다.

하박국은 세상을 보면서 하나님을 향해 도대체 뭘 하고 계신지를 물었습니다. 사실 이 말 자체가 하나님에 대한 엄청난 교만이고 도전입니다. 그런데 말씀을 계속해서 살펴보면 그는 하나님을 조종하려고 했습니다. "오 여호와여, 제가 언제까지 부르짖어야 합니까?"라고 하면서 자기는 더 이상 못 봐주겠다고 말했습니다. 하나님과 자신을 동등하게 여겼을 뿐만 아니라 하나님 위에 올라가려 한 것입니다.

하나님이 바벨론을 통해 유다 백성을 징벌하겠다고 하시자 그 계획을 들은 하박국은 더욱 불편해했습니다. 그건 아닌 것 같다며 하나님의 뜻에 반론을 제기했습니다. 여기에서 의를 부르짖는 사람의 불의함이 나오는 것입니다. 자기가 정한 때에 자기가 정한 방식과 모습으로 모든 일이 진행되지 않으면 불의하게 보는 것입니다. 이처럼 우리는 의로운 주장을 하면서 불의해질 수 있습니다.

한국 교회의 역사를 보면 수많은 분열이 있었습니다. 특별히 교단의 분열과 같은 분열의 중요한 분기점들을 살펴보면 모두 어려운 일이 있을 때 정의를 부르짖은 쪽과 반대쪽으로 나뉘었음을 알 수 있습니다. 분명히 당시에는 정의를 부르짖은 쪽이 옳았는데 시간이 흘러갈수록 그 진영에서 또다시 정의를 부르짖고, 또다시 정의를 부르짖는 일들이 반복되면서 핵분열이 이루어져 수백 개의 교단이 되고 말았습니다.

의로운 주장 자체는 옳습니다. 하박국 1장 단계까지는 옳습니다. 그런데 2장에서 하나님이 말씀하시는 계획, 하나님이 세상을 움직이시는 것에 대해서도 내 방식, 내 주장, 내가 원하는 절차를 따라야만 의라고 주장할 때 불의가 됩니다. 역사를 보면 의를 주장하면서 또 다른 불의를 만들어 내는 것이 인간 역사의 함정이요, 교만이었습니다.

유럽 대륙에서 북미 대륙으로 건너온 사람들을 '청교도'(puritan)라고 말합니다. 역사를 배우면서 청교도라는 단어에 교만이 담겨 있을 수 있다는 사실을 알게 되었습니다. 왜냐하면 청교도들이 북미 대륙에 와서 좋은 영향을 끼친 것도 물론 많았지만 수많은 인디언을 핍박한 것이 사실이기 때문입니다.

청교도들이 북미 대륙에 정착할 때 인디언들이 많은 도움을 베풀었습니다. 그런데 청교도들은 그들을 인디언 보호 구역에 가두어 놓고는 땅을 다 차지해 버렸습니다. 북미 대륙에 청교도들이 들어가기 전까지 그 땅 사람들은 토지를 하늘의 선물로 여겨 다 함께 공유했습니다. 사유지가 없었습니다. 유럽에서 건너간 사람들이 자기 땅을 구획 짓기 시작하고 서부 개척을 하면서 전부 개인 땅으로 만들어 버린 것입니다. 누가 더 의로웠습니까? 이 문제에 있어서는 토지는 하나님의 선물이므로 공유해야 한다고 생각했던 인디언들이 청교도보다 더 청교도적이었습니다.

그뿐만 아니라 함께 유럽 대륙에서 건너온 사람들 안에서도 교리가 다르다는 이유로 사람들을 정죄해 보스턴 지역에서 시작해 필라델피아까지 내쫓았습니다. 지금도 미국 필라델피아에 가면 아미쉬파 사람들이 있습니다. 미국 학교에서 총기 사건이 일어났을 때 죽은 아이들의 부모가 가해자를 찾아가서 용서한 일이 있었는데, 그 부모들이 유명한 아미쉬교도들이었습니다. 역사적으로 청도교들은 그들을 이단으로 정죄해 내쫓았으며 엄청난 핍박을 가했습니다. 그런데 신앙적으로 보면 그들이 더 순수했습니다.

이처럼 역사에는 청교도라는 이름 아래 이루어진 순결하지 않은 일들이 많았습니다. 이는 청교도라는 이름으로 불린다고 해서 반드시 옳은 것은 아니라는 뜻입니다. 우리 역시 의로운 주장을 하면서 반쪽 의만 생각할 가능성이 많습니다.

그렇다면 하나님의 의는 무엇입니까? 로마서 3장 20절에 기록되어 있는 하나님의 의는 죄에 대한 하나님의 심판의 의를 의미합니다. 하나님은 모든 죄인을 심판하신다는 것입니다. 그런데 이어지는 21절을 보면 또 다른 의, 하나님의 한 의가 나타났다고 말합니다. 이것은 심판 속에서 구원을 허락하시는 의이며, 재앙 가운데 회복을 허락하시는 의입니다. 세상에서 부르짖는 의만 생각하면 다 멸망시켜야 마땅합니다. 그러나 하나님의 의는 멸망 속에서 구원하시는 의입니다. 하나님이 회개를 통한 회복을 허락하신 것입니다. 이러한 하나님의 의는 사람들이 이해할 수 없는 또 다른 차원의 의입니다. 하박국 2장 3-4절에서 하나님은 이에 대해 다음과 같이 설명하셨습니다.

왜냐하면 이 묵시는 정해진 때가 돼야 이뤄지고 마지막 때를 말하고 있으며 반드시 이뤄진다. 비록 늦어진다 해도 너는 기다려라. 반드시 올 것이며 지체되지 않을 것이다. 보아라. 마음이 교만한 사람은 의롭지 않다. 그러나 의인은 그의 믿음으로 살 것이다.

하나님은 마음이 교만한 사람은 의롭지 않다고 말씀하셨습니다.

우리는 교만한 마음으로도 의를 부르짖을 수 있습니다. 그러나 의로운 주장을 한다고 해서 의인이 아니라 오직 믿음으로 말미암아 사는 사람이 의인입니다. "의인은 믿음으로 살 것이다"(롬 1:17)라는 위대한 말씀이 이 배경에서 나온 것입니다. 그러므로 하박국 선지자는 최초의 종교개혁자라고 말할 수 있습니다. 바울이 이 말씀을 인용했고, 종교개혁자 마틴 루터가 이 말씀을 통해 오직 의인은 믿음으로 말미암아 산다는 것을 깨달아 종교개혁을 일으켰습니다.

의인은 그의 믿음으로 살 것이다

"의인은 그의 믿음으로 살 것이다"라는 말은 진정한 의인은 의로운 주장을 한다고 되는 것이 아니라 믿음으로 살아가는 사람임을 의미합니다. 믿음이란 하나님의 심판이 주어질 때 하나님이 바벨론으로 심판하시든, 앗시리아로 심판하시든, 나보다 못한 사람으로 심판하시든 하나님의 모든 방법은 의롭다고 인정하며 하나님의 조치를 받아들이는 것입니다. 그리고 하나님이 구원하신다면 그것도 받아들이는 것입니다. 요나는 이 사실을 받아들이지 못했습니다. 하나님이 니느웨를 구원하겠다고 말씀하시자 안 된다며 반대쪽으로 향했습니다. 요나는 교만했던 것입니다.

믿음으로 산다는 것은 하나님의 성품을 받아들인다는 것입니다. 선인에게만이 아니라 악인에게도 햇빛과 단비를 주시는 하나님의 선한 조치를 인정하는 것입니다. 우리는 내가 싫어하는 것들은 세상에서

다 사라져야 한다고 생각합니다. 내가 보기 싫은 사람에게는 세상 종말이 와야 하고 나에게는 천국이 임해야 합니다. 그런데 그 속에는 무서운 자기 의가 숨어 있습니다. 지극히 자기중심적이어서 세상의 중심이 자기입니다. 자기의 주장이나 방법은 다 옳고 다른 사람은 다 틀립니다. 상대방에게서는 작은 허물이 발견되더라도 하나님의 불 심판이 임해야 하지만, 자기에게는 엄청난 죄가 발견되어도 하나님의 한없는 은혜가 임해야 합니다. 성경을 인용할 때도 다른 사람에게는 언제나 심판의 구절을 적용하고, 자신에게는 언제나 은혜의 구절을 적용합니다. 교만은 언제나 자기중심적으로 흐르게 되어 있습니다.

또한 믿음으로 말미암아 산다는 것은 하나님의 말씀을 있는 그대로 받아들인다는 것입니다. 하나님은 의로우시며, 또한 사랑이십니다. 하나님의 의는 사랑으로 완성됩니다. 하나님은 심판하시지만 심판 가운데서도 구원하십니다. 구원의 길을 예비하신 하나님은 재앙을 내리시되 더디 내리십니다. 재앙 가운데 회개하고 돌이킬 자들을 기다리시는 것입니다. 이는 하나님이 세상의 불의를 용납하시는 것이 아닙니다. 더 큰 하나님의 의를 이루고 하나님과 올바른 관계를 맺게 하시려는 것이며, 죄 가운데 있는 백성을 심판으로 쓸어버리지 않고 구원하기를 기뻐하시는, 우리의 차원으로는 상상할 수 없는 하나님의 의로우심 때문입니다.

세상은 불의가 판치는 것 같지만 하나님이 반드시 심판하십니다. 그러나 우리가 죽어 마땅하다고 여기는 사람들이라 할지라도 하나님은 그들에게 구원의 길, 회복의 길을 주시는 의로우신 분입니다.

우리는 이러한 하나님의 의를 믿음으로 받아들이지 않기 때문에 교만한 것입니다. 그래서 의로운 주장을 하면서 불의한 삶을 사는 것입니다. 이것이 바로 인간의 모순입니다. 우리는 의로운 주장을 하면서도 하나님을 배반할 수 있고, 하나님의 뜻과 정반대로 갈 수 있습니다. 그래서 하박국 선지자는 1-2장에서 하나님과의 깊은 토로 가운데 대화하면서 하나님을 탓하는 기도를 드렸습니다.

기도로 변화된 하박국의 태도

그런데 3장에 들어서면서 하박국의 기도가 바뀌었습니다. 1장에서 그는 하나님을 탓했지만, 2장에서 하나님의 깊은 음성을 들었습니다. 이는 마치 욥이 많은 시간 동안 자신의 고난의 원인을 하나님에게 두고 하나님을 탓하면서 토로하다가 하나님이 직접 폭풍 가운데 나타나 말씀하시자 마지막 42장에 이르러 회개하고 하나님의 뜻을 받아들인 것과 같습니다. 이처럼 하박국도 3장에 이르러서는 하나님의 뜻을 깨닫고, 하나님의 뜻 가운데 순종하는 믿음으로 의롭게 되는 기도를 드렸습니다. 그래서 3장의 기도가 아름다운 것입니다. 3장에서 하박국 선지자는 하나님의 임재 앞에 두려워했습니다

그 소리를 듣고 내 뱃속이 뒤틀립니다. 그 소리에 내 입술이 떨립니다. 내 뼈가 썩어 들어가고 내 다리가 후들거립니다. 그러나 나는 우리를 침략하려고 오는 백성들에게 닥칠 재앙의 날을 조용히 기다릴 것입니다(합 3:16).

하박국은 바벨론의 침략을 통해 심판하신다는 하나님의 말씀을 듣고는 배 속이 뒤틀리고, 입술이 떨리고, 뼈가 썩어 들어가고, 다리가 후들거렸습니다. 그러나 닥칠 재앙의 날을 조용히 기다리겠다고 말했습니다. 하나님에게 따지지 않겠다는 것이요, 믿음의 자세로서 하나님이 내리신 처분을 조용히 기다리겠다는 것입니다. 믿음의 예배는 하나님 앞에 잠잠한 것이며, 자기의 소리를 다 내려놓는 것입니다. 우리가 어떻게 하나님을 탓하면서 하나님을 예배할 수 있겠습니까? 우리가 할 일은 하나님 앞에 잠잠히 기다리는 것입니다.

하박국 선지자는 3장 17-18절에서 유명한 신앙고백을 노래했습니다.

무화과나무가 싹이 트지 않고 포도나무에 열매가 없다고 해도, 올리브나무에서 수확할 것이 없고 밭은 먹을 것을 생산하지 못해도, 우리 안에 양 떼가 없고 외양간에 소가 없다 해도 내가 여호와를 기뻐할 것이고 내 구원이 되시는 하나님을 즐거워할 것입니다.

하박국 선지자는 하나님을 기뻐하고 즐거워할 것이라고 말했습니다. 이때는 재앙이 임박한 시기였습니다. 그는 하나님을 탓하며 기도하기 시작했으나 하나님을 즐거워함으로 마무리했습니다. 그는 의심으로 출발했으나 확신으로 끝냈습니다. 그는 분노로 시작했으나 평안을 경험하게 되었습니다. 그의 마음속에는 하나님을 향한 항의가 있었으나 마지막에는 하나님을 즐거워했습니다. 어떻게 이런 변화가 가능했을까요? 기도의 과정을 통해서였습니다.

우리는 기도가 하나님을 변화시킨다고 말합니다. 물론 하나님은 우리의 기도를 통해 역사하십니다. 그런데 더 큰 변화는 우리 자신에게서 일어나며, 이것이 진정한 기도입니다. 어떤 사람의 기도를 들어 보면 하나님만 움직이려 할 뿐 자기는 미동도 하지 않습니다. 그는 하박국 1장 초반부의 기도를 드리는 사람입니다. "하나님, 뭐 하시는 것입니까? 빨리 움직이십시오. 오늘은 여기입니다. 내일은 저기입니다" 등 자기는 가만히 있으면서 하나님을 좌우로 지시하며 조종하는 것이 기도라고 생각합니다. 그러나 진정한 믿음의 기도는 기도하면 할수록 하나님을 탓하는 기도에서 하나님의 뜻을 깨닫는 기도로 변화됩니다. 의심이 아니라 확신에 이르며, 분노가 아니라 평안을 향해 갑니다. 조용히 하나님의 때를 기다리고, 하나님의 방법을 받아들입니다. 그리고 마침내 하박국 선지자처럼 하나님을 즐거워하게 됩니다.

재앙의 한복판에서도 하나님을 기뻐할 수 있는가?
하박국 선지자는 무화과나무가 싹이 트지 않고, 포도나무에 열매가 없으며, 올리브 나무에서 수확할 것이 없고, 우리 안에 양 떼가 없다고 말했습니다. 이는 단지 경제적으로 망했다는 뜻이 아닙니다. 하나님의 재앙과 심판의 한복판에 있다는 것을 의미합니다. 이는 하나님이 내리시는 재앙의 한복판에서도 하나님을 기뻐하며 즐거워할 수 있다는 말입니다. 이것이 바로 믿음으로 의롭게 된 사람들이 누릴 수 있는 은혜입니다.

나 자신은 의가 아니며, 재앙 받아 마땅한 자요, 진노 받을 만한 자입니다. 그러나 그 속에서도 맛볼 수 있는 하나님의 선한 은혜가 있기에 하나님을 믿음으로 따라갑니다. 앞에 재앙이 놓여 있지만 하나님의 선하심을 믿음으로 나아가기에 회복을 기대합니다. 이처럼 믿음으로 사는 것은 내가 원하는 대로 사는 것이 아니라 내 앞에 하나님이 내리신 재앙이 있다 할지라도 하나님의 선하심을 의심하지 않고 기뻐하며 하나님을 즐거워하는 것입니다.

예수님은 십자가에서 아버지가 이 땅에 내리시는 모든 진노를 한 몸에 받으셨습니다. 하나님의 버림받는 진노를 받으신 예수님은 "엘리 엘리 라마 사박다니 … 내 하나님, 내 하나님, 어째서 나를 버리셨습니까?"(마 27:46)라고 말씀하셨습니다. 그러나 이러한 하나님의 버리심 속에서도 예수님은 하나님을 즐거워하셨습니다. 히브리서 12장 2절은 이렇게 말합니다.

> 믿음의 창시자요 완성자신 예수를 바라봅시다. 그는 자기 앞에 놓여 있는 기쁨을 위해 부끄러움을 개의치 않으시고 십자가를 참으셨습니다. 그래서 그는 하나님의 보좌 오른편에 앉게 되셨습니다(히 12:2).

예수님은 십자가 앞에 놓인 즐거움을 바라보신 것입니다. 이것은 바로 하박국 선지자가 고백한 것과 동일한 고백입니다. 그는 하나님의 심판이 임하는 재앙의 한복판에서도 선하신 하나님, 회복의 하나님, 구원의 하나님, 심판으로 역사를 끝내시지 않는 하나님을 바라보았던 것입니다.

스스로 의롭다 여기고 의를 주장하는 사람은 자신은 빼고 불의한 사람들에게만 심판이 임하기를 원합니다. 그것은 하나님의 의에 합당하지 않습니다. 하나님은 모든 자를 동일하게 심판하십니다. 그러나 하나님 앞에 믿음으로 겸손하게 죄악을 고백하고 십자가를 의지하는 자들은 구원해 주십니다. 이것이 하나님의 의입니다. 우리는 하나님의 의를 경험함으로 어떠한 상황에서든지 하나님을 기뻐하고 즐거워하는 하박국의 신앙을 본받아야 합니다.

웨스트민스터 신앙고백 제1조는 "인간의 제일 되는 의무는 하나님을 영화롭게 하고 영원토록 그분을 즐거워하는 것이다"입니다. 우리는 경건 생활을 생각할 때 하나님을 영화롭게 하되 나는 비참해지는 것으로 여길 때가 많습니다. 최고의 경건은 고행이 아니라 고통 중에도 하나님을 즐거워하는 것입니다. 심지어 하나님이 내리신 재앙의 한복판에서도 하나님을 기뻐하는 것입니다. 이런 고차원적인 삶이 존재합니다.

하박국의 이 고백을 경험하고 있습니까? 재앙의 한복판에서도, 모든 것이 다 무너진 가운데서도 하나님을 바라며 즐거워할 수 있습니까? 하박국이 가능했다면 우리도 가능할 것입니다. 우리가 즐거워한 것이 무화과나무가 아니었다면, 외양간의 소가 아니었다면 우리는 모든 것을 다 잃어버려도 하나님을 즐거워할 수 있을 것입니다. 이것은 단순한 세상적인 기쁨이 아닙니다. 고통이 주는 고난의 무게를 이

길 수 있는 즐거움입니다. 예수님이 십자가를 참으며 즐거워하셨던 것처럼 하나님이 우리 안에 주시는 위로와 사랑으로 인해 우리는 즐거워할 수 있는 것입니다. 이것이 진정한 경건이요, 진정한 의로움입니다. 이것은 교만한 자는 결코 바라보지 못하며, 오직 겸손한 자만이 누릴 수 있습니다.

하박국의 고민은 아주 중요한 것이었기에 우리에게 기록되어 알려진 것입니다. 우리는 세상의 불의를 보며 탄식하고, 저항하고, 외칠 수 있어야 합니다. 그러나 그것은 반쪽 의에 불과하다는 사실을 함께 기억해야 합니다. 의로운 주장을 한다고 해서 의인이 되는 것이 아니라 오직 믿음으로 말미암아 사는 자가 의인입니다. 하나님을 믿으며 하나님의 인도하심과 선하심을 바라는 삶, 심판 가운데서도 구원하기를 기뻐하시는 하나님의 의로움을 믿어 그분을 기뻐하며 즐거워하는 진정 의로운 삶을 살아야 합니다.

하박국 3장은 19절의 고백으로 끝납니다.

> 주 여호와께서는 내 힘이십니다. 그분은 내 발을 사슴의 발처럼 만드시고 그분은 평원에서 나로 하여금 뛰어 다니게 하십니다.

우리는 멸망의 한복판에서도 힘 있게 뛸 수 있도록 우리를 높은 곳에 다니게 하시는 하나님을 즐거워하며 기뻐하는 삶을 살아야 합니다.

스 바 냐

"여호와의 큰 날이 다가오는구나."

스바냐는 히스기야 왕의 현손이며 구시의 아들로 왕가 출신이다(습 1:1). 그는 남 유다의 왕 요시야의 시대에 활동했을 것으로 보인다. 그는 유다의 부도덕함과 우상 숭배 때문에 하나님의 심판을 받을 것에 대해 선포했다(습 1:4-13, 3:1-7). 또한 하나님의 규례를 지키는 이스라엘의 남은 자는 심판 날에 구원을 얻게 될 것이라고 덧붙였다(습 2:1-3, 3:8-20).

그와 동시대에 활동한 선지자로는 예레미야, 나훔, 하박국 등이 있다(렘 1:2).

관련 성경 구절 왕하 21:20-22; 대하 33:23; 습 1-3장

—— 17 ——

너로 인해 기뻐하며
노래하리라

습 3:14-20

역사는 직선적이며, 성경에 모든 답이 들어 있다

사람들은 미래를 알려 준다는 정보에 많은 귀를 기울입니다. 소위 미래학 책이 늘 베스트셀러가 되는 이유가 여기에 있습니다. 미래를 조금 더 빨리 알면 세상에서 더 나은 사람이 될 수 있고, 더 나은 성공을 이룰 수 있다고 생각하기 때문입니다. 그러나 한 시대를 살아가는 사람이 그다음 세대에 대해 정확하게 예측한 경우는 역사적으로 존재하지 않습니다. 그저 자신이 살고 있는 현재를 논할 뿐입니다. 그리고 현재 일어나는 현상들이나 통계들을 통해 약간 앞서 말하는 것입니다. 현재 전혀 힌트가 없는 것에 대해 말하는 미래학 책은 존재하지 않습니다.

성경이야말로 역사의 미래에 대해서 가장 정확하게 말하는 살아 있는 책입니다. 최고의 미래학 교과서인 것입니다. 미래뿐만 아니라 과거와 현재의 역사 전부를 설명해 주는 책이 바로 하나님의 말씀인 성경입니다. 왜냐하면 역사의 주인공이자 역사를 통치하시는 분이 우리에게 주신 기록이기 때문입니다. 그래서 많은 사람이 '역사'(History)를 가리켜 '그분의 이야기'(His story)라고 해석하곤 합니다.

하나님이 말씀, 특히 예언서를 통해서 우리에게 계속해서 들려주시는 것은 '역사에는 하나님의 심판이 있다'는 메시지입니다. 역사를 시작하신 하나님, 인간을 창조하신 하나님이 하나님에 대한 죄, 배역, 타락에 대한 심판을 끊임없이 행하신다는 것입니다. 그리고 마지막 날 그 심판이 예고되어 있습니다.

성경의 역사를 짧게 요약하면 이렇습니다.

창조(창 1-2장) - 타락(창 3-5장) - 심판/구원: 노아 홍수(창 6-9장) - 새로운 인류: 노아 후손(창 9장) - 타락: 바벨 탑(창 11장) - 심판/구원: 아브라함의 선택(창 12장) - 새로운 인류: 아브라함의 후손(창 12장) - 타락(이스라엘 역사) - 심판/구원: 바벨론 심판(예언서) - 새로운 인류: 예수 그리스도(새 언약) - 타락(전 인류의 역사) - 심판/구원(요한계시록)

창세기 1장에서 하나님은 인간을 창조하셨습니다. 창세기 3장에서는 타락한 인간이 등장했고, 결국 타락한 후손은 노아의 홍수 심판이라는 하나님의 심판을 경험하게 되었습니다. 그러나 하나님은 노아의 가족을 보존하셔서 새로운 인류를 시작하셨습니다. 그런데 살아남은 노아의 후손도 결국 타락하고 말았습니다. 타락의 증거는 바벨에 탑을 쌓고 하나님을 대적하는 모습으로 표출되었습니다. 하나님은 탑을 쌓는 그들을 흩으심으로 또다시 역사를 심판하셨습니다.

창세기 11장에서 하나님은 새로운 인류를 다시 시작하셨습니다. 흩으신 인류 가운데서 아브라함이라는 한 사람을 택하셔서 약속을 주셨고, 그의 후손을 통해 하나님의 소유 된 백성, 하나님과 언약 관계를 맺은 백성을 부르신 것입니다. 그러나 그 후손 역시 또다시 타락했습니다. 이것이 이스라엘의 역사에 나타난 타락들입니다. 하나님은 그 타락들에 대해 북 왕국 이스라엘은 앗시리아로, 남 왕국 유다는 바벨론으로 심판하셨습니다.

그러나 그 심판으로 역사를 끝내지는 않으셨습니다. 앞서 살펴본 예언서 내용에 의하면, 하나님은 심판 가운데 구원하시는 분으로서 남은 자들을 허락하셨습니다. 바벨론에 포로로 잡혀가지만 포로지에서 귀환하는 자들이 있었습니다. 하나님은 당신의 백성을 완전히 진멸하지 않으셨고, 회개하고 돌이켜 하나님의 심판에 순응하고 믿음으로 하나님의 역사를 받아들이는 남은 자들을 통해 새로운 인류를 시작하셨습니다.

또한 하나님은 그 남은 자들 가운데 예수 그리스도를 통해 우리에게 새로운 역사를 이루실 것이라고 설명하셨습니다. 이스라엘의 역사는 타락해 하나님의 심판을 받았지만 하나님은 그 가운데 다윗의 후손인 예수 그리스도를 통해서 새로운 인류를 또 시작하신 것입니다. 그 새로운 인류로 인해 오늘 우리 가운데 구원의 기회가 허락되었습니다. 그러나 오늘 이 땅에는 또 다른 전 인류 역사의 타락이 여전히 존재합니다. 그래서 요한계시록에서는 마지막 날 하나님이 온 세상을 심판하실 것을 예고합니다.

이것은 돌고 도는 역사의 사이클처럼 보이지만 사실은 직선적입니다. 시작이 있고 끝이 있는 성경의 역사관인 것입니다. 그 안에는 여러 사이클과 패턴이 나타나지만 그것은 역사의 순환을 보여 주는 것이 아닙니다. 오히려 역사는 창조에서 심판으로 끝나지만 하나님은 심판의 한가운데서도 구원을 행하신다는 것을 알려 줍니다. 마지막 날에 심판을 면하게 하시려고 하나님이 역사 속에서 끊임없이 세상을 심판하시는 것입니다. 다시 말하면, 역사 속에 있던 수많은 심판은 마지막 최후의 심판을 면하게 하시려고, 우리를 구원하시려고 하나님이 경고하신 심판인 것입니다. 예언자들은 마지막 날에 있을 최후의 심판을 향하면서 동시에 그 시대의 역사 속에 임할 심판을 예언한 것입니다.

하나님이 예언자들을 통해 주신 궁극적인 심판은 마지막 날 있을 심판을 향하고 있습니다. 예언자들은 그 심판을 피하기 위해 이 땅에서 계속 심판하신 하나님을 예언한 것입니다. 본문의 스바냐 선지자도 그날을 바라보았습니다. 그리고 그날을 가리켜 요엘서에서와 마찬가지로 ‘여호와의 날’, ‘주의 날’이라고 표현했습니다.

진노의 날 온 땅에 임할 하나님의 심판

스바냐 선지자는 마지막 여호와의 날에 있을 심판의 무서움을 설명했습니다. 그 심판이 얼마나 광범위한지, 온 땅에 임할 하나님의 심판이라고 했습니다.

"내가 땅 위에서 모든 것을 완전히 쓸어버릴 것이다." 여호와께서 말씀하셨다(습 1:2).

여호와의 진노의 날에 그의 질투의 불이 온 땅을 태울 것이다(습 1:18).

여호와의 진노의 날에는 하박국서에서 살펴보았던 하나님의 질투의 불이 온 땅을 태울 것입니다. 하나님의 심판은 어느 지역도 예외 없이 온 땅에 임할 것입니다. 그 심판이 얼마나 세밀한지 구석구석 숨을 자가 없을 것입니다.

그때 내가 등불을 켜 들고 예루살렘을 뒤지겠다. 술에 찌들어 희희낙락하며 '여호와는 선을 행하지도 재앙을 내리지도 않으신다'라고 마음에 말하는 사람을 벌하겠다(습 1:12).

등불을 켜 들고 구석구석 샅샅이 뒤지시는 하나님의 심판은 어느 누구도 피할 길이 없을 것입니다. 심지어 사람의 마음 상태까지도 다 감찰하시며 임할 심판입니다. 이어지는 14-15절에서 스바냐는 그 심판이 얼마나 가까이 왔는지를 말했습니다.

여호와의 큰 날이 다가오는구나. 가까이 왔으니 곧 올 것이다. 여호와의 날의 소리는 비통할 것이다. 용사들이 거기서 울부짖을 것이다. 그날은 진노의 날, 절망과 고통의 날, 파멸과 황폐의 날, 어둡고 우울한 날, 구름과 두꺼운 먹구름이 뒤덮인 날이다.

우리는 지금 아담의 창조로부터 시작해 마지막 요한계시록에 임할 심판 직전에 살고 있습니다. 이스라엘 백성에게 임박했던 심판과 더 가까이에 살고 있는 것입니다.

여호와의 큰 날, 그 진노의 날이 가까이 왔다는 스바냐의 예언은 세월이 흐르는 동안 수많은 설교자, 특별히 예술가들에게 큰 감동을 주었습니다. 이로 인해 많은 음악이 작곡되기도 했습니다. 1250년 이탈리아 프란시스코 수도사인 토마스라는 사람은 이 예언으로 찬송 시를 작곡했습니다. 라틴어로 '디에스 이레'(Dies Irae, 진노의 날)인데, "그 진노의 날, 그 두려운 날, 하늘과 땅이 사라져 버리는 때 죄인이 의지할 힘이 무엇일까. 어떻게 그 두려운 날을 맞을까"라는 가사로 시작되는 찬송 시입니다. 이 시는 모차르트, 하이든 등 많은 음악가에 의해 작곡되었습니다. 그런데 음악으로는 듣지만 그 메시지를 잃어버렸다는 점이 안타까움으로 남습니다.

스바냐 1장에서 스바냐 선지자는 여호와의 날에 온 세상에 임할 심판을 예언했습니다. 그리고 2장에서는 이스라엘의 주변 국가들에

대한 심판을 예언하면서 회개하고 돌이키면 희망이 있다는 말씀을
선포했습니다.

함께 모여 성회를 열라. 창피함을 모르는 백성아! 너희가 겨처럼 날려 쫓
겨나기 전에, 여호와의 무서운 진노가 너희에게 닥치기 전에, 여호와의 진
노의 날이 너희에게 닥치기 전에, 이 땅의 모든 온유한 사람들아, 여호와
를 찾으라. 그분의 공의를 행한 사람아 의를 구하라. 온유함을 구하라. 그
러면 여호와의 진노의 날에 혹시 너희가 피할 수 있을지 모른다(습 2:1-3).

여기서 "온유한 사람들"은 '겸손한 사람들', '가난한 사람들'로 바
꾸어 말할 수 있습니다. 온유와 겸손과 가난함은 무엇을 의미합니
까? 하나님의 심판 앞에서 진노의 날이 가까이 왔다는 말씀을 듣고
돌이키는 마음이 겸허한 사람들, 하나님을 찾는 사람들, 의를 구하고
하나님의 구원을 간구하는 사람들을 가리킵니다. 그리고 스바냐 3장
에서 스바냐 선지자는 이스라엘 백성에게 초점을 맞추어 그들에 대
한 심판을 예언하면서 회개하고 돌이키면 살아날 수 있다고 선포했
습니다.

내가 네 가운데 겸손하고 가난한 백성을 남겨 두겠다. 그러면 그들이 여
호와의 이름을 의지할 것이다(습 3:12).

여기서 가난함은 경제적 가난이 아니라 예수님이 산상수훈에서

가르쳐 주신 "복되도다! 마음이 가난한 사람들이여, 하늘나라가 그들의 것이다"(마 5:3)라는 말씀에서와 같은 의미입니다. 왜 마음이 가난한 사람이 복이 있습니까? 마지막에 임할 여호와의 진노의 날을 피할 수 있는 사람들이기 때문입니다. 겸손하고 가난한 백성은 여호와의 이름을 의지하는 백성이 될 것입니다.

돌이킨다는 것은 스스로의 힘으로는 심판을 견딜 수 없다는 사실을 깨닫는 것입니다. 우리는 역사의 종말을 막을 수 없습니다. 아무리 과학 기술이 발전하고 최첨단 인공지능이 수없이 등장해도 역사의 심판은 반드시 옵니다. 인간이 만든 무기로 하나님의 심판을 막을 수 있겠습니까? 인간이 만든 어떤 초고층 건물과 최첨단 기술이 하나님의 심판을 저지할 수 있겠습니까? 인간의 어떤 능력으로도 역사에 임할 하나님의 심판을 막을 수는 없습니다. 성경의 역사가 그것을 보여 줍니다. 실행되지 않은 마지막 여호와의 진노의 날이 가까이 오고 있습니다. 역사의 심판 앞에서 우리는 겸손하며 마음이 가난해질 수밖에 없습니다.

예수님은 복음서에서 산상수훈보다 더 많은 심판에 관한 교훈을 말씀하셨다는 사실을 기억해야 합니다. 도처에서 지진이 일어나고, 기근이 발생하며, 전쟁과 약탈이 끊이지 않고 있습니다. 요즘 뉴스를 보면 정말 가까이 왔습니다. 지진 분포도를 보면 최근 10년간 일어난 지진이 과거 수백 년 동안 있었던 지진에 비할 수 없이 급증했다는 것을 알 수 있습니다. 예수님의 말씀 그대로 이루어지고 있는 것입니다. 지진뿐만이 아니라 분쟁과 전쟁 등 끊임없는 종족 간의 다툼, 자

국 이기주의 등은 어떻습니까? 전 세계가 하나의 지구촌이 되면서
더 이기적이 되고 말았습니다. 보이지 않는 약탈, 즉 합법적인 약탈
이 더욱 심해졌습니다.

주님은 이 모든 것이 역사의 마지막 진노의 날에 임할 징조들이라
고 말씀하셨습니다. 이는 우리에게 매우 비관적인 동시에 희망적이
기도 합니다. 비관적인 이유는 심판이 예정되어 있다는 사실 때문이
고, 희망적인 이유는 그 가운데서도 하나님이 구원의 길을 예비해 놓
으셨다는 것입니다. 구원의 길을 예비하는 책이 하나님의 말씀이고,
이것을 전하는 일이 교회의 사명입니다.

하나님의 심판은 영적인 수술과도 같다

오늘 이 시대를 살고 있는 우리도 스바냐의 예언을 통해서 도전을 받
습니다. 그런데 당대에는 어떤 영향을 미쳤을까요? 스바냐는 요시야
왕 시대에 예언한 선지자였습니다. 스바냐 1장 1절은 스바냐를 이렇
게 소개합니다.

스바냐에게 주신 여호와의 말씀입니다. 그의 아버지는 구시이고 할아버
지는 그다랴이며 증조할아버지는 아마랴이고 고조할아버지는 히스기야
입니다. 때는 아몬의 아들 유다 왕 요시야 때였습니다.

예언서에서 선지자를 소개할 때 4대 이전의 조상을 언급한 사람은

스바냐밖에 없습니다. 스바냐 선지자의 4대 조상은 유명한 히스기야 왕입니다. 남 왕국 유다에 있어서 가장 개혁적인 두 왕을 꼽으라고 한다면 히스기야 왕과 요시야 왕입니다. 이 말씀은 할아버지가 위대해서 스바냐 역시 위대했다고 설명하려는 의도가 아니라 당시 어떤 일이 일어났는지를 한 구절로 설명하기 위한 것입니다.

스바냐가 히스기야의 4대 후손이라는 것은 곧 그가 왕손임을 의미합니다. 왕손인데도 그가 왕이 아닌 이유는 히스기야 왕의 후손이 첫째 아들인 므낫세를 통해서 이루어졌기 때문입니다. 그러므로 스바냐는 히스기야 왕의 차자들의 후손이었을 것입니다. 즉 요시야 왕과 스바냐는 같은 왕손으로, 친척 관계였습니다. 촌수를 따져 보면 요시야 왕이 어리지만 스바냐의 삼촌뻘 되었습니다.

역사를 거슬러 올라가서, 요시야 왕의 아버지는 아몬입니다. 아몬은 왕이 된 후 2년 만에 심복에 의해서 암살당했습니다. 아몬의 아버지 므낫세는 유다 역사에서 가장 악한 왕이었습니다. 역사의 아이러니는 히스기야 왕과 같이 훌륭한 왕 아래 므낫세 같은 악한 아들이 존재했다는 것입니다. 예측할 수 없는 것이 역사입니다. 므낫세 왕은 바알 숭배로 유명했습니다. 심지어 자기 자녀를 몰렉 신에게 제물로 바치기까지 하는 등 여호와 부시기에 악행을 저질렀습니다. 역사를 거꾸로 되돌린 사람이었던 셈입니다. 이처럼 역사는 한순간에 되돌아갈 수 있습니다. 아몬도 아버지 므낫세와 똑같이 악하게 행했습니다.

그런데 신기하게도 요시야 왕은 달랐습니다. 할아버지와 아버지

가 악한 왕이라면 보고 배운 것도 악한 것들뿐일 것이며 히스기야 왕
도 보지 못했을 텐데, 심지어 8세에 왕이 되어 나라가 혼란했을 텐데
말입니다. 성경은 요시야 왕을 이렇게 평가합니다.

> 요시야는 여호와 보시기에 올바른 일을 했고 자기 조상 다윗의 모든 길을
> 걸었으며 좌로나 우로나 치우치지 않았습니다(왕하 22:2).

요시야 왕은 16세 때 하나님을 간절히 찾았고, 20세 때 유명한 종
교개혁을 일으켰습니다. 이스라엘 전역의 우상들을 다 제거해 버렸
습니다. 한창 방황할 나이에 그는 하나님을 찾았고, 이스라엘 역사에
있어서 가장 개혁적인 왕이 되었습니다.

도대체 8세에 왕이 된 요시야가 어떻게 이러한 개혁을 시행할 수
있었던 것일까요? 그 비밀을 스바냐에게서 찾을 수 있습니다. 스바
냐가 요시야의 영적인 멘토였던 것입니다. 스바냐서의 메시지는 심
판 예언입니다. 추측건대 요시야가 8세라는 어린 나이에 왕이 되자
스바냐가 요시야를 찾아가 하나님의 심판을 당당하고도 무섭게 예
언하지 않았을까 싶습니다. 아마도 "역사에는 하나님의 심판이 있다.
네가 만일 할아버지와 아버지가 행한 대로 행하면 이 나라에 심판이
있을 것이고, 너도 죽을 뿐만 아니라 이 나라 또한 죽을 것이다"라고
생생하게 예언했을 것입니다.

여러 학자들의 자료를 다 들추어 보아도 요시야는 틀림없이 스바
냐의 영향을 받았을 것입니다. 비록 요시야는 어린 왕이었지만 곁에

스바냐 같은 선지자가 있었기에 심판의 예언을 듣고 정신을 차릴 수 있었던 것입니다. 우리는 자녀들에게 하나님의 심판을 말해 주어야 합니다. 꼭 예언자로 소명을 받아야만 심판을 말해 줄 수 있는 것이 아닙니다. 주변 사람들에게 "역사를 보십시오. 반드시 역사에는 종말이 올 것입니다. 죄에 대해서는 하나님의 심판이 임할 것입니다"라고 말해 주어야 합니다.

스바냐서를 보면 투박할 만큼 직설적으로 하나님의 심판이 예언되어 있습니다. 역사 가운데 개혁은 하나님의 심판을 인식하는 데서부터 시작되었습니다. 교회는 역사에 주어진 하나님의 심판의 대언자입니다. 하나님이 죄의 병균에 오염된 온 땅을 심판하실 텐데, 마지막 때에 여호와의 진노의 날을 피하게 하시려고 그전에 심판을 행하시는 것입니다. 크고 작은 여러 심판을 통해 정결하게 하시려는 것입니다. 우리를 죽이시려는 것이 아니라 마지막 진노의 날에 다 멸망하지 않도록 우리를 계속해서 영적으로 수술해 가시는 것이 하나님의 역사 속에 임한 심판의 목적입니다.

창세기에서 에녹은 300년 동안 하나님과 동행했습니다. 그는 어떻게 300년 동안이나 하나님과 동행할 수 있었을까요? 65세 때 그는 므두셀라라는 아들을 낳으면서 하나님의 심판의 계시를 받았습니다. 그리고 그 계시를 받은 직후부터 300년 동안 하나님과 동행했습니다. 에녹은 365세 때 하늘로 들림을 받았는데, 그가 받은 계시대로 노아 때 홍수의 심판이 임했습니다.

에녹의 아들 므두셀라는 969세를 살아서 성경에서 가장 장수한 사람이 되었습니다. 므두셀라가 장수한 이유는 물론 성경에 나오지 않지만 한 가지 힌트를 얻을 수는 있습니다. 므두셀라가 죽은 후인 노아가 600세 되던 해에 심판이 시작되었다는 것입니다. 즉 므두셀라의 죽음으로 심판이 시작된 것입니다. 므두셀라의 이름 뜻은 '그가 죽으면 심판이 온다'입니다. 므두셀라가 거의 1,000년을 살았던 것은 하나님이 심판을 보류하시고 기다리신 인내의 길이었던 것입니다.

하나님은 심판을 예고하지 않고 행하시는 법이 없습니다. 그래서 하나님의 심판은 의로운 심판입니다. 하나님은 회복의 기회를 주시고 심판하십니다. 그래서 하나님의 심판은 사랑의 심판입니다. 마지막 심판은 하나님의 말씀을 통해 우리에게 계시되었습니다. 이 심판의 계시를 믿음으로 받아들이면 우리도 에녹처럼 사는 것입니다. 하나님의 말씀대로, 오직 의인은 믿음으로 말미암아 삽니다. 하나님의 심판이 있을 것을 믿음으로 받아들이는 자에게 하나님의 구원이 임합니다.

하나님은 역사 속에 끊임없이 남은 자들을 두셔서 새로운 역사를 시작하셨습니다. 마지막 최후의 심판 때에도 하나님은 남은 자들을 두셔서 새 하늘과 새 땅을 시작하십니다. 이 심판에 남은 자가 되어 새 하늘과 새 땅을 누릴 것인가, 아니면 역사의 종말과 함께 사라질 것인가 우리는 결단해야 합니다.

하나님이 우리를 위해 부르시는 노래

본문인 스바냐 3장 14-20절은 심판 가운데 구원을 받은 남은 자들을 축복하시는 하나님의 노래입니다. 우리가 하나님에게 드리는 노래라기보다 하나님이 우리로 인해 기뻐하며 부르신 노래입니다. 하나님은 회개함으로 돌이킨 자들을 받아 주셨고, 그 백성을 정결하게 하셨으며, 심판을 없애 버리셨고, 원수를 쫓아내셨습니다. 우리는 어떤 악도 두려워할 필요가 없습니다. 왜냐하면 하나님이 우리 가운데 계시기 때문입니다.

여호와께서 네게 내리셨던 심판을 없애 버리셨고 네 원수를 쫓아내셨다. 이스라엘의 왕, 여호와께서 네 가운데에 계신다. 다시는 네가 어떤 악도 두려워하지 않을 것이다(습 3:15).

스바냐 3장은 "여호와께서 네 가운데에 계신다"라는 표현을 반복, 강조합니다.

네 안에 계시는 네 하나님 여호와께서는 승리의 용사시다(습 3:17).

하나님이 어떻게 우리 안에 계십니까? 하나님이 우리 안에 계실 수 없었던 이유는 우리 안에 죄가 있었기 때문이고, 우리가 악의 편에 섰기 때문이며, 하나님을 대항하는 쪽에 있었기 때문입니다. 그러나 하나님의 모든 심판을 통해 우리가 돌이킨다는 것은 죄에서 떠나 하나님에게로 가는 것을 의미합니다. 따라서 하나님의 심판 앞에 겸손한 마음, 가난한 마음으로 돌이킬 때 하나님은 우리 가운데 계십니다. 그리고 하나님은 다음과 같이 노래 부르며 기뻐하십니다.

네 안에 계시는 네 하나님 여호와께서는 승리의 용사시다. 그분께서 너 때문에 무척이나 기뻐하실 것이다. 그분의 사랑 안에서 너를 새롭게 해 주시고 노래를 부르시며 너로 인해 기뻐하실 것이다(습 3:17).

잃어버린 자녀를 찾았을 때 자녀를 껴안고 기뻐하는 부모의 모습처럼 실종된 자녀를 다시 찾으신 하나님이 기뻐하며 부르시는 노래입니다. 남북 이산가족들이 수십 년간 떨어져 있던 가족들을 끌어안고 기뻐하는 모습처럼 심판 가운데 멸망 위기에 처해 있던 자녀들을 하나님이 건지신 후 부르시는 노래입니다. "내가 너를 얼마나 기뻐하는 줄 아니? 내가 너를 얼마나 구원하기 원한 줄 아니? 내가 너를 얼마나 사랑하는 줄 아니? 나는 너로 인해 즐거이 노래를 부르며 기뻐할 거야."

천국이 왜 천국입니까? 우리를 끌어안고 우리 가운데 계시면서 우리로 인해 기뻐하시는 하나님이, 우리 아버지가 계시는 곳이기 때문에 천국인 것입니다. 세상이 왜 지옥 같습니까? 나로 인해 기뻐 노래하는 한 사람이 없을 때 세상은 지옥입니다. 사람들이 자신의 생애를 스스로 마감하는 이유는 나로 인해 기뻐 노래하는 한 사람이 이 세상에 없다고 생각하기 때문입니다. 우리 가정과 공동체 가운데 누군가가 나를 사랑하고 나로 인해 기뻐하기에 살맛이 나는 것입니다. 이것이 행복입니다.

우리 인생의 참된 행복은 나로 인해 기뻐하시고 즐거워하시는 하나님의 임재로 찾아옵니다. 하나님이 우리의 팬이 되십니다. 팬이 한 사람도 없는 것 같아도 우리로 인해 기뻐하시고, 즐거워하시고, 잠잠한 가운데 침묵의 환희를 보이시고, 사랑의 노래를 부르시는 하나님이 우리 가운데 계십니다. 그리고 심판 가운데 우리를 구원받을 남은 자들로 부르셨습니다. 하나님의 마지막 행동은 심판이 아니라 구원이요, 저주가 아니라 사랑의 노래입니다.

아버지 하나님의 마음을 깨닫는다면 비록 역사는 종말을 맞이하지만 역사 속에서 아버지가 새로운 구원을 통해 새 하늘과 새 땅을 시작하시는 것임을 알게 됩니다. 새로운 인류로 우리를 택하신 것입니다. 왜 이 길을 가지 않습니까? 왜 역사는 돌고 도는 것이라고 생각합니까? 왜 태어났다가 죽으면 다시 동물이 되고 사람이 되는 등 순환적인 역사만 믿습니까? 역사는 직선적입니다. 창조와 심판과 종말이 있지만, 회복의 기회가 있다는 이 사실은 얼마나 단순하고 명쾌합니까! 성경만이 역사에 대해서 가장 정확한 진리를 알려 주는 책입니다. 우리는 이 말씀을 믿어 구원을 받았고, 남은 자가 되었으며, 하나님의 사랑의 노래를 듣는 자들이 되었습니다.

우리는 하나님에게 찬송을 드려야 마땅한 존재입니다. 하지만 마음이 없는 상태에서 힘들게 찬송을 불러 드리는 것은 바람직하지 않습니다. 진정한 찬송은 하나님이 내 안에서 나를 위해 부르시는 노래를 들을 때 흘러나옵니다. '하나님이 나를 이렇게 기뻐하시는구나. 하나님이 나의 팬이시구나. 아무도 나를 인정하지 않아도, 온 세상이 나를 버려도 하나님은 나의 팬이시구나. 하나님은 내 곁에서 나로 인해 기뻐하고 즐거워하시는 분이구나!' 바로 이 사실을 깨달아야 가슴을 울리는 찬양이 터집니다. 우리의 삶은 하나님 아버지가 곁에서 불러 주시는 이 노래를 듣는 삶이어야 합니다.

학 개

"오늘부터는 내가 너희에게 복을 주겠다."

학개의 이름은 '축제' 혹은 '하나님의 잔치'라는 뜻이다. 학개는
바벨론 포로 70년 후에 예루살렘에 돌아온 유대인들을 대상으
로 하나님의 말씀을 전했다. 동시대의 선지자는 스가랴로, 학개
는 4개월간 예언했고 스가랴는 수년간 예언했다. 예언의 내용
은 바벨론 포로 생활을 마치고 귀환한 이스라엘 백성들이 의식
주 생활에만 치중하고 하나님의 성전을 재건축 하는 데에는 별
관심을 두지 않아 이를 책망하고 설득해서 성전 건축을 마치려
는 데 목적을 두고 있다.

관련 성경 구절 학 1-2장; 슥 6:13-15

$$18$$

나중 영광이
이전 영광보다 크리라

학 2:1-9

포로기 이후, 하나님에게로 나아오라

학개는 포로기 이후 활동한 세 명의 선지자(학개, 스가랴, 말라기) 중에 첫 번째 선지자입니다. 예언자들을 구분해 보면, 포로 심판 이전에 다가올 심판을 예언했던 선지자들과 포로기 동안 하나님의 뜻을 예언했던 선지자들 그리고 포로 심판을 지난 후 하나님의 뜻을 예언한 선지자들이 있습니다. 근본적으로는 다 죄에서 돌이키게 하는 사명을 가지고 있었지만 내용에는 약간씩 차이가 있었습니다. 포로 심판 이전에는 다가올 심판을 대비하고 회개해 돌이키게 하는 사명이었고, 포로기 이후에는 심판을 겪은 후 다시 한 번 하나님에게로 나아오도록 하는 사명이었습니다.

우리는 흔히 심판을 받으면 사람이 근본적으로 변할 것이라고 생각하지만 그렇지 않습니다. 어제의 역사 속에 끊임없이 반복된 심판의 내용들에도 불구하고 노아의 홍수 심판 이후 하나님의 백성은 또다시 죄의 본성을 드러냈습니다. 하나님의 심판이 역사 속에 계속해서 주어졌지만 인간은 아무리 혹독한 형벌을 당하고 하나님의 심판을 경험해도 근본적으로 변화되지 않았습니다. 이것이 바로 하나님의 역사입니다. 사람은 심판을 통해서 근본적으로 변화되는 인생이 결코 아닙니다. 그래서 우리에게 구원과 십자가, 성령의 역사가 필요한 것입니다. 만약 심판이라는 징계와 처벌로 사람이 변화될 수 있었다면 예수님이 십자가를 지실 필요가 없었을 것입니다.

사람은 형벌로 변화되지 않습니다. 아무리 사회법을 강하게 하고 혹독한 처벌 규정을 만든다 할지라도 사람의 죄성은 벗어지지 않습니다. 죄성은 예수 그리스도의 십자가 은혜, 성령의 역사와 새롭게 하는 보혈의 능력을 통해서만 변화될 수 있습니다. 그래서 하나님은 포로 심판을 경험한 이스라엘 백성을 새롭게 하시는 사역을 학개, 스가랴, 말라기 등 예언자들을 통해서 행하셨습니다. 그들은 구약의 마지막 예언자들로서, 하나님은 그들의 메시지를 통해서 이제 400년 후에 다가올 신약 시대 그리고 메시아의 오심을 가장 임박하게 준비하게 하셨습니다.

학개, 성전 재건을 격려하고 도전한 선지자
학개서는 총 두 장으로 매우 짧지만 그 메시지의 무게감과 중요성은 매우 큽니다. 학개서는 특이하게도 다른 예언서들과 달리 예언의 연대 날짜가 정확하게 기록되어 있습니다. 그래서 역사적 배경을 연결하기가 아주 수월합니다. 학개 1장 1절에는 첫 예언이 주어진 시점이 다리오 왕 2년 6월 1일이라고 기록되어 있습니다. 또 마지막 예언은 2장에 9월 24일이라고 나옵니다. 계산해 보면 학개의 사역 연대 기간이 3개월 23일 정도 됩니다. 학개의 사역은 4개월이 채 되지 않았던 것입니다. 그러나 그 사역의 효과는 아주 대단했습니다.

하나님의 영이 역사하시면 얼마나 오래 사역했느냐가 아니라 얼마나 영향력 있게 사역했느냐가 더 중요하다는 사실을 알 수 있습니다. 바울 역시 어느 지역에서는 몇 년이라는 오랜 기간을 체류했지만 데살로니가 등 몇 개 지역에서는 몇 개월밖에 사역하지 못했습니다. 그러나 짧은 기간에도 불구하고 하나님의 역사가 나타났습니다.

비록 짧은 만남일지라도 성령의 역사가 나타나면 큰 변화가 일어납니다. 학개 선지자에게 주어진 사명은 이스라엘 백성이 포로에서 귀환되어 재건하기 시작했다가 방치해 놓은 성전을 또다시 재건하는 것이었습니다.

성전 재건의 역사는 고레스 왕으로부터 시작되었습니다. 하나님이 예레미야를 통해서 "70년이 차면 돌아오게 할 것이라"고 예언하신 약속의 말씀을 다니엘이 붙잡고 기도했고, 약속대로 하나님은 이스라엘 백성을 귀환시키셨습니다. 포로 귀환 역사를 잘 기록해 놓은 역사책이 에스라서입니다. 에스라서와 느헤미야서는 포로 이후 재건의 역사를 역사적 배경 아래 잘 설명해 줍니다. 그래서 학개서, 스가랴서와 짝을 이루는 책이 에스라서입니다. 에스라서를 먼저 읽고 학개서와 스가랴서를 읽으면 서로 잘 이해가 됩니다.

고레스 왕은 "너희 가운데 하나님을 섬기는 여호와의 백성이 누구냐? 하나님이 함께하시기를 바라노니 여호와를 섬기는 백성들은 이제 유다의 예루살렘으로 올라가 이스라엘의 하나님 여호와의 집을 지으라"(스 1:3)라고 말하며 칙령을 내렸습니다. 하나님이 고레스라는 이방 왕까지 사용하셨다는 사실은 얼마나 위대한 하나님의 역사인지 모릅니다. 하나님은 하나님을 잘 알지도 못했던 이방 왕을 부르셔서 하나님의 성전을 재건하는 일에 사용하셨습니다. 그는 재료를 조달해 주었고, 이스라엘 백성이 귀환할 수 있도록 허락해 주었습니다. 이때 4만 6천여 명이 돌아왔습니다. 에스라 1장을 보면 그 명단까지 나옵니다.

이스라엘 백성은 예루살렘으로 돌아와서 준비 기간을 거친 후 2년 만에 성전 재건의 역사를 시작했습니다. 기초를 놓았습니다. 에스라 3장을 보면, 기초 공사를 할 때 과거 예루살렘에 세워진 솔로몬 성전의 찬란한 영광을 보았던 어르신들은 통곡하며 울었습니다. 감격스러워서 울기도 했지만 솔로몬 성전이 무너진 자신들의 쓰라린 과거를 보면서 통곡한 것이기도 했습니다. 한편 이스라엘의 젊은 세대들은 축제 분위기에서 기뻐하고 즐거워하며 성전 기초를 놓았습니다. 한쪽에서는 통곡하고 한쪽에서는 기뻐하는 등 감정이 교차되는 가운데 감동적인 성전 기초 작업이 시작되었습니다.

그런데 곧바로 방해가 들어왔습니다. 예루살렘 성전이 재건되면 이스라엘의 핵심이 재건되는 것이므로 사마리아인들과 주변 민족들이 환영할 리 없었습니다. 그래서 그들은 방해하기 시작했습니다. 겁을 주고 위협했습니다. 아닥사스다 왕 때에는 재건을 금하는 칙령까지 받아 냈습니다. 이런 주변 국가들의 방해에 이스라엘 백성은 그만 포기하고 말았습니다. 기초만 놓은 채 성전 재건의 역사가 중단되었던 것입니다.

학자마다 다르지만 그로부터 14년, 혹은 16년의 기간이 흘러 페르시아 다리오 왕 때에 이르게 되었습니다. 하나님은 방치된 성전 재건의 역사를 내버려 두지 않으시고 학개와 스가랴 선지자를 일으키셔서 그 사역을 다시금 시작하게 하셨습니다. 에스라 4-5장에 그 배경이 나옵니다.

그리하여 예루살렘에 있는 하나님의 집 짓는 일은 중단됐고 페르시아 왕 다리오 2년까지 중단된 채로 있었습니다. 예언자 학개와 잇도의 자손인 예언자 스가랴가 유다와 예루살렘에 사는 유다 사람들에게 이스라엘 하나님의 이름으로 예언했습니다. 그러자 스알디엘의 아들 스룹바벨과 요사닥의 아들 예수아가 일어나 예루살렘 하나님의 집을 다시 세우기 시작했습니다. 그때 하나님의 예언자들이 그들과 함께하며 도왔습니다(스 4:24-5:2).

하나님이 당시 정치 지도자들이었던 스룹바벨과 예수아를 일으키심으로 다리오 왕 2년 때까지 중단되었던 하나님의 성전 재건의 역사가 다시 시작되었습니다. 이 일에 학개 선지자가 쓰임 받았으며,

스가랴 선지자가 같은 임무를 가지고 동시대에 사역했습니다.

스가랴는 훨씬 더 오래 사역했고, 스타일도 달랐습니다. 학개는 단도직입적이고 아주 정확하게 핵심적인 내용을 전하되 때로는 책망하고 강하게 도전하는 메시지를 던졌고, 스가랴는 미래의 아름다운 모습을 환상으로 보여 주면서 백성을 격려하고 일으켰습니다. 어떻게 보면 한 선지자는 아버지의 역할을, 한 선지자는 어머니의 역할을 했다고 할 수 있습니다. 특히 학개가 메시지를 전하면 바로 직후에 스가랴가 전하고 다시 학개가 전하는 등 교차적으로 메시지를 전함으로써 아름다운 동역을 통해 백성의 마음을 일으켰습니다. 두 선지자가 메시지를 전하는 사역을 시작한 지 23일 만에 성전 재건의 역사가 시작되었습니다.

그런데 23일 만에 시작될 수 있었던 이 일이 16년 동안이나 방치되었던 이유는 무엇일까요? 외형적으로 보면 다른 민족의 반대 때문이었습니다. 장해물 때문에 멈추어 섰던 것입니다. 그러나 과연 그것 때문만이었을까요? 주변 민족들의 반대 때문에 멈추어질 일이라면 그것은 하나님의 일이라고 할 수 없습니다. 진정한 소명인지를 평가하기 위해서는 어려운 환경을 극복할 수 있는지를 보면 됩니다. 환경이 너무 어렵고 힘들어서 포기해야겠다고 생각하는 일이라면 그것은 소명이 아닙니다. 진정한 소명은 어떠한 일이 있어도 포기할 수 없는 일입니다. 심지어는 건강에 문제가 생길지라도 붙잡는 것이 하나님의 부르심입니다. 어떠한 반대나 장해물도 문제가 되지 않습니다. 자기가 원해서 하는 일은 어려움이 생기면 금방 내려놓게 됩니다. 진정한 소명인지는 바로 여기에서 판가름 나는 것입니다.

내가 할 수 없는 일임에도 불구하고 하나님의 소명이 확실하다면 하나님이 능력을 주시기에 할 수 있게 됩니다. 포로에서 귀환한 이스라엘 백성은 '우리가 성전을 다시금 재건할 수 있을까?'라고 의심했을 것입니다. 그러나 하나님은 고레스 왕을 일으키셨습니다. 이스라엘 백성이 설득해서 고레스 왕이 도와준 것이 아닙니다. 하나님이 감동하셔서 그를 변화시키신 것입니다. 이처럼 하나님의 비전이라면 하나님이 필요한 자원과 능력까지도 다 공급해 주십니다.

용기를 내어 일하라

학개 1장을 보면 하나님이 이스라엘 백성을 책망하시는 내용이 나옵니다.

"너희가 걸어온 길을 잘 생각해 보라! 산에 올라가 나무를 가져다 성전을 지으라. … 너희가 풍성함을 기대했지만 조금밖에 거두지 못했고 너희가 집에 가지고 왔으나 내가 불어 날려 버렸다. 왜 그랬겠느냐?" 만군의 여호와께서 하시는 말씀이다. "내 집은 무너진 채로 남아 있는데 너희는 각자 자기 집 일에 바쁘기 때문이다"(학 1:7-9).

성전을 재건하라고 단도직입적으로 말씀하셨습니다. 하나님의 전은 방치된 채 내버려 두고 각자 자기 집 일에 몰두하는 것이 마땅하냐고, 우선순위가 잘못되어 있다고 책망하신 것입니다.

이스라엘 백성이 포로에서 귀환했을 때 하나님이 주신 1차 사명은 성전을 재건하는 것이었습니다. 그런데 방해가 들어오자 사람들의 마음속에 합리화가 시작되었습니다. 그들은 ‘방해물이 있는 것을 보니 때가 아닌가 보다. 하나님의 뜻이 아닌가 보다’라고 생각했습니다. 그러면서 개인적인 욕심은 속히 행하고 하나님의 소명은 더디 행했습니다. 하나님의 성전 재건 사업은 방치한 채 자신의 소욕을 더 앞세웠습니다. 우선순위가 뒤바뀐 것입니다.

이에 학개 선지자는 성전 재건 사역이 방치된 후 “너희가 걸어온 길을 잘 생각해 보라!”며 책망했습니다. 어떤 일이든지 새로 시작하는 것보다 중단한 일을 다시 시작하는 것이 훨씬 어렵습니다. 학개 선지자는 식어진 소명을 다시 불러일으키는 일을 위해 부르심을 받았습니다. 뒤바뀐 우선순위를 바꾸는 일에 부르심을 받은 것입니다.

그러나 학개는 2장에 들어와서는 격려했습니다. 1장에서는 책망하고, 2장에서는 격려했습니다. 본문인 2장 1-9절은 격려의 메시지입니다. 왜 격려가 필요했을까요?

포로에서 귀환한 이스라엘 백성이 성전 재건을 위한 기초만 놓고 포기한 채 16년간 방치한 첫 번째 이유는 외부적인 요인이었습니다. 그런데 두 번째로 더 중요한 이유가 있었습니다. 그것은 내면적인 이유였습니다. 그들의 마음속에 ‘우리가 과연 할 수 있을까?’ 하는 절망이 찾아왔던 것입니다. 그들의 마음속에 ‘과거 솔로몬 성전의 찬란했던 영광과 비교해 볼 때 이 성전은 다 지어 봐야 초라하지 않겠는가?’

하는 부끄러운 마음과 열등감이 생겼던 것입니다. 금은보화로 치장된 솔로몬 성전의 영광스러운 모습과 비교해 보면 자재부터 달랐습니다. 지어 봐야 한숨만 나올 것이 빤하니 하기 싫은 것입니다. 하찮게 여겨졌던 것입니다. 그들의 마음속에 있는 실망감, 좌절, 열등감이 성전 재건을 포기하게 만든 것입니다. 그래서 하나님은 그들을 격려하셨습니다.

'너희 가운데 이전 성전의 영광스러웠던 모습을 본 사람이 남아 있느냐? 그런데 지금은 이 집이 너희에게 어떻게 보이느냐? 너희 눈에도 하찮게 보이지 않느냐? 그러나 스룹바벨아, 이제 용기를 내어라.' 여호와가 하는 말이다. '여호사닥의 아들 대제사장 여호수아야, 용기를 내어라. 이 땅에 사는 모든 백성들아, 용기를 내라.' 여호와가 하는 말이다. '내가 너희와 함께하니 일을 하라.' 만군의 여호와가 하는 말이다(학 2:3-4).

하나님은 "용기를 내어라 … 일을 하라"라고 말씀하셨습니다. 그들이 절망하고 실망하고 열등감에 빠져 있는 이유는 하나님의 말씀을 잘못 해석했기 때문이었습니다. 하나님이 지금 다시 지으라고 하신 것은 금은보화로 채색된 솔로몬 성전의 외형적인 화려함과 아름다움을 복원하라는 것이 아니었습니다. 지금 하나님의 성전 재건 역사의 목표는 보이는 건물이 아니었습니다. 그들은 기준이 잘못되었기 때문에, 즉 잘못된 비교를 했기 때문에 실망하고 절망했던 깃입니다. 하나님이 과거 솔로몬이 지었던 성전인 보이는 건물 내에 머무시는 줄로 착각했던 것입니다.

하나님은 하나님의 백성을 징벌하실 때 성전을 파괴시켜 버리셨습니다. 만약 성전과 하나님을 동일시하셨다면 성전을 보존하셨어야 마땅합니다. 이는 '나는 보이는 건물에 임재하는 하나님이 아니다'라는 뜻을 우리에게 보이신 것입니다.

하나님의 역사와 섭리 가운데 일시적으로 하나님의 법궤를 둔 성막과 성전이 존재했습니다. 이는 하나님의 계시와 역사를 통해서 부분적으로 사용되었을 뿐입니다. 따라서 하나님은 "내가 원하는 것은 외형적인 건물이 아니다. 지금 성전을 재건하라는 것은 또 다른 기준이다. 새로운 시대다. 이제는 보이는 성전의 영광스러운 것이 나의 기준이 아니다. 새로운 기준이다. 너희가 바라는 영광과 내가 원하는 영광은 전혀 다르다"라고 하시면서 용기를 내라고 격려하셨습니다.

오늘 이 시대에 우리가 재건해야 할 성전은 바로 이 영광스러운 성전입니다. 그러므로 교회가 예배당을 건축하면서 '성전 건축'이라 이름 붙이는 것은 이제 자제해야 합니다. 오해를 불러일으킬 수 있기 때문입니다. 이것은 종교개혁 500주년을 맞아 한국 교회에서 완전히 사라져야 하는 것 중에 하나입니다. 구약 시대의 성전 패러다임을 그대로 가져올 위험성이 있기 때문입니다. 포로기가 지나고 하나님의 심판을 통과한 후에는 다른 영광이 있습니다. 예배당을 화려하게 잘 짓는 것을 영광스럽게 생각한다면 바벨론 포로 심판 이전으로 돌아가는 것입니다. 이 시대는 하나님이 외형적인 건물의 아름다움으로 영광스러워하시지 않는 시대입니다.

로스앤젤레스에 있는 로버트 슐러 목사님의 수정교회를 탐방해 보면 가장 중요한 소개가 건물에 대한 것이었습니다. 당시는 감격하며 놀랐는데 지금 생각해 보니 그것이 멸망의 전조였습니다. 1시간 동안 교회를 소개한다면 그중 50분은 건물 소개가 차지했습니다. 어떤 사역이 일어나고 있는지, 어떤 영혼이 변화되고 있는지, 어떤 영적이고 영광스러운 선교 사역이 있는지는 전혀 중요하지 않았습니다. 건물은 닫혀도 되고, 뚫려도 되고, 열려도 되는 등 중요한 것이 아니므로 목숨 걸 필요가 없습니다. 건물 자체가 영광스럽게 되고 신성시되면 종교개혁 이전으로 돌아가는 것입니다.

"용기를 내어라"라는 하나님의 말씀은 용기를 내서 솔로몬 성전처럼 만들라는 것이 아닙니다. 이 용기는 다른 신학과 다른 관점을 가져야만 나올 수 있는 용기입니다. 하나님은 이제 그것에 대해 가르쳐 주십니다.

새로운 시대, 하나님이 원하시는 성전의 영광

하나님이 원하시는 성전의 영광은 첫째로 하나님의 영이 거하시는 성전의 영광입니다.

'너희가 이집트에서 나올 때 내가 너희와 맺은 언약에 따라 내 영이 너희 가운데 있으니 너희는 두려워하지 말라'(학 2:5).

하나님이 원하시는 성전의 영광은 금과 은으로 만든 성전의 영광이 아니라 하나님의 영이 거하시는 성전의 영광이라고 말씀하신 것입니다. 그래서 이어지는 8절에서는 "은도 내 것이고 금도 내 것이다"라고 하셨습니다. 하나님의 영이 임재하시는 성전의 영광을 원하신다는 것입니다. 하나님은 이미 신약 시대로 넘어오신 것입니다. 고린도전서 3장 16절은 이렇게 말합니다.

여러분은 자신이 하나님의 성전인 것과 하나님의 성령께서 여러분 안에 계시는 것을 알지 못합니까?

하나님은 '하나님의 영으로 충만한 사람들을 통해서 세워지는 성전'을 재건하라고 요구하십니다. 이것이 하나님의 언약의 목표였습니다. 이 일은 성령이 오심으로 이루어졌습니다.

두 번째로 하나님이 원하시는 성전의 영광은 하나님이 만물을 뒤흔드셔도 무너지지 않는 성전의 영광입니다.

만군의 여호와가 이렇게 말한다. '이제 조금 있으면 내가 다시 한 번 하늘과 땅과 바다와 육지를 뒤흔들 것이다. 또 내가 모든 민족들을 뒤흔들 것이다. 그러면 모든 민족들의 보화가 들어올 것이다. 내가 이 집을 영광으로 가득 채우겠다.' 만군의 여호와가 말한다(학 2:6-7).

하나님이 만물과 모든 민족을 뒤흔드시는 시대가 올 것입니다. 이에 대해 학자들은 여러 갈래로 해석하는데, 머리를 싸맬 필요가 없습니다. 뒤흔든다고 말씀하셨으면 뒤흔드시는 것이지 해석이 필요하지 않습니다. 하나님이 마지막으로 이 세상을 심판하실 때 전 지구가 흔들릴 것이라는 뜻입니다. 우리가 지상에 쌓아 놓았던 화려한 모든 것이 흔들릴 것입니다.

우리는 세계 도처에서 일어난 지진으로 엄청난 건물들이 무너진 장면들을 목도했습니다. 이와 비교되지 않을 정도로 뒤흔드실 것입니다. 지구는 지진 강도가 7.0만 되어도 남아나는 건물이 없습니다. 일본은 튼튼하게 대비했기 때문에 어느 정도는 견디겠지만 지진 강도가 극심해지면 이겨 낼 재간이 없을 것입니다. 하나님이 뒤흔드실 때 화려한 성전이 지탱할 수 있겠습니까? 그러므로 하나님이 만물을 뒤흔드셔도 무너지지 않는 성전이란 예수 그리스도의 몸 된 하나님의 사람들을 의미합니다.

솔로몬 성전도 무너졌고, 이들이 다시 세운 제2성전도 무너졌고, 제3성전도 무너질 것이며, 우리가 이 땅에 세워 놓은 멋진 예배당들도 다 무너질 것입니다. 예수님은 예루살렘 성전을 보시면서 "이 성전을 허물라. 그러면 내가 3일 만에 다시 세우겠다"(요 2:19)라고 말씀하셨습니다. 그리스도의 부활을 통해 세워진 그리스도의 몸은 만물이 뒤흔들려도 무너지지 않는 성전입니다.

하나님은 "내가 만물을 뒤흔들 것이다. 금도 내 것이고 은도 내 것이다. 너희들은 보이는 건물에 집착하지 마라. 너희가 좌절할 이유가 무엇이냐? 너희들은 세상적인 기준을 가지고 있으므로 열등감에 빠져서 실망하고 좌절하는 것이다. 재료가 어떻든지 주어진 대로 지어라. 짓는 과정을 통해 나의 역사와 나의 영을 체험하는 것이 중요하다"라고 말씀하신 것입니다.

세 번째로 하나님이 원하시는 성전의 영광은 모든 민족들의 보화가 가득한 성전의 영광입니다.

'또 내가 모든 민족들을 뒤흔들 것이다. 그러면 모든 민족들의 보화가 들어올 것이다. 내가 이 집을 영광으로 가득 채우겠다.' 만군의 여호와가 말한다(학 2:7).

학자들은 "모든 민족들의 보화"가 무엇인지 알기 위해 수십 편의 논문을 썼습니다. 그러나 흐름상 모든 민족들의 보화란 만국의 보물되신 예수 그리스도의 오심을 통해 변화된 이방인들의 회심이 아니겠습니까? 모든 민족이 이 성전으로 들어올 것입니다. 이 성전은 단지 몇 십 명, 몇 백 명만 수용하는 예배당이 아니라 보이지 않는 성전, 모든 열방이 모든 민족들의 보화이신 예수 그리스도에게로 속하게 되는 성전인 것입니다. 진정한 성전의 재건은 예수 그리스도의 몸이 재건되는 것, 예수 그리스도의 몸이 이 땅 위에 이루어지는 것입니다.

그 하나님 나라의 역사가 이루어지는 것을 학개 선지자는 예언한 것입니다. 그래서 "훗날 이 집의 영광이 이전의 영광보다 클 것이다"(학 2:9)라는 말은 이제 세워지는 성전의 영광이 솔로몬 성전의 화려함보다 더 화려하다는 뜻이 아닙니다. 외형적인 건물의 화려함이 아니라 하나님의 영이 임재하시는 영광, 만물이 뒤흔들려도 무너지지 않는 영광 그리고 모든 민족, 열방이 주님에게로 나아오는 성전의 영광을 말하는 것입니다. 이 성전은 보이지 않는 예수 그리스도의 몸의 성전입니다. 선교 사역은 예수 그리스도의 몸의 성전을 이루어 가는 영광입니다.

이 성전의 영광은 솔로몬의 화려한 성전, 로마의 베드로 성당, 지상에서 가장 아름다운 건물의 화려한 영광과 비교할 수 없을 만큼 아름답고 영광스럽습니다. 선교지에서 초라해 보이는 예배처에 모여도 그 성전은 영광스러운 것입니다. 솔로몬의 화려한 건물과 비교할 수 없는 영광이 그 선교지에 있기 때문입니다. 선교사들이 두세 명 모여 함께 예배해도 그것은 영광스러운 성전의 영광입니다. 왜냐하면 하나님의 영이 임재하시고 만물이 뒤흔들려도 무너지지 않는 영광이기 때문입니다. 열방이 주님에게로 돌아오는 영광이 있기 때문입니다.

우리는 섬기는 교회가 눈에 보이는 건물이나 화려한 영광이 아니라 보이지 않는 하나님의 성전의 영광이 가득한 교회가 되기를 간절히 바라며 기도해야 합니다.

스 가 랴

"보아라. 네 왕이 네게로 오신다."

스가랴는 '여호와가 기억하신다'는 이름의 뜻을 가지고 있다. 그의 조부는 잇도이고 부친은 베레갸이다(슥 1:1). 그는 바벨론에서 태어났고 예루살렘으로 돌아와 B.C. 520년 다리오 왕 2년에 성전 재건이 시작된 후 학개와 동시대에 예언한 선지자이다.

그는 이상을 통해 여러 방해에도 불구하고 성전이 스룹바벨의 손에 의해 완성될 것을 강조했다(슥 4:6-9). 성전 건축이 완공되는 것은 사람의 힘이나 능력으로 되지 않고 오직 하나님의 영으로 될 것이라고 했다(슥 4:6). 그리고 이스라엘의 미래에 이루어질 메시아의 초림과 재림에 대해서도 예언했다(슥 9-14장).

관련 성경 구절 슥 1-12장; 마 24-25장; 계 19:7-21

아름다운 옷을 입히시는 하나님

슥 3:1-10

포로 귀환, 새로운 역사의 시작

세상에는 시작이 있고 끝이 있습니다. 만물을 창조하신 하나님이 세상이 창조의 목적에 순종하지 않을 때는 심판을 행하시기 때문입니다. 역사상 많은 심판이 있었습니다. 그것은 세상을 창조하신 하나님이 책임을 물으신 것입니다. 하나님은 다른 어떤 피조물에게보다 하나님의 형상대로 지음 받은 인간들에게 더 큰 책임을 물으십니다. 만물의 무질서와 부조화는 인간의 불순종으로부터 시작되었기 때문입니다.

우리는 이러한 하나님의 심판을 피할 수 없습니다. 하나님은 궁극적으로 마지막에 이루어질 심판을 피하게 하시려고 역사 속에서 크고 작은 여러 심판들을 계속해서 우리에게 내리십니다. 그 심판은 심판 자체가 목적이 아니라 우리를 구원하시려는 목적에서 행해지는 것입니다. 따라서 때로 하나님이 심판하실 때는 달게 받아야 합니다. 그로써 구원받고 정결함을 얻어야 합니다. 하나님의 심판을 피해 보려고 계속 도망갔다가는 마지막 심판을 받게 될 수 있습니다.

이스라엘 백성은 바벨론에 의해 멸망당할 때 세 가지 길로 흩어졌습니다. 첫째 부류는 그 땅에 계속 남아서 '이 땅을 지키겠다'며 싸워 보겠다고 발버둥친 사람들입니다. 하지만 그들은 다 죽었습니다. 둘째 부류는 '아무도 알지 못하는 곳으로 도망가면 모르겠지?' 하고 도망간 사람들입니다. 그러나 하나님은 예레미야를 통해 "너희들이 어디로 가든지 내가 쫓아가리라"라고 말씀하셨습니다. 그들도 다 죽었습니다. 살아난 사람들은 포로로 잡혀간 셋째 부류의 사람들이었습니다. 하나님은 "바벨론이 너희를 포로로 잡아갈 때 순순히 잡혀가라. 도망가지 마라. 살려고 하지 마라. 머리털을 뜯으면 뜯기고, 때리면 맞아라. 그 심판의 과정을 통해 바벨론에 잡혀가면 내가 너희를 다시 돌아오게 하리라. 벌을 달게 받으면 살아나게 하리라"라고 말씀하셨습니다. 그 심판을 통과함으로써 죄를 회개하고 정결하게 하신 후 다시 회복시키려 하신 것입니다.

하나님은 포로로 잡혀간 사람들을 통해서 다시 역사를 회복시키셨습니다. 반면에 하나님이 크고 작은 심판을 피해 보려고 한 사람들의 경우 멸망하고 말았습니다. 하나님은 언제나 심판과 동시에 구원을 행하시는 분임을 기억해야 합니다.

이제 이스라엘 백성이 포로지에서 돌아왔습니다. 포로지에서 돌아왔다는 것은 하나님이 새로운 시작을 허락하셨다는 뜻입니다. 하나님은 언제나 역사에 새로운 시작을 허락하십니다. 이스라엘의 포로 귀환은 하나님이 모든 인류의 역사가 끝난 후 새 하늘과 새 땅을 통해서 새로운 역사를 시작하실 것을 미리 보여 주는 것입니다.

포로에서 돌아온 백성은 성전을 재건하려 했지만 환경이나 반대 세력 등 여러 가지 이유로 실행할 수 없다고 생각했습니다. 하지만 사실 그것은 다 핑계였습니다. 우리는 앞서 18장에서 학개 선지자가 지적하며 책망한 내용을 살펴보았습니다. 학개는 "너희는 환경 때문에 하나님의 사역을 시작하지 못한다고 하지만 그렇지 않다. 더 중요한 이유는 너희들의 마음속에 있지 않느냐? 너희들의 마음속에 있는 뒤바뀐 우선순위, 즉 자신의 소욕은 빨리 행하면서 하나님의 소명은 등한시하고, 미루고, 변명하고, 합리화하는 모습이 더 큰 문제가 아니냐? 성전을 재건하라"는 하나님의 말씀을 전했습니다.

이때 하나님은 눈에 보이는 화려하고 영광스러운 솔로몬 성전과 같은 것을 기대하지 말고 하나님의 영이 임하시는 보이지 않는 성전을 이루라고 말씀하셨습니다. 장차 오실 예수님을 통해 열국이 주님에게 돌아오는 그리스도의 성전을 이루고, "하나님의 영이 임하시면 너희가 성전이 되는 것이다"라고 말씀하시며 아름다운 신약 시대의 축복을 예언했습니다.

학개 선지자와 동시대에 사역했던 스가랴 선지자는 같은 소명으로 부르심을 받았지만 다른 차원에서 백성을 세워 주었습니다. 학개의 메시지가 책망과 도전이었다면 스가랴의 메시지는 격려와 축복, 미래에 대한 회복이었습니다. 그래서 스가랴서에는 여덟 가지 환상

들이 나옵니다. 하나님이 아름다운 환상들을 통해서 미래에 이루어
질 아름다운 그림들을 미리 보여 주신 것입니다.

돌이키면 살아나리라

스가랴서의 주제는 '회개와 회복'입니다. 돌이키면 살아나리라는 것
입니다. 회개도 하나님의 은혜라는 사실을 깨닫게 하시려는 것입니
다. 우리의 회복은 하나님의 놀라운 은혜에 기초한 것입니다.

스가랴 3장은 스가랴서에 나오는 여덟 가지 환상들 가운데 네 번
째 환상입니다. 앞서 세 가지의 환상이 주어졌지만 이스라엘 백성은
하나님이 그들을 통해 새로운 일을 행하실 것이라는 회복의 약속을
믿을 수가 없었습니다. "성전이 과연 재건될 수 있을 것인가?" 이 질
문에 그들은 외부 세력의 반대 때문에 할 수 없다는 생각이 앞섰습
니다. 무엇보다 그들의 마음속에 있는 자책감으로 인해, 또한 실제로
그들이 죄 가운데 있었기 때문에 성전 재건을 실행에 옮길 수 없었습
니다. 왜냐하면 사탄이 그들의 마음을 공격했기 때문입니다.

사탄은 외부의 환경을 통해서 우리를 공격합니다. 그러나 사탄의
외부적인 공격은 그리 어려운 문제가 아닙니다. 우리의 마음만 견고
하게 세워져 있으면 환경은 능히 넘어설 수 있습니다. 문제는 마음이
무너지는 것입니다. 그래서 사탄은 환경의 어려움보다 더 많이, 더
자주 우리의 마음을 공격합니다. 우리의 양심을 무너뜨리고, 우리가
죄 가운데 계속 머물게 하고, 우리가 하나님의 뜻대로 살지 못하도록

만들어 버립니다. 그래서 포기하게 합니다.

외부의 환경보다도 중요한 것은 우리의 면역력입니다. 면역력을 약화시키면 다른 사람은 걸리지 않는 병이 쉽게 걸리곤 합니다. 마찬가지로 내적이고 영적인 면역력이 약해지면 쉽게 무너집니다. 반면에 면역력이 강하면 이겨 낼 수 있습니다. 사탄의 제1차 목표는 우리의 영적인 면역력을 우리도 모르게 점점 약화시키는 것입니다. 그래서 말 한마디에 흥분하고, 작은 유혹에도 쓰러지는 등 쉽게 걸려 넘어지게 만듭니다. 그로써 하나님의 일을 이루지 못하도록 막는 것입니다.

하나님이 하나님의 백성을 통해 새로운 시작을 하겠다고 말씀하셨을 때 그들의 마음속에 있었던 절망의 원인은 사실 대적들이 아니었습니다. 그들의 내면에는 '우리는 할 수 없어. 합당하지 않아. 하나님도 우리가 재건한 성전을 받지 않으실 거야'라는 생각이 도사리고 있었습니다. 하나님이 한 번도 "너희들은 이 일을 하지 못할 것이다. 너희들은 합당하지 않다. 나는 너희들이 재건하는 성전은 받지도 않을 것이다"라고 말씀하신 적이 없음에도 불구하고 열등감, 실망, 좌절로 인해 시작도 하지 않은 상태였던 것입니다. 그 이유는 바로 그들이 죄 가운데 있었고, 죄책감으로부터 자유롭지 못했기 때문이었습니다.

본문인 스가랴 3장에서 하나님은 그 모든 것을 아름답게 회복시키시는 환상을 보여 주셨습니다.

대제사장 여호수아기 여호와의 천사 앞에 서 있고 사탄이 여호수아의 오른쪽에 서서 여호수아를 고소하고 있었다(슥 3:1).

여기서 '천사'는 삼위일체 하나님 가운데 한 분이신 성자 예수님을 의미합니다. 여호와의 천사 앞에 대제사장 여호수아가 서 있는데 사탄이 그의 오른편에 서서 그를 고소하고 있었습니다. 마치 천상의 재판정과 같은 모습입니다.

사탄은 본직이 고소입니다. 요한계시록 12장 10절에는 "우리 형제들을 고소하던 이, 곧 우리 하나님 앞에서 밤낮으로 그들을 고소하던 이가 쫓겨났기 때문이다"라고 기록되어 있습니다. '사탄'이라는 단어는 원어 자체가 '고소자'를 뜻합니다. 사탄은 때로 근거 없이 고소하기도 하지만 그의 많은 고소에는 근거가 있습니다. 그래서 분별하기가 어렵습니다. 대제사장 여호수아를 고소하고 있는 사탄의 근거는 불법적이거나 근거 없는 고소가 아니었습니다. 대제사장 여호수아가 더러운 옷을 입고 서 있었기 때문입니다. '더럽다'는 말은 어원적으로 보면 '오물을 뒤집어쓴 상태'라는 뜻입니다.

구약을 보면 대제사장의 의복에 대해 설명되어 있습니다. 열두 개의 돌이 박혀 있는 정해진 의복을 입지 않으면 그는 죽임을 당했습니다. 아론의 두 아들인 나답과 아비후는 다른 불로 분향했다가 죽임을 당하고 말았습니다. 하나님은 대제사장의 직무를 엄격하게 정해 놓으셨습니다. 대제사장은 지성소에 들어갈 때 줄을 매고 들어갔습니다. 대제사장이 움직일 때마다 의복 아래 달아 놓은 방울들이 울렸습니다. 그러나 방울 소리가 더 이상 들리지 않으면 줄을 당겼습니다. 죽은 대제사장을 꺼내야 했기 때문이었습니다.

이처럼 엄격한 직책을 맡은 대제사장이 오물을 뒤집어쓰고 있다는 것은 있을 수 없는 일이었습니다. 이것은 대제사장만의 문제가 아니었습니다. 모든 이스라엘 백성이 오물을 뒤집어쓰고 있는 것과 같았습니다. 이에 사탄은 당연히 고소했습니다. 죄 없으신 예수님도 고소하고 애매한 죄목으로 우리를 고소하기도 하는데, 이처럼 잘못된 상태에 놓여 있는 대제사장 여호수아는 당연히 사탄의 먹잇감이 될 수밖에 없었습니다.

사탄은 율법에 근거한 하나님의 법에 합당하지 않다고 고소했습니다. 사탄은 고소할 때 정당한 하나님의 법을 이용합니다. 우리가 하나님의 법 앞에서 고소 받을 때는 그 동기에 따라서 때로 성령이 깨닫게 하시는 정당한 죄도 있지만 때로 사탄이 우리를 무너뜨리려고 가하는 고소도 있다는 사실을 분별해야 합니다. 성령이 주시는 깨우침은 우리를 살리려는 것이고, 사탄의 고소는 우리를 죽이려는 것입니다. 사탄은 우리를 무너뜨리고, 저주하고, 멸망 가운데 처하게 하려고 우리를 고소하는 것입니다. 그래서 똑같은 양심의 가책 같지만 한 사람은 살아나고, 다른 사람은 저주의 인생이 되는 것입니다.

여호수아가 아니라 사탄을 책망하신 하나님

사탄은 대제사장 여호수아를 공격했습니다. 사탄의 고소의 근거인 하나님의 율법에 의하면 대제사장 여호수아는 죽임을 당해야 했습니다. 그 상황 속에서 하나님이 판결을 내리셨고, 뜻밖의 결과가 나왔습니다. 하나님은 더러운 옷을 입고 있는 대제사장 여호수아가 아니라 그를 고소하는 사탄을 책망하셨습니다.

> 여호와께서 사탄에게 말씀하셨다. "사탄아, 나 여호와가 너를 꾸짖는다!
> 예루살렘을 선택하신 여호와가 너를 꾸짖는다! 이 사람은 불에서 꺼낸
> 그슬린 나무토막이 아니냐?"(슥 3:2)

율법대로 하면 대제사장 여호수아가 책망을 받아야 하는데 정당해 보이는 사탄을 꾸짖고 책망하셨습니다. 그 이유가 무엇일까요?

첫째로, 하나님이 여호수아를 선택하셨기 때문입니다. "예루살렘을 선택하신 여호와가 너를 꾸짖는다!" 하나님의 선택 때문에 사탄을 책망하신 것입니다. 하나님의 선택은 우리의 죄와 허물과 어떤 상태를 뛰어넘습니다. 하나님은 죄와 허물이 없어서 우리를 선택하신 것이 아니기 때문에 혹여 그렇더라도 버리지 않으신다는 것을 의미합니다.

아브라함과 이삭 등 족장들의 역사를 통해 하나님이 보여 주신 것은 하나님의 선택입니다. 하나님은 아브라함을 선택하셨습니다. 하나님이 선택하신 아브라함과 그의 후손을 보면 가족 간 다툼, 분쟁, 시기, 죄악 등 얼마나 허물이 컸습니까? 그래도 하나님은 버리지 않으셨습니다. 하나님의 은혜는 우리의 죄와 허물을 뛰어넘어 우리를 택하신 것입니다. 하나님의 선택은 사탄에게 우리를 판단하고, 정죄하고, 무너뜨릴 자격을 주지 않으신다는 것입니다.

물론 선택하셨다고 해서 무조건 봐주신다는 뜻이 아니라, 사탄이 우리를 무너뜨리지 못하게 하신다는 뜻입니다. 하나님이 택하신 백

성은 하나님이 판단하고 심판하시는 것이지 사탄이 무너뜨릴 수 없습니다. 사탄에게 택하신 백성에 대한 심판권을 내어 주지 않으십니다. 하나님은 사탄에게 끌려가지 않으십니다. 한마디로 "내가 선택한 내 백성이니 네가 관여할 일이 아니다" 하고 사탄을 꾸짖으신 것입니다. 로마서 8장 33절에서 바울은 이렇게 말했습니다.

누가 하나님께서 택하신 자들을 고소할 수 있겠습니까? 의롭다고 인정하신 분은 하나님이십니다.

하나님은 죄와 허물이 없어서 우리를 택하신 것이 아니라 무조건적인 은혜로 택하신 것이기 때문에 지금의 죄와 허물이 그분의 선택을 취소시킬 수 없다고 말한 것입니다. 사탄은 "하나님이 선택을 잘못하셨습니다. 선택을 취소하셔야 합니다. 그들은 멸망 받아야 합니다"라고 고소했지만, 하나님은 "너의 고소가 나의 선택을 취소시킬 수 없다"라고 말씀하신 것입니다.

이것은 우리의 죄와 허물에 관한 문제이기 이전에 하나님과 사탄의 문제입니다. 하나님이 사탄을 향해 "네가 감히 내가 선택한 백성을 건드려? 내 백성이 어떠한 죄와 허물이 있다 할지라도 이 백성을 판단하는 것은 나의 문제지 너의 문제가 아니다"라고 말씀하시며 꾸짖으신 것입니다. 내 백성이 잘했다고, 아무 문제가 없다고 말씀하신 것이 아닙니다. 지금 더러운 옷을 입고 서 있는 것을 못 보신 것이 아닙니다. 하나님의 선택은 사탄이 넘어올 수 없는 영역이라는 것입니다.

하나님이 사탄을 꾸짖으신 두 번째 이유는 하나님이 선택하신 백성을 구원하시기 때문입니다. 2절에서 하나님은 "이 사람은 불에서 꺼낸 그슬린 나무토막이 아니냐?"라고 말씀하셨습니다. 하나님이 불같은 심판 가운데 처하게 하셨지만 그 심판 가운데서 건지셨다는 뜻입니다. 불에서 타던 나무토막을 꺼내면 어떻습니까? 온통 검정 그을음투성입니다. 이처럼 예수님을 믿고 구원받은 우리는 멋진 조각상이 아니라 불에서 꺼낸 나무토막 같은 존재라는 것입니다. 불에서 건짐 받은 우리 인생에는 여전히 검정 재나 더러움, 그을음이 있습니다.

이 땅을 살아갈 때 우리에게 주어지는 많은 고난은 하나님이 우리를 깨끗하게 하시는 과정입니다. "하나님, 제 인생에 왜 간섭하시고 저를 힘들게 하십니까?" 하고 따질 때 하나님은 이렇게 말씀하십니다. "아니다. 너는 불에서 꺼낸 나무토막 같으니 너를 좀 깨끗하게 해야겠다. 천국에 합당한 백성으로 좀 손질해야겠다." 그렇게 하나님은 목수가 되셔서 우리를 다듬으시며 멋진 조각상으로, 깨끗한 나무로 만들어 가시는 것입니다.

하나님은 세 번째로 대제사장 여호수아에게 있어서 고소의 원인이 되는 문제를 해결해 주셨습니다. 4절에서 하나님은 천사들에게 "여호수아의 저 더러운 옷을 벗기라"라고 명령하셨습니다.

여호와께서 자기 앞에 서 있는 천사들에게 명령하셨다. "여호수아의 저 더러운 옷을 벗기라." 그리고 여호와께서 여호수아에게 말씀하셨다. "자, 내가 네 죄를 없애 버렸다. 이제 네게 아름다운 옷을 입힐 것이다."

하나님은 사탄이 고소한 원인이 되는 오물로 가득한 옷을 벗겨 버리시고는 아름다운 옷을 입히셨습니다. 사탄이 더 이상 고소할 이유가 없도록 근본적인 해결을 해 주신 것입니다.

하나님이 사탄을 책망하시고 그 백성을 보호하시는 까닭은 무조건적으로 눈감아 주시는 불의한 하나님이시기 때문이 아닙니다. 하나님은 자기 자녀가 잘못했는데 상대에게만 문제가 있다고 억지 주장하는 무지한 부모가 아니십니다. 그것은 무지한 은혜입니다. 하나님은 더러운 옷을 벗기고 아름다운 옷을 입히심으로 문제의 원인을 해결해 주십니다.

그리스도의 의의 옷을 덧입는 삶

그런데 문제는 그 백성이 스스로 오물로 더러워진 옷을 벗을 수 없다는 것입니다. 어린아이들은 스스로 옷을 갈아입을 수 있을 만큼 자랄 때까지는 오물이 있어도 벗을 수 없습니다. 부모 중 누군가 더러운 옷을 벗겨 주고 깨끗한 옷을 입혀 주지 않으면 더러워도 더러운 줄 모르고 입고 있는 것이 어린아이들입니다. 우리의 영적 상태가 그와 같습니다. 더러워도 더러운 줄 모르고, 냄새 나도 냄새 나는 줄 모르는 것이 바로 우리 인간의 상태입니다.

그러한 상태가 심판으로 해결됩니까? 해결되는 것 같지만 결코 해결되지 않습니다. 어린아이가 갓 태어나서 대소변을 못 가릴 때 부모가 야단을 치며 밤새도록 교훈해도 그 다음 날 또 못 가립니다. 이것이 바로 인간의 상태입니다. 아무리 무서운 징벌을 내린다 할지라도 그 죄는 벗어지지 않습니다. 하나님은 스스로를 구원할 수 없는 죄와 오물로 더럽혀진 우리의 영혼을 은혜로 씻어 주십니다. 그래야만 진정한 회복이 일어날 수 있습니다.

회복은 우리의 결심으로 이루어지는 것이 아닙니다. 40일 금식한다고 해도 소용없습니다. 하나님이 근본적인 죄 문제를 해결해 주시고, 죄와 오물로 더럽혀진 옷을 벗기시고, 아름다운 옷을 입혀 주심으로 고소의 원인 자체를 제거해 주셔야만 회복될 수 있습니다. 정말 값비싼 은혜인 것입니다. 이사야 선지자는 인간이 행하는 선하고 의로운 모든 행동은 더러운 옷과 같다고 말했습니다.

우리는 모두 부정한 사람처럼 됐으니 우리가 실천한 모든 의로운 행동은 더러운 옷과 같습니다. 우리는 모두 나뭇잎처럼 시들었으니 우리의 죄가 바람처럼 우리를 쓸어 내고 있습니다(사 64:6).

성경에서 하나님이 우리를 회복시키시는 모든 행위는 옷과 관련되어 나옵니다. 창세기 3장에서 아담과 하와가 타락해 죄로 말미암아 부끄러워할 때 그들이 한 일은 나뭇잎으로 옷을 해 입은 것이었습니다. 이에 하나님은 그들을 추적해 나뭇잎 옷을 벗기시고 가죽옷을 입히셨습니다. 가죽이 질기고 반영구적이기 때문에 가죽옷을 입히신 것이 아닙니다. 여기에는 상징이 담겨 있습니다. 가죽이 있다는 것은 한 생명이 죽었다는 것을 의미합니다. 한 생명이 죽는 희생이 있어야 우리의 죄가 덮어진다는 뜻입니다.

또한 요한계시록에서는 새 하늘과 새 땅에 들어간 하나님의 백성을 일컬어 흰옷을 입은 사람들이라고 말합니다.

그때 장로들 가운데 하나가 내게 물었습니다. "이 흰옷을 입은 사람들이 누구며 또 어디에서 왔습니까?" 나는 그에게 대답했습니다. "내 주여, 당신이 아십니다." 그때 그가 내게 말했습니다. "이들은 큰 환난으로부터 나오는 사람들인데 그들은 어린 양의 피로 그들의 옷을 씻어 희게 했습니다"(계 7:13-14).

흰옷이 된 이유는 어린 양의 피로 씻어진 거룩한 옷이기 때문입니다. 하나님이 아담과 하와에게는 가죽 옷을 입히셨지만 우리 모두에게는 예수 그리스도의 피로 정결해진 흰옷을 입혀 주시는 것입니다. 스가랴에게 보여 주신 환상 가운데 나오는 아름다운 옷은 그리스도의 피로 정결해진 흰옷을 의미합니다. 우리 모두는 의로 덧입어야 합니다. 그리스도의 옷, 의의 옷을 입어야 합니다.

참 놀랍게도, 한자로 '의로울 의'(義) 자는 두 부수로 이루어져 있습니다. 위에는 '양 양'(羊) 자가 있고 아래에는 '나 아'(我) 자가 있습니다. 내 위에 어린 양이 있는 것이 의인 것입니다. 우리는 하나님이 덧입혀 주신 그리스도의 옷, 어린 양의 피로 씻긴 흰옷을 입고 거룩해졌기에 이제는 사탄이 우리를 공격할 근거가 없습니다.

예수 그리스도를 통해 이루어지는 성도의 회복

그러나 하나님의 선택하심으로 값없이 의롭다 함을 받았다 할지라도 아무렇게나 살아서는 안 됩니다. 믿음으로 의롭게 되었다는 것은 어떤 죄를 지어도 상관없다는 뜻이 아닙니다. 이제는 하나님의 율법을 지킬 수 있는 사람이 되었다는 뜻이요, 지킬 소욕을 가지게 되었다는 의미입니다.

> 만군의 여호와께서 이렇게 말씀하신다. '만약 네가 내 길로 행하고 내 명령을 지키면 네가 내 집을 다스릴 것이며, 또 내 뜰을 돌볼 것이다. 그리고 너는 여기서 섬기는 천사들 가운데 자유롭게 다닐 수 있다'(슥 3:7).

하나님은 주의 길로 행하고 주의 명령을 지키면 주의 집을 다스리고, 주의 뜰을 돌보고, 자유롭게 다니는 순종의 삶, 자유의 삶, 행복한 삶을 살게 된다고 말씀하셨습니다. 더러운 옷이 벗겨지고 아름다운 옷이 입혀졌다면 이제는 주님을 섬기며 순종하는 자로 살게 되는 의무가 주어지는 것입니다. 어떻게 이런 회복이 가능하게 되었는지를 하나님은 이어지는 8절 이하에서 설명해 주셨습니다.

> 대제사장 여호수아야, 그리고 여호수아 앞에 앉은 여호수아의 동료들아, 잘 들으라. 너희는 앞으로 생길 일의 표가 될 사람들이다. 보라. 내가 '순'이라 부르는 내 종을 보내겠다(슥 3:8).

이 일은 장차 오실 예수 그리스도를 통해 이루어질 것이라고 말씀하셨습니다. 예수님이 오심으로 이루어진다는 뜻입니다. 여기서 하나님은 예수님을 세 가지 용어로 예언하셨습니다. 첫 번째는 '순'입니다. 이사야 11장 1절은 "이새의 줄기에서 한 싹이 나오고 그의 뿌리에서 가지가 돋아나 열매를 맺을 것이다"라고 말합니다. 여기서 '싹'은 순과 같은 단어입니다. 예수님은 순으로 오시는 것입니다. 지극히 연약해 보이지만 그 안에는 생명력과 번식력이 있습니다. 두 번째는 '종'입니다. 고난 받는 종을 의미합니다. 예수님은 우리를 대속하기 위해 십자가의 죽음을 감당하시는 종으로 오시는 것입니다. 세 번째는 9절에 나옵니다.

만군의 여호와가 말한다. '내가 여호수아 앞에 세운 돌을 보라! 돌 하나에 일곱 개의 눈이 있다. 내가 그 돌 위에 이 땅의 죄를 하루 만에 없애겠다는 글을 새겨 놓겠다'(슥 3:9).

'돌'입니다. 일곱 개의 눈이 있는 전지전능하신 그분은 살아 있는 돌(Living Stone)이십니다. 베드로전서 2장 5절을 보면 "여러분 자신도 산 돌들처럼 신령한 집으로 세워지십시오"라고 말합니다. 예수님이 산 돌이 되시고 우리 모두는 그리스도 안에 살아 있는 돌이 되므로 그 돌들로 거룩한 성전이 지어진다는 말입니다. 구약과 신약의 아름다운 조화를 여기서 확인할 수 있습니다.

그런데 그 돌에는 "이 땅의 죄를 하루 만에 없애겠다"는 글씨가 새

겨져 있었습니다. 수많은 사람을 고소하고, 수많은 사람이 벗어나지 못하는 죄를 하나님이 하루 만에 사하시는 역사가 이루어질 것입니다. 대제사장인 여호수아의 이름은 '예수'의 구약 발음입니다. 결국 여호수아와 예수는 예수와 예수라고 말할 수도 있는 것입니다. 놀라운 연속성입니다. 이것은 성경에 기록된 하나님의 살아 있는 말씀입니다. 하나님은 대제사장 여호수아(예수)와 예수로 오신 메시아를 통해서 이 땅의 죄악을 하루 만에 없애실 것을 스가랴의 환상을 통해서 미리 보여 주신 것입니다.

하나님은 "내가 택한 백성을 내가 구원하고 정결하게 하므로 너희에게는 새로운 시작이 있다. 사탄이 어떠한 고소를 할지라도 너희를 무너뜨릴 수 없다. 너희는 내 백성이다"라고 말씀하셨습니다. 우리는 죄와 허물이 크면 하나님이 나를 버리실 것이라고 생각합니다. 하나님은 택한 백성을 절대 버리지 않으십니다. 그러나 가만히 두지도 않으십니다. 반드시 심판해 거룩하게 하십니다. 그러므로 우리는 하나님의 심판을 달게 받아야 합니다. 우리를 죽이는 심판이 아니라 살리는 심판이기 때문입니다. 호흡이 살아 있는 한 하나님이 주신 어떠한 심판이라도 피하지 말고 받으십시오. 최후의 심판을 피하게 하심으로 우리를 구원하시려는 것입니다. 그 과정을 통해서 우리의 더러운 옷을 벗기시고 깨끗한 의의 옷을 입히심으로 우리로 하여금 하나님 앞에 합당한 백성으로 살게 하시려는 것입니다.

우리에게 예비된 삶이 이어지는 10절에 기록되어 있습니다.

'그날에는 너희가 너희 이웃을 서로 자기 포도나무와 무화과나무 아래로 부를 것이다.' 만군의 여호와가 말한다.

'이웃을 서로 포도나무와 무화과나무 아래로 부른다'는 말은 평화롭고 풍요로우며 아름다운 샬롬의 모습을 표현하는 격언입니다. 우리에게 진정 풍성한 삶을 약속하신 것입니다. 우리는 우리에게 주어진 사죄의 은총을 확신해야 합니다. 우리는 십자가에서 이 땅의 모든 죄악을 하루 만에 제하신 하나님의 놀라운 은혜를 의지해야만 사탄의 고소를 이길 수 있습니다. 그리고 승리할 수 있습니다. 진정 풍성한 삶을 누릴 수 있습니다.

하나님은 우리의 더러운 옷, 우리 안에 있는 모든 죄책감과 연약함으로부터 우리의 죄를 벗겨 주십니다. 사람이 죄에서 벗어나지 않는 이유는 회복되지 않을 것이라고 생각하기 때문입니다. 길이 없다고 생각하니까 죄 가운데 머물러 있는 것이요, 씻을 수 없다고 생각하니까 반복하는 것입니다. 하나님에게는 회복의 길이 있습니다. 하나님은 우리 스스로 벗을 수 없는 죄의 옷을 벗겨 주십니다.

십자가를 바라보면 우리의 더러운 옷이 벗겨집니다. 내 힘으로 벗을 수 없다는 것을 아시기에 하나님이 벗겨 주신 후 다시 깨끗하고 의로운 옷을 입혀 주십니다. 우리는 정결한 의의 옷을 갈아입음으로 위로부터 주시는 사죄의 은총을 받아 누릴 수 있어야 합니다. 참된 회복의 삶을 시작해야 합니다.

말 라 기

"보라. 그날은 반드시 올 것이다."

말라기는 세례 요한 이전까지 구약의 마지막 선지자로 간주되어 왔으며, 세례 요한의 사역에 대해 예언했다(말 3:1).

그러나 한편에서는 말라기가 익명의 명칭이지 실제 사람의 이름이 아니라는 주장도 있다. 말라기는 '나의 사자'라는 뜻으로 말라기 1장 1절의 '말라기'를 3장 1절의 '나의 사자'("내 심부름꾼")와 같은 뜻으로 보았던 것이다. 그러나 모든 선지서에서 책 서두에 책을 쓴 선지자의 이름을 밝히는 전통에 근거해 볼 때 '말라기'는 선지자의 이름으로 보는 것이 타당하다.

말라기와 동시대에 함께 활동한 선지자는 밝혀지지 않았다.

관련 성경 구절 말 1-4장

내게로
돌아오라

말 3:7-12

말라기 시대, 바리새인들의 원조

말라기서는 예언서 중에 마지막이자 구약성경을 매듭짓는 책입니다. 예언서 전체의 주제는 "내게로 돌아오라. 그러면 내가 너희에게로 돌아가겠다. 돌이키면 살아나리라"입니다. 우리가 살아날 수 있는 것은 하나님의 임재가 우리 가운데 회복되기 때문입니다. 하나님은 이러한 예언서의 핵심을 말라기에서도 다시 반복하셨습니다.

징계와 심판은 하나님의 본심이 아닌 돌아오라는 하나님의 마음입니다. 어린 자녀들이 말을 듣지 않을 때 부모는 홧김에 "너 그러려면 집 나가"라고 말합니다. 이 말은 진짜 나가라는 것이 아니라 그러지 말라는 뜻입니다. 그런데 자녀들은 앞부분은 생각하지 않고 뒷부분만 가지고 부모가 나가라고 했다면서 따지곤 합니다. 이것은 아주 못된 죄악의 습성입니다. 마찬가지로 "하나님이 나를 심판하시지 않았습니까!" 이것만 생각하는 것입니다. 그러나 심판을 통해 돌아오라는 하나님의 음성, 돌이키기를 원하시는 하나님의 마음을 깨닫는 것이 중요합니다.

말라기 선지자가 활동했던 시대는 포로기 이후에 사역했던 학개, 스가랴 선지자보다 약 1세기 정도 이후입니다. 100여 년의 시간이 흐른 것입니다. 바벨론 포로에서 1차, 2차, 3차로 귀환한 이스라엘 백성은 차례차례 예루살렘을 재건하기 시작했습니다. 가장 먼저 학개, 스가랴 선지자를 통해서, 또 정치 지도자 스룹바벨과 대제사장 예수아를 통해서 성전이 재건되었습니다. 다리오 왕 2년에 시작해서 6년에 완공되었습니다. 그 후 느헤미야의 사역을 통해 예루살렘 성벽이 재건되었습니다. 이때 에스라의 사역을 통해서 율법을 다시 깨닫고 성전의 제사가 회복되는 일들도 있었습니다.

이처럼 외형적으로 볼 때는 다 재건된 것 같았습니다. 성전도, 성벽도, 율법도, 제사 절기도 겉보기에는 문제없이 회복된 것 같았습니다. 비록 다윗 왕국 시대의 찬란한 모습은 아니었지만 포로기 이전 상태로 되돌아간 것처럼 보였습니다.

그러나 그로부터 1세기 후에 선포된 말라기 선지자의 책망과 경고를 들으면 외형적인 것은 재건되었지만 아직 내면인 이스라엘 백성의 영혼은 온전히 회복되지 않았다는 것을 알게 됩니다. 하나님의 심판 자체가 백성을 변화시키지는 않았다는 것입니다. 이는 하나님의 심판이 능력이 없어서가 아닙니다. 인간의 죄악은 심판으로도 씻기지 않는다는 것을 보여 주는 것입니다. 최후의 심판 날이 되면 돌이키라는 하나님의 음성을 듣고 돌이킬 자도 있지만 그때조차 돌이키지 않는 자들이 있다고 하나님은 말씀하셨습니다. 그래서 지옥이 존재하는 것입니다. 하나님은 지옥에 보내기로 작정하고 몰아붙이시는 분이 결코 아닙니다. 가서는 안 될 곳에 가지 않도록 돌이키시려고 역사 가운데 끊임없이 심판하시고, 경고하시고, 깨우신 것입니다.

하나님은 변화시키시려는 목적보다는 우리를 그리스도의 십자가 보혈로 구원하시기 위한 은혜의 의미로 심판을 허락하신 것입니다. 예수님은 하나님의 모든 진노와 심판을 담당하시고 우리를 대신해 십자가에서 죽으심으로 우리를 구원하셨습니다. 심판은 그 구원을 향하도록 하시는 하나님의 방법일 뿐입니다.

죄의 본질은 동일하지만 시대와 상황에 따라 다르게 나타납니다. 바벨론에 포로로 잡혀가기 이전의 이스라엘 백성의 죄악은 우상 숭배와 미신 행위 등 매우 노골적으로 드러나 있었습니다. 그들은 하나님이 아닌 아세라 신, 바알 신 등을 위해 아주 구체적으로 산당을 짓고 섬겼습니다. 그에 비하면 바벨론 심판 이후 포로지에서 돌아온 자들이 범한 죄는 외형적으로 볼 때는 괜찮은 듯했지만, 실상은 더 은밀하고 교묘해졌습니다. 그들의 내면에 숨어 있었던 것입니다.

이것은 바이러스들이 자신들을 잡기 위해 투여된 항생제에 대해 내성이 생겨서 또 다른 바이러스들을 만들어 내는 것과 마찬가지입니다. 죄악들이 다른 모습, 그리고 또 다른 모습으로 계속해서 나타난 것입니다. 이처럼 우리의 죄악은 하나님의 심판이 임하면 무서워

서 똑같은 행위는 하지 않지만 더 교묘하게 숨어들고 번식하고 잠재
됩니다.

포로 이후에 하나님 앞에 징벌을 받고 심판을 받았으면 이제는 변
화될 것 같은데, 예전의 모습보다 교묘하게 숨어 있던 죄악들이 나타
났습니다. 외형적으로 우상을 만들지는 않았지만 내면에 교묘한 우
상들을 만들어 섬긴 것입니다. 그래서 겉으로는 아무 문제가 없었습
니다. 그 모습은 마치 예수님이 지적하셨던 바리새인들의 문제와 같
았습니다. 겉보기에는 그럴듯한데 속으로는 위선과 외식, 탐욕, 교만
이 깊이 자리 잡고 있는 모습입니다.

우리가 가장 경계해야 될 것은, 겉으로 볼 때는 신앙생활을 열심
히 하는데 내면이 바리새주의로 향하는 것입니다. 외형적으로는 아
무 문제가 없는데 내면에는 무서운 교만과 자기 의와 자기기만 등 숨
은 우상으로 가득 찬 것입니다. 포로기 이후 이스라엘 백성에게 나타
났던 모습이 400년 후 예수님 당시 바리새인의 모습으로 나타났습니
다. 바리새인들의 징조가 이때부터 시작된 것입니다. 그 모습이 말라
기 선지자의 지적을 통해서 그대로 나타났습니다. 말라기 시대 사람
들이 바리새인들의 원조인 셈입니다.

6회에 걸친 하나님과 백성 간의 논쟁
이스라엘 백성은 하나님의 심판이 무서워서 외형적인 죄는 짓지 못
했습니다. 그런데 죄가 깊이 숨어드는 무서운 교만에 사로잡혀 있었

습니다. 문제는 외형적으로 자신들이 할 일을 다 했으니 아무 문제없다고 생각한 것이었습니다. 그러나 그보다 더 큰 문제는 따로 있었습니다. "저는 아무 문제가 없을 뿐만 아니라 외형적으로도 잘 지켰으므로 하나님이 복을 주셔야 마땅한데 왜 주시지 않습니까?" 하면서 하나님을 탓하고 원망했던 것입니다.

말라기에는 6회에 걸친 하나님과의 대화, 혹은 논쟁이 나옵니다. 첫 번째와 여섯 번째는 '하나님을 어떻게 대하는가?', 두 번째와 다섯 번째는 '우리 스스로가 어떻게 행동하는가?', 세 번째와 네 번째는 '우리가 이웃과 어떤 관계를 맺는가?'를 각각 다루고 있습니다.

하나님은 우리 삶에 있어서 자기 자신의 내면, 가족과의 관계, 이웃과의 관계, 역사와의 관계 등 모든 것을 하나로 보십니다. 그저 몸만 예배당에 와 있으면 아무 문제없다고 생각해서는 안 됩니다. 하나님은 시간도 물질도, 모든 면에 있어서 전부를 원하십니다. 일부만 하나님의 것이라고 정해 놓고 나머지는 우상으로 가득한 삶으로 교묘히 숨겨서 살아가는 모습을 하나님은 지적하셨습니다.

말라기서에 기록된 이스라엘 백성의 말을 살펴보면 얼마나 당당하고 뻔뻔스러운지 모릅니다. 그들이 하나님의 지적에 대해 대꾸하면서 다시 질문하는 내용이 6회에 걸쳐 나옵니다.

여호와께서 말씀하셨다. "내가 너를 사랑했다. 그런데 너는 '우리를 어떻게 사랑하셨습니까?' 하는구나"(말 1:2).

만군의 여호와께서 말씀하셨다. "내 이름을 소홀히 하는 제사장들아! 아들은 아버지를 존경하고 종은 주인을 존경하는 법이다. 날더러 아버지라면서 나를 존경함이 어디 있느냐? 날더러 주인이라면서 나를 두려워함이 어디 있느냐? 그러나 너희는 '우리가 어떻게 주의 이름을 경멸했습니까?'라고 말할 것이다"(말 1:6).

너희는 내 제단에 부정한 빵을 올렸다. 그러고도 너희는 '우리가 어떻게 주를 더럽혔습니까?'라고 말한다. 너희는 여호와의 식탁을 소홀히 해도 된다고 생각한다(말 1:7).

너희가 말로 여호와를 괴롭게 하고도 "우리가 어떻게 그분을 피곤하게 했습니까?" 하는구나(말 2:17).

"너희 조상들의 때부터 너희는 내 규례에서 떠나 지키지 않았다. 내게 돌아오라. 그러면 나도 너희에게 돌아가겠다." 만군의 여호와께서 말씀하셨다. "그러나 너희는 '우리가 어떻게 해야 돌아갈 수 있습니까?'라고 말하는구나"(말 3:7).

사람이 하나님의 것을 훔칠 수 있을까? 그런데 너희는 내 것을 훔쳤다. 그러나 너희는 '우리가 어떻게 주의 것을 훔쳤다고 그러십니까?'라고 말하는구나. 너희가 내게서 훔친 것은 십일조와 예물이다(말 3:8).

6회 내내 반복되는 것은 하나님의 지적에 이스라엘 백성이 '어떻게'라고 답한 것입니다. 잘못한 것이 없다는 뜻입니다. 얼마나 뻔뻔스러운 교만입니까? 교만이 그들의 영혼 깊숙이 스며든 것입니다. 만약 "하나님에게로 돌이키라"는 말에 '내가 돌이킬 것이 뭐가 있어? 아무리 생각해도 나는 없어'라고 생각하는 사람이 있다면 그는 확실히 교만한 증상을 가지고 있는 것입니다.

실제로 당시 이스라엘 백성이 볼 때는 외형적으로 아무 문제가 없었습니다. 이것이 교만입니다. 교만은 우리의 말과 행동과 동기까지 아시는 하나님, 우리의 스쳐지나가는 생각까지도 다 읽으시며 모든 것을 다 훑어 스캔하실 수 있는 하나님 앞에 "제가 어떻게 하나님을 경멸했고, 제가 어떻게 하나님의 것을 훔쳤고, 제가 어떻게 하나님의 이름을 모독했습니까?"라고 말하며 대드는 반발심입니다.

우리가 돌이키고, 돌이키고, 또 돌이켜도 마지막까지 남아 있는 것이 바로 자존심입니다. 우리는 스스로에게 속고 있는 것입니다. '나는 아무 돌이킬 것이 없다'라고 생각하는 엄청난 교만에서 망상이 나옵니다. 망상이란 "하나님, 제가 어떻게 했는데 제게 이러실 수 있습니까!" 하고 따지는 것입니다. 이렇게 기도하지 마십시오. 이것은 교만한 기도입니다. 물론 때로 힘들어서 하나님 앞에 털어놓을 수는 있습니다. 그러나 한 번으로 족해야지, 그러한 토로가 기도의 전부가 되게 해서는 안 됩니다.

망상에 빠지면 하나님 앞에 반항하게 됩니다. 그것이 요나의 반항이고, 수많은 선지자의 반항이었습니다. 하나님의 지적에 인정하고 돌이키려 하지 않고 무엇을 잘못했느냐고 따지게 되는 것입니다. 조금만 고난이 와도 "하나님, 제가 무엇을 잘못했기에 이렇게 하십니까?"라고 말하게 됩니다. (故) 하용조 목사님은 세상에는 두 종류의 죄인밖에 없다고 말씀하곤 하셨습니다. 들킨 죄인과 안 들킨 죄인입니다. 나는 들키지 않았으니 아무 문제없다고 생각해서는 안 됩니다. 세상의 법이 문제가 아니라 하나님 앞에서의 법을 의식해야 합니다.

이스라엘 백성을 향한 세 가지 책망

하나님은 말라기 선지자를 통해 세 가지를 지적하셨습니다. 첫 번째는 하나님의 이름을 모독한 것에 대해 책망하셨습니다. 이스라엘 백성은 하나님이 이스라엘 국경 안에만 계시는 하나님인 줄로 착각했습니다. 국경 안에서만 아무 문제가 없으면 자신들은 문제가 없다고 생각했습니다. 그러나 하나님은 "나는 이스라엘 국경 밖에서도 하나님이다"라고 지적하셨습니다.

"해 뜨는 데서부터 해 지는 데까지 내 이름이 이방 민족들 가운데서 높임을 받을 것이다, 곳곳마다 내 이름을 위해 분향하며 정결한 제물이 바쳐질 것이다. 이는 내 이름이 이방 민족들 가운데서 높임을 받게 될 것이기 때문이다." 만군의 여호와께서 말씀하셨다(말 1:11).

하나님의 영역은 해 뜨는 데서부터 해 지는 데까지입니다. 모든 민족, 나라, 영토에서 하나님의 이름은 존중받으셔야 합니다. 직장에서도, 출장 가서도, 해외 사막 한복판에서도 하나님의 이름은 높임을 받아야 합니다.

두 번째로, 하나님은 이스라엘 백성이 하나님의 것을 도둑질한 것에 대해 책망하셨습니다.

"너희가 저주 아래 있다. 너희와 너희 민족 전체가 내 것을 훔쳤으니 창고에 십일조 전체를 가져다 놓고 내 집에 먹을 것이 있게 하라. 이 일로 나를 시험해 내가 하늘 창문을 열고 너희가 쌓을 자리가 없도록 복을 쏟아붓지 않나 보라." 만군의 여호와께서 말씀하셨다(말 3:9-10).

우리는 이 말씀을 "쌓을 자리가 없도록 복을 쏟아붓지 않나 보라"라는 뒷부분만 강조해서 읽곤 합니다. 그래서 십일조를 '투자'합니다. 그러나 쌓을 것이 없도록 쏟아지게 하기 위한 목적으로 십일조를 하는 것이 아닙니다. 한 책에서 플로리다 주의 어떤 사람이 담임목사를 고소했다는 이야기를 읽었습니다. 고소한 이유인즉 담임목사가 말라기 3장 10절 말씀으로 설교하면서 십일조를 하면 쌓을 자리가 없도록 쏟아부어 준다고 했는데 쌓을 곳이 없기는커녕 있던 것마저 다 날아갔다면서 자기가 십일조 한 800달러를 돌려 달라고 소송을 했던 것이었습니다. 우리는 십일조를 그렇게 적용해서는 안 됩니다.

또 한 예로, 미국의 어떤 사업가가 "하나님, 제 사업에서 100만 달러를 벌게 해 주시면 제가 십의 일조가 아니라 십의 이조, 20퍼센트,

즉 20만 달러를 헌금하겠습니다"라고 기도했다고 합니다. 1년 동안 열심히 사업을 했는데 20만 달러가 부족한 80만 달러가 벌렸습니다. 그러자 "먼저 떼고 주셨군요"라고 기도하고는 아무것도 드리지 않았다고 합니다. 이는 사람들이 하나님의 것을 도둑질하는 것입니다.

당시의 문화에서 십의 일조란 전부를 인정한다는 사인이었습니다. 쌓을 자리가 없도록 쏟아부어지기 위해 십의 일을 투자한 것이 아니라 전부가 아버지의 것이라는 표현이었습니다. 이는 하나님이 십의 구를 어떻게 사용하는가도 보신다는 뜻입니다. 온전한 십일조란 십의 일만 떼는 것이 아니라 십의 구도 아버지의 것임을 인정하고 사용하는 것을 의미합니다.

만일 전부가 아버지의 것임을 인정하고 살아가면 하나님이 복되게 하십니다. 쌓을 곳이 없는 정도가 아니라 쌓고 또 쌓여 넘치게 해 주십니다. 하나님은 부유하신 분이기 때문입니다. 모든 것이 아버지의 것임을 인정하며 살아가는 삶은 복되지 않을 수가 없습니다. 그러한 사람은 뒤는 생각하지 않아도 됩니다. 그런데 우리의 죄악은 복 주시는 하나님을 거꾸로 바꾸어 기복주의 신앙으로 만들어 버리는 것입니다. 우리는 하나님의 것을 도둑질하지 말아야 합니다.

세 번째로, 하나님은 이스라엘 백성이 하나님에 대해 악하게 도전하는 것에 대해 책망하셨습니다.

"너희는 말하기를 '하나님을 섬기는 것은 쓸데없는 일이다. 우리가 그분의 명령을 지키고 만군의 여호와 앞에서 슬픈 사람들처럼 왔다 갔다 한다고 해서 무슨 이득이 있느냐? 그러고 보니 우리가 교만한 사람들에게 복이 있다고 해야 한다. 악한 사람들은 번성하고 또 하나님께 도전하는 사람들은 화를 입지 않는다'라고 말했다"(말 3:14-15).

무서운 교만이요, 도전입니다. 교만은 사람들에게 복이 있다고 외칩니다. 자기 계발서들은 감동적인 것 같지만 가만히 읽어 보면 사람들이 자신을 미워해도 무시해 버리고 당당하게 살라는 내용들로 가득합니다. 이것은 성경적이지 않습니다. "하나님 앞에 슬퍼하는 사람처럼 애통해한다고 무슨 유익이 있겠는가?" 하며 영적으로 겸손하고, 회개하고, 돌이켜 살아가려는 모든 노력을 쓸데없다고 말해 버리는 무서운 도전에 대해서 하나님은 이렇게 경고하셨습니다.

"보라. 그날은 반드시 올 것이다. 그날은 용광로처럼 타오를 것이다. 모든 교만한 사람들과 악을 행하는 모든 사람들은 지푸라기 같을 것이고 이제 올 그날에 그들을 다 태워 버릴 것이다." 만군의 여호와께서 말씀하셨다. "그들에게 뿌리 한 가닥이나 가지 하나도 남지 않을 것이다. 그러나 내 이름을 경외하는 너희에게는 의의 태양이 떠올라서 그 광선으로 치료할 것이다. 그리고 너희는 외양간에서 풀려난 송아지처럼 펄쩍펄쩍 뛸 것이다"(말 4:1-2).

하나님은 다 태워 버리고 가지 하나도 남지 않을 날이 반드시 올 것이라고 말씀하셨습니다. 이때 하나님을 경외하는 백성에게는 의의 태양이 떠올라서 그 광선으로 치료할 것이라는 말씀도 함께 주셨습니다. 뿐만 아니라 말라기 3장 16절에서 말라기 선지자는 "여호와를 경외하는 사람들이 서로 말하는 것을 귀 기울여 들으셨다. 여호와를 두려워하고 그분의 이름을 존중하는 사람들을 여호와 앞에 있는 기억의 두루마리에 기록하셨다"라고 말했습니다.

우리가 함께 모여 하나님의 이름을 높이며, 이웃에게 주님의 말씀을 전하며, 자녀들에게 하나님의 이름을 높이도록 권면하며, 모든 하나님의 이름을 존중하는 모든 것 그리고 복음을 전하는 한마디 한마디를 하나님이 기억의 두루마리에 다 기록해 놓으신다는 것입니다. 얼마나 놀라운 말씀입니까! 하나님은 "그들은 특별한 내 소유가 될 것이다"(17절)라고 말씀하셨습니다.

구약의 마지막 메시지, 돌이키지 않으면 저주가 임한다
그리고 결론적으로 돌이키라고 말씀하셨습니다. 돌이키지 않으면 저주가 임하기 때문이라고 하셨습니다. 구약성경의 마지막 구절은 "돌이키지 않으면 내가 가서 저주로 이 땅을 칠 것이다"라는 말씀으로 끝납니다. 그런데 죽는 정도가 아니라 저주가 임한다고 말씀하셨습니다.

"보라. 그 크고 무서운 여호와의 날이 오기 전에 내가 너희에게 예언자 엘리야를 보낼 것이다. 그가 부모의 마음을 자식에게 돌리고 자식의 마음을 부모에게 돌릴 것이다. 돌이키지 않으면 내가 가서 저주로 이 땅을 칠 것이다"(말 4:5-6).

창세기는 하나님의 복으로 시작했습니다. 그런데 말라기는 저주로 끝납니다. 하나님의 복을 거역하고 배반한 역사가 저주받을 일을 자초했기 때문입니다. 역사는 내버려 두면 저주로 흘러갑니다. 예수님을 믿는 것은 괜찮은 사람이 더 괜찮아지는 것이 아니라 저주 가운데 있는 역사를 돌이켜 회복하는 것입니다.

놀라운 것은 하나님이 경고만 하시지 않고 돌이킬 수 있는 길을 열어 주심으로 우리를 도와주신다는 것입니다. 하나님은 우리 모두가 살아나도록 저주가 아니라 생명과 축복을 주시고, 평안 가운데 살도록 우리를 일으켜 주십니다. 그래서 엘리야나 세례 요한을 보내셔서 회개하게 하시고, 돌이키게 하시고, 궁극적으로 우리가 돌이킬 수 있는 길이요, 진리요, 생명이 되시는 예수 그리스도를 보내 주셨습니다.

"돌이키지 않으면 저주가 임할 것이다"라는 엄중한 경고로 구약은 끝납니다. 예수님은 이 저주를 축복으로 바꾸어 주셨습니다. 우리는 돌이켜 살아나야 합니다. 또한 우리 이웃과 가족, 이 나라와 민족과 열방이 돌이켜 주님에게로 돌아오는 놀라운 은혜가 있기를 간절히 소망해야 합니다.